PROFESSOR GEORGE

A história de um Campeão

Por

Lair Borges Junior

DEDICATÓRIA

Com as bênçãos de Deus, dedico a ti leitor (a) e a todos os meus amigos e entes queridos de minha vida!

Sumário

PREFÁCIO

Escrever Professor George, foi algo extremamente gratificante para mim. E sendo minha primeira publicação, isso me deixa muito mais honrado, por essa maravilhosa experiência.

Alguém poderia me perguntar – Mas quem é o Professor George? – No livro, eu até justifico, a escolha de seu nome. Um nome fictício, assim como são de todos os demais personagens e lugares ali citados, onde qualquer semelhança, não passará de mera coincidência.

Minha real intenção, foi criar um personagem, que reunisse as características de um amigo leal, um bom filho, um desportista, uma pessoa altruísta e repleta de boas intenções, um alguém que possui sonhos, e que com muita perseverança, busca realizá-los. Mas principalmente, gostaria que fosse um professor.

Ao lerem essa fictícia história narrada por uma jornalista, é bem possível que possam se lembrar de muitos outros "Georges", outros (as) professores (as), enfim, de pessoas que possam ter lhes inspirado, por seus atos de bondade, coragem, conhecimento, determinação e muita fé.

E assim, na expectativa de que de fato, tenha conseguido descrever tal figura, agradeço vosso interesse e atenção, antecipando meus desejos de uma ótima leitura, e esperando que ela possa de algum modo, vos entreter.

O autor.

O Encontro

Na primavera de 2002, a jornalista recém-formada, Anna Hernandez, em seu primeiro emprego, teve como desafio, entrevistar George Nelson, uma figura que se tornou muito célebre no meio esportivo, há mais de vinte anos, trabalhando como treinador de basquetebol, entre o final da década de 1970 e início da de 1980.

Apesar da experiência de George, treinando diversas equipes, seu maior triunfo se dera em um trabalho realizado com uma equipe de jovens, muito especial, o que lhe concedeu uma notoriedade, ainda maior. Anna, no auge de seus vinte e poucos anos de idade, pensava consigo sobre aquela época, na qual ela provavelmente, ainda estava para nascer.

Hoje aposentado, George vive praticamente recluso, afastado dos meios esportivos e da sociedade em geral, dedicando-se a cuidar de uma pequena propriedade rural no sul do país. É nesta fazenda que pertencera há seus pais, que George tem passado seus últimos anos, sem conceder qualquer tipo de entrevista. Isso fez Anna sentir-se muito privilegiada com tal abertura, sendo que o entrevistado iria não apenas recepcioná-la em sua residência, mas também conceder-lhe hospedagem ao longo daquele final de semana. Isso proporcionaria à jovem entrevistadora, tempo para conhecer melhor seu interlocutor.

Desta forma, com muito esforço e sorte, Anna teria como colher muitas informações para elaborar seu importante trabalho, explorando ao máximo essa figura que tanto se dedicou ao esporte nacional e que proporcionou a muitos jovens, que tiveram o privilégio de trabalhar com ele, construírem brilhantes carreiras no basquetebol.

Apesar de sua repulsa a entrevistas nos últimos anos, curiosamente George não se opôs ao encontro e a estada de Anna em sua residência, sendo que a única exigência, foi que ela viesse só, sem a presença e outros profissionais, o que certamente, não foi algo difícil para Anna cumprir.

Durante a longa viagem de quase seis horas, Anna se perguntava, o que de fato leva alguém com tanto conhecimento, experiência e talento, retirar-se de cena tão precocemente, até porque George, com menos de cinquenta anos, possuía uma idade considerada muito produtiva ainda, para o meio esportivo. Isso sem levar em conta que seu afastamento se dera, quando era ainda bem mais jovem, justo em um país no qual o esporte é uma verdadeira paixão popular.

Certamente, sem querer se antecipar aos fatos, Anna sentia-se muito confiante com o possível sucesso da reportagem. Além de que, esse encontro poderia lhe trazer uma satisfatória experiência profissional. Sozinha e sem contar com uma equipe de apoio, Anna apesar de levemente insegura e inibida por sua inexperiência, procurava manter-se forte o bastante para encarar o grande desafio da iminente entrevista, e faria o que fosse necessário, para que a mesma fosse bem-sucedida.

Há poucos minutos do destino, já se podia avistar ao longe, o local onde Anna teria o grande encontro, e a cada minuto, em silêncio, ela pedia a Deus para que lhe desse forças no sentido de que aquela reunião, se tornasse um inesquecível momento em sua vida.

Mais próxima, Anna pode se assegurar de que de fato, ali era o endereço de George. Embora de estilo muito rústico, o local transparecia ser agradável e de razoável conforto. Isso fez a visitante compreender o porquê de George optar em viver afastado da área urbana, uma vez que a cidade mais próxima, ficava a mais de cinquenta quilômetros dali. À medida que se aproximava, Anna podia avistar George, provavelmente aguardando-a, sentado em uma refrescante varanda.

Anna desce do carro com apenas uma mochila em mão. Quando percebe a chegada de sua interlocutora, George levanta-se. Aquele olhar firme de George, encarando Anna de longe, parecia como se ele tentasse buscar reconhecer um alguém especial. Com o semblante muito sério, ele desce calmamente os degraus da varanda, e caminha na direção onde Anna estacionara seu carro.

O anfitrião, ostentava um porte atlético, com aproximadamente 1,90 metro de altura, pele de cor negra, rosto levemente enrugado, mas que porém, não demonstrava sua idade acima dos quarenta anos. Resultado talvez, de sua vida como esportista ou quem sabe, de vaidosos cuidados posteriores.

Em um gesto hospitaleiro e de muita gentileza, George estendeu sua mão para cumprimentar Anna. Esta, ao apertá-la, notara alguns calos o que certamente indicavam muitos esforços de uma vida dedicada aos pesados trabalhos rurais, ali em sua propriedade.

Com uma enorme emoção contida diante daquela figura tão respeitada, porém muito confiante, Anna esperava ter lhe causado uma boa impressão.

George, segurando o chapéu em uma das mãos, no intuito de demonstrar atenção, perguntou a Anna, como foi sua viagem, se muito cansativa.

Ao perceber tal simpatia e até um leve sorriso na face de George, ela sentiu-se mais confiante e embora, de fato cansada, educadamente respondeu negativamente.

Ela ainda acrescentou que o compromisso com seu trabalho e o privilégio de ser recebida por ele, a aliviara bastante o cansaço. De fato, ela não mentira, pois estava deveras ansiosa pelo encontro.

Gentilmente, George convidou-a para entrar, não sem antes apontar para uma residência a alguns metros da sua, dizendo que ali estavam reservados os aposentos em que Anna se hospedaria. Ela quis saber quem morava lá.

- Quem reside ali é um casal maravilhoso e muito importante em minha vida. Estão aqui desde quando meus pais adquiriram a propriedade. Eram mais jovens que meus pais e os auxiliaram muito. Hoje eu, bem mais novo que eles, já nem sei se são meus auxiliares ou se sou eu é quem cuido deles.

- Como se chamam? – Quis saber Anna.

- Glória e Sebastian. Você vai gostar deles e com certeza será muito recebida por ambos. – Respondeu George.

- Com certeza serei. Só pela forma de você se referir a eles, já estou super interessada em conhecê-los. Mas veja bem, eu não quero incomodar ninguém, posso procurar algum hotel ou motel pela estrada.

- Não acho que seja uma boa ideia. Ficam longe e te deixaria mais cansada ainda. Em minha casa até há espaço, mas achei inconveniente trazer uma jovem, considerando que vivo só. Talvez pudesse sentir-se constrangida.

- Sou jovem, mas sei defender-me muito bem de investidas masculinas. – Disse ela, com um sorriso, entrando em um clima um tanto amistoso, considerando a forma simpática e respeitosa como fora recebida.

Ao ouvir a resposta de Anna, e entendendo seu bom humor, George apenas balançou a cabeça com um leve sorriso. Dizendo em seguida – Quero mesmo que se sinta à vontade e seja franca caso os aposentos não lhe agradarem.

- Agradeço sua gentileza George! Tenho a certeza que serão ótimos. Até mesmo pelo fato de por muitos anos ter vivido em alojamentos estudantis, não posso ser tão exigente.

George parou por alguns segundos como alguém que realmente estava admirando o jeito simples de Anna, mas mesmo assim, sugeriu – Se fosse você iria até lá primeiro para conferir, heim!

- Não será necessário colega, além do mais a missão que me traz aqui, me obriga a ter que dormir até dentro do carro se necessário for – Respondeu ela muito confiante e segura.

Com um ar de espanto ao ver tanta determinação naquela moça, George apenas balançou a cabeça aceitando e em seguida a convidou para entrar em sua residência. Era um ambiente com mobília rústica, porém muito confortável e também organizado.

George pediu para a visitante que se sentasse, e em seguida lhe ofereceu água, café e um apetitoso pedaço de bolo de milho. Saboreando aquele delicioso café, passado na hora, cujo aroma era daqueles de provocar a vizinhança, o qual Anna não se lembrava quando fora a última vez em que se servira de algo tão divino, ela não perdeu a chance para tecer elogios.

- Nossa! Tendo os cuidados do casal vizinho lhe preparando tantas delícias assim, não sei como você não engorda – disse ela com um sorriso.

George, olhou para o chão, quase acanhado pelas palavras de Anna e em seguida falou – Poxa, será que após viver tantos anos sozinho, não saberia preparar um café e um bolo para uma visita? Acredito que sim, não?

Embora George não demonstrasse qualquer mágoa com o comentário de Anna, esta percebeu que talvez tivesse se equivocado e até mesmo ofendido o gentil anfitrião. Porém, antes mesmo que Anna pudesse corrigir seu ato falho, George partindo de um semblante muito sério, soltou uma gargalhada dizendo – Está bem, eu confesso que realmente o bolo foi Glória quem fez, mas por favor acredite, o café foi eu, e espero que esteja agradável.

Agora foi Anna que meio embaraçada e também sorrindo com a situação, voltou a elogiar a refeição, inclusive servindo-se de outra xícara da saborosíssima bebida.

Seguiram ali por alguns minutos trocando mais algumas palavras, porém sem entrar em qualquer detalhe sobre a iminente entrevista. Foi quando George, olhando o relógio, gentilmente sugeriu que Anna fosse descansar um pouco para que mais tarde pudessem jantar juntos na casa de Glória e Sebastian.

Então Anna foi até seu carro apanhar sua mala e em seguida caminhou na direção da casa do velho casal.

Um Abençoado Casal

Já mais próxima da casa, onde habitavam Sebastian e Glória, ao caminhar lentamente e só, Anna observava o capricho que aquele casal dedicava para manter aquele local tão organizado. Não muito distante da pequena residência, havia um pequeno pomar, uma horta bem cuidada e um jardim repleto de flores e folhagens. Também se notava ali por perto, algumas galinhas, muito bem tratadas, ciscando ao redor.

Sob a sombra de um imenso arvoredo, erguia-se aquela que no final da semana, serviria de residência para Anna.

Quase chegando, antes mesmo que o pequeno cãozinho que ali dormia calmamente, pudesse anunciar a chegada de Anna, eis que surge à porta, a encantadora figura de Glória. Uma senhora miúda, aparentando um pouco mais que sessenta anos, de olhar meigo e que de pronto, abriu um sorriso muito receptivo e veio na direção de Anna.

Envolvendo a visitante num intenso e carinhoso abraço, como alguém que recebe uma filha que vive distante e retorna ao lar, Glória fez com que Anna se sentisse muito querida. Era como se estivesse nos braços de uma tia ou avó, o que deixou a jovem muito emocionada pela adorável recepção.

Olá, vamos entrar! – Disse Glória. - Sebá foi levar o gado para o confinamento e ainda não voltou, mas deve chegar logo.

Anna, de pronto, deduzira que Sebá fosse uma forma carinhosa de Glória se referir ao amado parceiro.

- Você já se alimentou? – Perguntou Glória.

- Sim. Aliás saboreei um delicioso bolo de milho e descobri ter sido feito por você, não foi?

- Sim, espero que estivesse bom, o fiz meio que rapidamente, pois George só me avisou que viria, em cima da hora.

- Estava maravilhoso Glória! – Respondeu Anna segurando as pequenas mãos calejadas daquela senhora e a olhando de forma sublime.

- Que bom que gostou. Deve estar exausta e precisa descansar. – Disse a velha senhora, puxando Anna pelos braços, conduzindo-a adentro de sua casa.

Glória mostrou a Anna, seu quarto e o banheiro.

- Tome seu banho e descanse bastante. Espero que se sinta bem acolhida em nossa casa. Estou preparando o jantar, pois não temos hábito de se alimentar muito tarde, porém, fique à vontade e descanse o que for necessário. Assim que acordar, estaremos todos esperando por você.

Em seguida, Anna foi para o seu quarto e mais uma vez ficou surpresa e encantada. O aposento estava muito bem arrumado e perfumado. Dava até dó querer tirar qualquer objeto do lugar.

Após um banho muito reconfortante, Anna deitou-se sobre o macio lençol estendido em sua cama. Porém, não conseguira pregar os olhos. Ficou folheando alguns relatórios e anotações, e mesmo assim, não se sentia com sono, mesmo com um pássaro que alegremente cantava, próximo de sua janela.

Também era possível de se ouvir, oriundo da cozinha, o som da voz de Glória que suavemente cantava, uma doce canção, e que parecia religiosa. Como é realmente maravilhoso ver alguém fazendo o que gosta, com amor e trabalhando com tanta alegria. – Pensava Anna.

Por isso Anna não se conteve e foi até a cozinha apreciar aquela suave voz, meio constrangida por não ter oferecido ajuda para Glória, no preparo do jantar.

Ao ver Anna aproximando-se, Glória deu-lhe uma encarada como alguém que reprime uma criança desobediente, e em seguida disse – O que está fazendo aqui? Não devia estar descansando menina?

Anna respondeu que não conseguira dormir e que ainda estava envergonhada por não oferecer auxílio. Bondosamente, Glória respondeu que estava tudo sob controle e quase pronto. Acrescentou que cozinhar, era algo prazeroso e gratificante.

- Eu ouvi mesmo sua alegria cantando – Completou Anna.

- Verdade? Será que estava muito alto? Talvez por isso não conseguiu dormir – Respondeu Glória.

- Que nada. Adoraria dormir com uma canção tão gostosa aos meus ouvidos. Não dormi, por causa da tensão e expectativa de chegar até aqui. – Respondeu a jovem.

Em seguida, percebendo haver algumas verduras e legumes para serem lavados e cortados, Anna foi discretamente assumindo essas atribuições, tentando não deixar Glória perceber, mas esta, mesmo que de forma agradável, acabou a repreendendo. – Mas você é desobediente mesmo, heim!

Há quanto tempo você e Sebastian trabalham aqui? – Perguntou Anna.

Com um semblante sério, esfregando o pulso na testa e com ar de quem estivesse voltando no tempo para relembrar, Glória respondeu – Estamos aqui desde antes dos pais de George adquirirem a propriedade. Chegamos aqui jovens, eu com vinte e um anos de idade, e Sebá, com vinte e quatro. Trabalhamos com os antigos patrões por algum tempo. Eram bons, mas nem se compara com a bondade de João e Rosy.

- Os pais de George? – Perguntou Anna.

- Sim. Um casal espetacular! Impossível de descrevê-los. Vimos e acompanhamos o nascimento de George. Parece até que estou revendo aquele momento tão especial.

Anna ficava encantada com a forma gratificante com que Glória se referia aos antigos patrões.

- E vocês têm filhos? – Quis saber a moça.

- Sim, temos um casal. O mais velho, é advogado e a caçula, é dentista.

- Que maravilhoso poder formar os filhos, não? – Acrescentou Anna.

- Muito gratificante! – Respondeu Glória.

- Moram longe? Vocês não quiseram ir morar mais próximos deles? – Perguntou Anna.

- Vivem na capital, desde que se formaram. Deus nos livre! Se fossemos morar em meio àquela "loucura", nem sei se estaríamos vivos ainda!

Anna sorriu com a franqueza de Glória, mesmo dizendo aquilo de forma humorada.

- Mas também não deve ser fácil, viver tão distante deles, não é? – Afirmou a jovem.

- De fato não. Quando partem, é de cortar o coração. Mas a gente se acostuma e sempre nos falamos por telefone. Ficamos sempre aguardando suas visitas, quando a correria da vida, os permite fazê-las. Por que a nós mesmo, raramente conseguimos sair daqui.

- Entendi! – Respondeu Anna e antes mesmo que pudesse concluir sua frase, foram interrompidas pela chegada de Sebastian.

Sebastian era um senhor esbelto, porém de porte físico robusto, que pouco demonstrava a diferença de idade, entre ele e Glória. Com olhar sério, porém meigo, ele dirigiu-se a Anna, estendendo a mão para cumprimentá-la e desejando-lhe boas-vindas. Ainda se desculpou por não poder abraçá-la, em virtude da poeira da estrada que envolvia seu corpo.

Anna, correspondendo ao gesto de cumprimento, apresentou-se. – Meu nome é Anna, muito prazer! Se quiser abraçar-me, fique à vontade, entendo que estava trabalhando, Sr. Sebastian.

- Por favor garota, senhor é seu avô! Me chame de Sebá! – Exclamou o recém-chegado.

Sorrindo com a forma bem-humorada de Sebastian, Anna complementou – Acho bonito o nome Sebastian, mas por ser uma forma carinhosa de Glória dirigir-se a você, posso adotar "Sebá", o apelido criado por ela.

- Criado por ela? – Perguntou Sebastian com um largo sorriso no rosto.

- Na verdade quem lhe deu esse apelido, foi George, ainda garoto. – Disse Glória, entrando na conversa.

- Verdade mesmo? – Perguntou a jovem, feliz com a descoberta.

- Sim, George, com quatro anos talvez, começou carinhosamente a chama-lo assim e acabou pegando o apelido. – Disse Glória.

- Fiquei muito feliz em saber. Doravante também lhe chamarei de Sebá – Disse Anna.

- Agora acho bom ir direto para o banho, antes que se sente à mesa assim! – Disse Glória para Sebastian.

Com um leve sorriso, Sebá obedeceu a companheira, sem antes dizer a Anna, que era assim todos os dias, ou seja, ele só levava "broncas" da parceira.

Após Ele seguir para o banho, Anna pensava consigo como devia ser abençoada aquela relação. Pois era realmente gratificante, vê-los se dando tão bem.

- Parabéns! Acho que vocês formam um casal maravilhoso e muito abençoado! – Disse Anna

- Temos mais a agradecer a Deus do que pedir minha filha, mas nos damos bem com certeza! – Acrescentou a velha senhora.

A Entrevista

Todos aguardavam ansiosos pela chegada de George, o único que faltava para que a mesa estivesse completa. O aroma delicioso do jantar preparado por Glória, provocava uma ansiedade maior em Anna para servir-se. Não demorou muito até que a camionete de George parasse em frente à casa. Em poucos segundos, o grandalhão entrava pela porta da sala.

Como alguém que chega em casa ardendo em fome, George foi logo aproximando-se do fogão querendo conferir o que havia para o jantar, pois o aroma invadia cada canto da residência. Mas antes que pudesse tocar na tampa de uma das panelas, foi interceptado por Glória.

- Não acha que devia lavar-se primeiro antes de se servir? Afinal hoje o jantar é especial! – Exclamou a dona da casa, referindo-se a presença de Anna.

- George em tom humorado, respondeu – Banho para quê? Não irei deitar-me com ninguém, vou?

Sebá e Anna sorriram discretamente, entendendo a brincadeira por parte de George. Porém Glória, não achara graça alguma e o encarou firmemente como alguém que estabelece uma ordem, e espera de ser atendida.

George respondeu que estava ok, porém ao menos uma cervejinha, ele merecia antes. Abrindo a velha geladeira, retirou uma pequena garrafinha de cerveja, oferecendo a Anna. Esta, agradeceu a gentileza, porém recusou a oferta.

Então George tomou alguns goles da bebida gelada, como se quisesse matar uma sede inigualável. Em seguida, vai até sua casa, para enfim tomar seu banho.

Com a fome aumentando a cada minuto, todos aguardaram o tempo necessário para que George retornasse e pudesse se juntar à turma, para a tão esperada refeição.

Não tardou muito e eis que George finalmente, pôde se ajuntar ao pequeno grupo.

Como visitante, Anna teve o privilégio de servir-se primeiro e não perdendo tempo, foi logo preparando um prato generoso, repleto de salada e legumes, mas o que de fato a apeteceu, foi o delicioso frango cozido, em um especial molho de ervas, que jamais a jovem tinha provado.

Notando a forma com que Anna se deliciava com seus pratos, Glória comentou – Aproveite para se alimentar bem minha filha! Você viajou e deve ter ficado muito faminta.

Sem saber se aquilo era apenas uma recomendação da gentil senhora, ou se de fato sua fome estava impressionando os presentes à mesa, Anna sorriu dizendo – Gente me desculpem se estou exagerando! É que este frango está maravilhoso!

De fato, Sebá e Glória, seja pela idade e até mesmo pelo horário um pouco mais avançado que o de costume, serviram-se de pequenas, porém satisfatórias porções. Já Anna, talvez tenha perdido apenas para o apetite de George. Este sim, com seu porte físico, somado à perda de calorias no sol escaldante da lavoura, foi quem venceu a "competição" de quem comeria mais.

O tempo voou e Anna ficava cada vez mais ansiosa pelo momento que enfim George lhe concederia a entrevista. Esse tão sonhado momento, se deu somente depois das 21h30, quando Sebá e Glória despediram-se e se dirigiram aos seus aposentos.

Nesse momento, George, gentilmente pediu para que Anna lhe concedesse licença por alguns instantes para que fosse se refrescar, tomando um ar fresco junto ao alpendre daquela aconchegante moradia.

Enquanto George se afastava, Anna percebeu que seu semblante remetia a alguém que estava de fato se concentrando para uma verdadeira "confissão". Afinal, quantas informações ela poderia colher naquele especial encontro?

Naqueles poucos minutos que Anna ficara aguardando o retorno de seu entrevistado, Anna, encostada junto a uma das janelas da sala, contemplava um céu totalmente repleto de estrelas. A Lua tão alta, refletia sua luz sobre as colinas, um pouco adiante. Um fato muito difícil de se ver em área urbana, uma vez que a iluminação artificial, proveniente dos postes instalados pelas ruas, nos esconde tão rara beleza. Muito difícil de se explicar, mas o firmamento, visto dali, era tão profundo que parecia coroar aquele momento tão magnífico.

Calmamente, George retornou, entrando na sala onde deixara Anna o esperando, e disse – E então, está preparada? Pois eu já estou à sua disposição.

Ao ouvi-lo, Anna foi rapidamente preparar seu bloco de anotações. Talvez pela grande expectativa, parecia não saber por onde começar. Mas tendo em vista que George dera a "largada", ela foi logo iniciando sua grande lista de questões.

Desta forma, noite adentro mergulharam os dois em uma conversa tão intensa, de modo que a entrevista, foi se tornando muito mais que uma mera entrevista. Anna percebia que estava escrevendo uma interessante história. E de fato, era mesmo a história de um homem muito vitorioso.

O envolvimento de Anna com as revelações era tal, de modo que no decorrer daquela noite e durante todo o final de semana, a jovem jornalista conseguiu colher muitas informações. E, ao final do encontro, gentilmente solicitou a permissão do entrevistado não apenas para publicar a matéria de reportagem, mas também para escrever um livro. Com a permissão concedida, Anna buscou mais informações junto a outras pessoas que conviveram na época com George. E assim, conseguiu descrever com a maior fidelidade possível, a história a seguir.

Um Convite Especial

Todos nós possuímos sonhos, desde nossas infâncias, nossas juventudes, sendo que nem sempre, conseguimos transformá-los em realidade. Para George, até que deu certo, pois como esportista, e principalmente, amante do basquetebol, teve o seu sonho realizado, quando em 1975, aos vinte e dois anos, concluiu o curso de Educação física, em uma universidade de sua cidade natal, e, assim iniciou a carreira tão desejada.

É claro que nem tudo que os filhos desejam, coincide com o desejo dos pais. No caso específico de George, sua mãe sempre o incentivou para seguir seus instintos, inclusive dando-lhe total apoio para ingressar na faculdade de Educação Física. Seu pai, por outro lado, sempre almejou que o filho seguisse carreira em ciências agrárias, administração de negócios ou qualquer curso afim, onde pudesse seguir seus passos, assumindo atividades relacionadas à propriedade rural da família.

Mas George, porém, embora entendendo os anseios do pai, preferiu seguir seus próprios objetivos. E, após exercer por quase dois anos a carreira como professor em colégios da sua pequena cidade natal, deparou-se com uma oportunidade para incrementar sua carreira. No entanto, teria a necessidade de partir para a capital, para encarar os novos desafios.

Nesta ocasião, a convite de um antigo professor seu, da época de universidade, George enxergara a oportunidade, de exercer a função de auxiliar técnico, em um time universitário.

Foi aí que ele decidira deixar sua cidade natal e seguir para a cidade de Santa Cruz, a capital. Não era fácil deixar aqueles a quem amava, e que cuidaram dele desde seu nascimento, ainda mais sendo filho único.

Mesmo sabendo que estaria sempre em contato com seus pais, e que os visitaria quantas vezes fosse necessário, era difícil para o jovem observar em seus amados, a triste emoção de verem um filho partir, apesar de que sempre retornaria para visitá-los.

No dia da partida de George, já nas dependências do terminal rodoviário, seu pai, agora mais conformado com a decisão do filho, em seguir outra profissão, tentava acalentar e conter a emoção da mãe, cujas lágrimas rolavam pela face de pele suave e clara. Aliás, quem os observasse ali, notaria de onde vinha a tão bela cor mestiça de George. Era a perfeita combinação da pele negra do pai com a branca de sua mãe. Talvez, o DNA do pai tenha prevalecido, conferindo a George, muito mais características de descendência afro. E quem sabe, da mãe, recebera como herança, os grandes olhos castanhos, que se destacavam naquele belo e forte moço.

Já dentro do ônibus, George observava seus queridos pais acenando para ele, num gesto de bênçãos e desejos de boa sorte. George, com os olhos marejados, também observava os dois ali na plataforma, que fixavam o veículo que o conduzia, se movimentar, até desaparecer, pela estrada.

Tentando conter em vão, as lágrimas que escapavam pelas laterais de seus olhos, George, olhava com muita tristeza, alguns dos lugares, que amiúde frequentava na pequena cidade natal e que eram deixados para trás, na medida que o veículo ganhava velocidade.

Ainda contemplando aqueles cenários pela janela, George teve sua concentração interrompida, quando alguém ao seu lado, lhe disse – Despedidas são muito difíceis, não?

Rapidamente, George voltou-se para o lado. Observou ser uma freira, sentada ao seu lado, e que seguiria o mesmo destino, provavelmente. Ele desculpou-se pela distração.

Ela prosseguiu dizendo que compreendia muito a dor de seus pais e até mesmo de George, em razão da despedida que testemunhara. Ele a agradeceu pela gentiliza e palavras de conforto.

Durante a viagem, trocaram algumas palavras, onde a freira comentou sobre o dia em que teve que deixar a casa de seus pais, e partir para sua missão. Disse também, sem entrar em muitos detalhes, que atualmente vinha trabalhando num lar para adolescentes, na capital.

Ela dissera a George, que não era da cidade natal dele. Estava de passagem, embora seguissem o mesmo destino.

Aquela conversa amistosa, que embora não tenha perdurado todo o trajeto, serviu para confortar George e reforçar sua decisão de seguir carreira, entendendo isso, como uma verdadeira missão. Depois de alguns minutos de conversa, George acabou caindo num sono que durou até o seu destino.

No desembarque, George desculpou-se com a freira pela soneca, a agradeceu também pela adorável companhia, desejando lhe sucesso nas atribuições missionárias. Ela também o abençoou e despediu-se, seguindo em frente pelo terminal.

Ainda ajeitando sua bagagem, George percebera que embora tivessem conversado, não tinha perguntado o nome da gentil religiosa. Ao voltar-se com esse intuito de localizá-la, em meio à multidão daquele terminal rodoviário, observou ao longe, a freira tomando um táxi. Ele apenas, a observou silenciosamente.

Conforme combinado, assim que desembarcasse, deveria ligar para que seu amigo professor viesse apanhá-lo. Foi até um telefone público, e tentou o contato. Do outro lado da linha, avisaram-no de que o professor estava a caminho e que talvez dentro de quarenta minutos no máximo, ele chegaria por ali.

Então, George foi até a lanchonete para tomar um suco, enquanto aguardava sua carona. Ao abrir a mochila, foi acometido de mais emoções. Um pequeno bilhete de sua mãe lhe desejava a maior sorte do mundo e o abençoava. Mais uma vez não foi fácil conter-se.

Aquela distração só fora interrompida por uma voz muito peculiar – Estou atrasado para o café? – Era Augustus, seu professor, que acabara de chegar para buscá-lo, conforme haviam combinado.

Em um abraço forte e demorado, os amigos se cumprimentaram, como pai e filho que se reencontram após não se verem há tempos.

Até que chegou sem atrasos! – Disse Augustus. – Pensei que o ônibus, fosse demorar mais. Minha intenção era chegar aqui antes de você, receio que tenha esperado muito!

- Não mesmo. Acabei de chegar! – Disse George.

- O trânsito complicado desta cidade, às vezes nos faz perder a estimativa de tempo. – Completou Augustus.

- Não se preocupe, não esperei mais do que alguns minutos. Sente-se comigo! Acabei de fazer meu pedido – Convidou o jovem.

Augustus pediu um café e ficaram por ali mais alguns minutos, conversando sobre diversos assuntos da época de faculdade, sem tocarem no tema relacionado ao novo emprego, proposto por Augustus a George.

Após de tomarem suas bebidas, Augustus ajudou George a apanhar sua bagagem e depois dirigiram-se para o estacionamento. Durante o trajeto para a casa de Augustus, George foi observando que embora a capital fosse gigantesca se comparada a sua cidade, não era tão imensa, se a mesma comparação fosse com outras capitais do país. Notou também que dentre os arranha-céus, haviam aconchegantes parques, onde a população praticava lazer e esportes.

O Projeto

E ntão, não quer descansar um pouco pelo cansaço da viagem? – Perguntou Augustus.

- Não. Com certeza estou bem – Respondeu George.

- Ok. Então acredito que podemos conversar um pouco sobre o projeto pelo qual lhe convidei. – Disse o professor.

- Primeiramente, precisará de um lugar para morar. Nesta noite, sugiro que passe a noite conosco. Amanhã o levarei até a universidade. Lá existe um alojamento, qual preparamos para você. Porém, caso não seja de seu agrado, não é obrigado a ficar por lá – Disse Augustus

- A princípio, eu prefiro ficar por lá professor. Pelo menos no início. Depois, com calma, poderei procurar um lugar mais apropriado.

- Mas você nem viu as acomodações ainda! – Disse o professor.

- Sim. Mas confio na sua sugestão professor.

- Está bem. – Disse Augustus continuando – Você também precisará de uma condução. Tenho um automóvel que raramente uso, possivelmente lhe seja útil.

- Com certeza será – Disse George. Mas não se preocupe. Não quero incomodá-lo com isso. Posso dar um jeito em meus deslocamentos.

- Fique tranquilo! Não irá incomodar-me em nada. Pode usá-lo à vontade. Só espero que tenha habilitação! – Acrescentou o gentil professor, sorrindo.

- George respondeu – Tenho sim. Está tudo em ordem. Costumava usar o carro e meu pai para trabalhar. Mas não achei justo trazê-lo, e deixar meus pais sem o automóvel da família.

- Fez bem. Aqui estão as chaves – Disse Augustus.

Quando chegaram próximo ao veículo prestes a ser cedido por Augustus a George, este falou – Poxa! Está impecável! Acho que vou juntar dinheiro e comprá-lo de você, professor.

- Então junte muito dinheiro! Pois essa "joia rara" está comigo há anos, sendo um de meus primeiros automóveis. Para comprá-lo, terá que fazer uma oferta irresistível. – Disse Augustus.

- Verdade mesmo? – Perguntou George espantado.

Augustus soltando uma grande gargalhada, disse estar brincando, pois na realidade fazia apenas alguns dias que adquirira aquela beldade, para justamente atender George, quando este confirmou, que aceitaria o convite para trabalharem juntos.

Após rirem um pouco, George disse – E então, fale um pouco de seu time! Até agora não me falou nada a respeito.

- Ok, vamos lá! – Respondeu Augustus, que continuando, falou – Tenho a certeza de que se dará muito bem com todas elas. São adoráveis garotas e além do mais, muito dedicadas.

- Espere aí! – Exclamou George. - Você disse garotas?

- Sim. Algum problema? Não vá dizer-me agora que tem alguma objeção quanto a esse detalhe, tem?

- Longe disso professor! Você me conhece muito bem! Apenas fiquei surpreso. E creio que a maioria das pessoas poderia ficar também. Parece estranho, mas é assim, nos esquecemos que as mulheres, com muito mérito e competência, também fazem parte do esporte. De qualquer forma, será de fato um grande desafio, trabalhar como seu auxiliar técnico.

- Auxiliar, não! Técnico!! – Respondeu Augustus com ênfase.

- Como assim? Retrucou George. Um pouco desconfiado que o amigo estivesse brincando novamente.

- Estou dizendo que você será o técnico da equipe da Universidade de Isla del Mar. – Falou Augustus

- Você está falando sério mesmo, professor?

- Sim! – Respondeu Augustus. George permaneceu em silêncio por alguns instantes e em seguida, falou:

- Professor, o convite era para ser seu auxiliar. Realmente não entendo. E quem será meu auxiliar, se estiver dizendo a verdade?

- Eu serei o seu auxiliar George! Se você concordar é claro.

- Nossa! Quanta surpresa! – Exclamou George e continuou – Quer dizer que chego e já vou assumindo uma equipe, que sequer conheço?

- Relaxe meu jovem! Já conversei com a reitoria e outros integrantes da instituição. Também falei de você para o time e elas o aguardam com muita ansiedade. Para mim, será um prazer, e também uma honra, ser o seu auxiliar. – Disse Augustus

- Mas o senhor é mesmo incrível, professor!

- Posso lhe pedir um favor meu caro? – Perguntou Augustus.

- Claro, o quê? – Respondeu George.

- Não precisa chamar-me de professor. Por favor, me chame de Augustus apenas!

- É que a gente se costuma com o tempo da faculdade, prof...., Augustus! – Disse o jovem, com sorriso, quase repetindo "professor".

- Isso ficou para trás George. Hoje quero que me considere como um colega seu.

- Está bem! Ordens são ordens. – Concluiu George, ainda sorridente.

- Posso saber o que levou você a tomar essa decisão tão inesperada, Augustus?

Como se contemplasse o horizonte, o amigo professor, respondeu – Não considero tão inesperada assim. Inclusive planejei. Sempre quis apostar no potencial de algum talento. Acredito que o encontrei e para mim, isso é um orgulho imenso.

Para George, ouvir aquilo também era um orgulho e isso o deixava muito emocionado, enquanto ouvia o que seu amado mestre dizia. E Augustus continuou:

- Tenho duas filhas maravilhosas George. Nunca desejei que seguissem minha carreira, embora sempre tenham sido grandes incentivadoras de meu trabalho. Pode acreditar que para qualquer profissional é muito gratificante formar sucessores. Embora seja um desafio, é também uma grande honra. Por isso aposto em você e estou convicto de que fiz uma grande escolha! – Concluiu Augustus, estendendo sua mão e fixando meigamente, os olhos quase lacrimejados de George.

Um leal cumprimento surge, seguido de um forte e demorado abraço.

- Jamais esquecerei este momento, Augustus! – Disse George com os olhos marejados de lágrimas, e continuou - Não tenho bola de cristal para garantir sobre o futuro, porém pode confiar que terá minha total dedicação a partir de hoje, para que possa honrar essa oportunidade e, principalmente, sua confiança.

Perceberam que em meio a tanta conversa, o tempo passou. Já estava no horário de jantar. Augustus, que estava em casa só naquela noite, ofereceu um jantar leve para George, e este, após satisfeito, se dirigiu a um dormitório, especialmente reservado por Augustus a ele.

- Caso algo não esteja a seu gosto, me avise amigo! – Disse Augustus, antes de desejarem uma recíproca boa noite.

- Com certeza estou muito confortável Augustus. Obrigado e boa noite!

- Boa noite George! Até amanhã!

Após Augustus sair, George não conseguiu dormir tão facilmente, refletindo sobre como fora importante aquele dia e principalmente, ouvir as palavras de Augustus. Por outro lado, tentava imaginar como seria o dia seguinte. Dia no qual estava prestes a iniciar uma importantíssima missão. Agradeceu a Deus em oração e aos poucos foi cedendo ao cansaço e ao sono.

Conhecendo a Equipe

A noite passou muito rápida. Por volta das 7h30, George despertou. Percebeu que a casa estava vazia. Indo até próximo à uma janela, observou a uns 500 metros dali, que Augustus subia a rua, retornando de sua rotineira corrida matinal.

George foi até a porta para esperá-lo, e quando este aproximou-se, disse – Para isso você não me convida, não é?

Sorrindo Augustus respondeu – Achei que você precisava descansar, pois teremos um dia tomado. Amanhã quem sabe eu te chamo para correr comigo. Hoje, porém, recomendo que se prepare, pois, o "bicho vai pegar"!

Sorrindo com a brincadeira, George acompanhou Augustus que entrava no lar e que, após se lavar rapidamente, voltou para que fizessem juntos, um reforçado desjejum.

George não deixou de observar os cuidados de Augustus com sua alimentação, muito bem balanceada. Não era à toa que quem o olhasse, percebesse que exceto pela leve calvície, ostentava um corpo vigoroso e cheio de energia, que não revelava a real idade, acima de cinquenta.

George, também percebera um outro detalhe, e, por isso foi abordando Augustus – Desculpe-me amigo, mas notei algo que chamou minha atenção desde quando cheguei.

- Que detalhe? – Perguntou Augustus com ar de preocupação.

- Você me disse que possui duas filhas, quais presumo serem aquelas ali na foto. E também noto mais alguém ali, que acredito seja sua esposa. É que eu não a vi por aqui e....- É meu amigo! – Interrompeu Augustus. – Você realmente é um grande observador. De fato, ali estão minhas duas joias gêmeas: Susie e Rebeca. Já quanto a Dory, esta resolveu deixar-me....

Agora foi a vez de George interromper Augustus, dizendo – Desculpe-me! Acho que entrei num assunto que não é de minha alçada.

Augustus ficou encarando George por alguns instantes e depois soltou uma gostosa gargalhada. – Calma, você não me deixou concluir. Ia dizer que ela me deixou por uns dias, para visitar nossas garotas. Afinal, sempre é bom tirar uma folga, não?

- Com certeza! – Respondeu George.

De forma um pouco mais séria, Augustus confessa ao amigo – Nem consigo imaginar como seria minha vida sem Dorothy (Dory), ao meu lado, durante todos esses quase trinta anos.

Apenas escutando, George observava que realmente ali existia um homem muito apaixonado pela esposa e família.

Ontem quando Dory ligou-me, eu a avisei que você chegaria por aqui. – Disse Augustus.

- Mas alguém me atendeu ontem, quando liguei para cá da rodoviária. – Disse George.

- Sim, foi a diarista. – Eu já estava a caminho.

- Suas filhas residem longe? – Quis saber George.

- De voo, dá menos de duas horas até a cidade onde estudam. – Respondeu Augustus

- Qual a faculdade que estão cursando? - Perguntou George

São gêmeas até na escolha do curso. Estão no segundo ano de medicina. – Respondeu Augustus

- E quando Dorothy voltará? – Perguntou George

- Ela voltará justo hoje, no voo das 18h, você poderá conhecê-la pessoalmente, e então confirmar se o que disse sobre ela, é ou não verdade.

- Obrigado! Realmente será um prazer conhecê-la! – Disse George.

- Só lhe dou um conselho! – Disse Augustus.

- Qual? – Perguntou o jovem.

- Não a chame de Dorothy, ela prefere Dory. – Comentou Augustus.

- Está bem! – Acatou George.

- Ela também está muito ansiosa em conhecê-lo. Principalmente depois que falei de você para ela. – Disse Augustus.

- Estou vendo que me comprometeu com toda a cidade, não é verdade? – Indagou George, muito sorridente, sentindo-se orgulhoso pelo carinho de Augustus.

Então, seguiram para a universidade. Enquanto Augustus dirigia, George ia observando muitos locais interessantes, durante o trajeto. Isso parecia fazê-lo se apaixonar cada vez mais, pela cidade onde iria morar, embora já a conhecesse.

À medida que se aproximavam, era possível notar a grandiosidade estrutural daquela instituição onde George trabalharia com Augustus. A ansiedade parecia dominá-lo em parte. Desde a portaria até o prédio administrativo onde funcionava a reitoria, a organização impressionava.

Ao chegarem à reunião, poucos minutos foram suficientes para que George fosse apresentado aos diretores da instituição, e alguns colaboradores mais próximos do comando.

Aproximava-se do meio dia, quando finalmente, após um passeio, George pôde conhecer seu futuro alojamento, e também diversas outras áreas da faculdade, às quais o novo professor, ia se familiarizando. Depois, conseguiram enfim, reunir-se com o time de basquete.

Era um grupo formado por doze atletas, às quais, George fora apresentado por Augustus. O egresso treinador, explicou ao time, sobre a decisão tomada, no intuito de trazer um novo comandante. De forma assertiva, todas entenderam os motivos.

Muito gentil, George apresentou-se a cada uma de suas futuras comandadas e também de forma sucinta, expôs sua maneira de trabalhar, seus métodos, de modo que tudo isso, viria somar ao que já vinha sendo elaborado por Augustus.

Também comunicou ao grupo que em razão de ainda estar organizando suas instalações de moradia, os treinos só teriam início na tarde do dia seguinte, por isso as liberaria. Citou que de certa forma, isso não atrapalharia em nada, o planejamento relativo à temporada que se iniciaria dali a três semanas.

Após as formalidades da apresentação, todos almoçaram juntos no restaurante da universidade. Esse pequeno tempo, proporcionou a George, conhecer um pouco mais, cada uma de suas atletas.

Depois da descontraída refeição, Augustus levou George para conhecer o comércio local, apresentando ao jovem, algumas lojas e supermercados, nos quais costumeiramente realizava compras. Augustus fazia tudo para facilitar a adaptação do amigo.

Em seguida, ao final da tarde, partiram para o aeroporto no intuito de apanharem Dory, que como afirmara Augustus, chegaria naquele horário.

Quase sem atraso na chegada do voo, Dory aparece no portão de desembarque para um sorriso gratificante de Augustus, que literalmente corre em sua direção. Após um doce beijo, o casal envolve-se num confortante e demorado abraço.

Para quem olhava o casal, era impossível não se notar a força que unia aqueles dois. Pareciam dois namorados no início de uma relação apaixonante.

A beleza de Dory também impressionara George. Ela era uma mulata esbelta, relativamente alta, de cabelos negros e lisos, caídos sobre os ombros. Com seu corpo atlético, não demonstrava a idade, acima de quarenta anos.

Notando a presença de George, Dory dirigiu-se a ele e ao aproximar-se disse – Então esse aqui deve ser o tão famoso George, não?

- Sim. Mas não tão famoso! – Responde George. – É um enorme prazer conhecê-la! Augustus falou muito sobre você.

- Hum! Muito mesmo? – Diz Dory, voltando-se para Augustus, com um ar carinhosamente desconfiado.

- E acredito que ele não deva mesmo ter se enganado em nada! – Completou George, querendo manter a gentileza.

- Nossa! Fico feliz em voltar para casa, então! – Disse Dory sorrindo. Todos riram, enquanto apanhavam a bagagem da recém-chegada. Depois seguiram para casa.

Durante o trajeto, aproveitando o *rush hour* do trânsito, que lhes permitia o alongamento da conversa, George notava a simpatia de Dory, que reforçava seu entendimento, do porquê de uma relação ser tão duradoura.

- E então George, está gostando da cidade? – Perguntou Dory.

- Bom...- Disse George, antes de ser interrompido por Augustus que diz – Ele acabou de chegar querida! Esse aqui é seu segundo dia por aqui.

- Mas eu já conhecia a capital. Já fiz diversas visitas, apenas nunca morei de fato. – Afirmou George.

- Já arrumou lugar para morar? Casa, apartamento? – Quis saber Dory.

- Ainda não! - Respondeu o rapaz. – A princípio deverei residir no alojamento da universidade. Augustus mostrou-me as acomodações e eu gostei.

- Alojamento, Augustus!? – Disse Dory espantada. – Você não ofereceu nossa casa? Temos espaço por lá.

- Ofereceu sim. – Antecipou George. – Inclusive passei lá essa noite. Até o carro, esse bondoso homem irá me emprestar por uns dias!

- Era o mínimo que poderia fazer não é, Augustus? – Diz Dory com voz firme.

- Sim querida, mas ele preferiu o alojamento. – Disse Augustus

- É fato! Eu preferi. E quero ficar por ali por uns dois ou três meses, até encontrar um local mais adequado. – Afirmou George.

- Ok então! – Disse Dory. – Mas não se acanhe caso mude de ideia. Espero que pelo menos fique para o jantar hoje.

- Aceito sim, muito obrigado. – Diz George – Somente amanhã, irei definitivamente para o alojamento.

- Que ótimo! Vou preparar algo especial! – Afirmou Dory

- Não se preocupe tanto, a viagem deve tê-la cansado! – Disse o jovem.

- Que nada, vocês merecem algo especial. Aposto como Augustus deve ter pedido pizza para vocês ontem, não? – Perguntou ela sorridente, provocando o esposo.

- Absolutamente! – Responde George – Jantamos muito bem!

- Jantar bem, você irá hoje, meu amigo! – Diz Augustus – Essa mulher é uma cozinheira de mão cheia!

- Amor, pare de criar expectativas! – Diz Dory, sorrindo.

Enfim chegam à casa de Augustus. Enquanto o casal vai desfazer as malas de Dory, George aproveita para ajeitar seus pertences para o dia seguinte.

Um pouco mais tarde, já a postos para o jantar, enquanto Dory finaliza a arrumação da mesa, um aroma delicioso invade o ambiente, confirmando o que Augustus dissera sobre os dotes culinários da esposa.

- Parabéns Dory! Está realmente delicioso! Não me recordo da última vez que provei um estrogonofe tão divino assim! – Comentou George.

- Obrigada! E eu nem perguntei se você gostava de carne de galinha – Disse a anfitriã

- Gosto muito! – Respondeu George.

- É que eu evito carnes vermelhas. – Explicou Dory.

- Com todo o respeito, vejo que isso te faz muito bem – Comentou George e continuou – Demonstra uma saúde espetacular! Você é atleta também, ou já foi?

- Não! Apesar de quando jovem, ter praticado de forma amadora, o voleibol, e também um pouco de natação. – Respondeu Dory

- Entendi – Disse o jovem.

- Na realidade, - Continuou Dory - Formei-me em Fisioterapia. Hoje atuo em um hospital pela manhã e à tarde, atendo em minha própria clínica.

- Parabéns! Deve ser uma ótima profissional e também ter uma agenda bem tomada! – Disse George

- Obrigada! Não sei se sou tão excelente assim, porém me considero apaixonada pela profissão. – Diz ela.

- E como se conheceram Augustus? – Quis saber o jovem

- Augustus foi meu professor na faculdade. – Respondeu Dory antes do esposo.

- Verdade mesmo? Que interessante! – Comentou George

- Brincadeira! – Responde Dory, sorridente.

- E você já estava acreditando nela, não é? – Questionou Augustus, em tom de humor.

Meio constrangido, mas também em tom de humor, George comenta que sim.

Como se tentasse mudar de assunto repentinamente, Dory pergunta – E você, tem namorada ou noiva?

- Não. No momento ainda não. – Responde o jovem.

- Você está certo! – Comenta Augustus

- Como "certo"? – Questiona Dory – O que tem de mais um jovem namorar?

- Amor, ele ainda está investindo na profissão! – Diz Augustus

- E o que tem a ver? – Insistiu Dory.

- É que isso as vezes pode atrapalhar um pouco e...

- Ah, entendi – Interrompeu Dory ao marido, em tom de seriedade – Que dizer que a relação atrapalha a profissão?

- Não é o nosso caso amor. Você sabe disso! – Explicava Augustus, quando George percebendo o que Augustus, tentava dizer, falou:

- Também concordo que não atrapalha. Porém, no momento não estou comprometido.

- Que bom. Pensei que ia ter que deixar alguém dormir na sala hoje essa noite! – Diz Dory, com olhar de brincadeira para Augustus.

Todos sorriram.

A conversa descontraída, se alongou e o tempo assim se foi, num clima tão contagiante, que logo perceberam que se aproximava da meia noite.

Assim, George, gentilmente pediu licença, agradeceu mais uma vez pelo jantar maravilhoso e depois, dirigiu-se aos seus aposentos.

Os Primeiros Treinos

O dia amanheceu com o sol bem claro. Desta vez, Augustus não esqueceu de convidar George para a corrida matinal.

Vamos esticar esse esqueleto, treinador! – Disse Augustus para George.

Os dois saíram em ritmo firme e constante, mostrando ótimos condicionamentos. Seguiram pelas alamedas do confortável residencial, onde Augustus e Dory moravam.

Correram por aproximadamente cinco quilômetros e quando retornavam, ouviram o som de uma buzina. Era Dory que passara por eles e seguia com destino ao hospital onde trabalhava.

- Nossa! – Exclamou George – Dory mal chegou de viagem ontem e hoje, já está retornando ao batente?

- Se tem algo que sempre admirei em minha mulher é o seu dinamismo. O dela sempre superou o meu. Isso fez com que em muitos momentos críticos de minha vida profissional, ela tenha agido como um esteio, auxiliando e me fortalecendo.

Ao chegarem à casa de Augustus, observaram inclusive que Dory, havia deixado a mesa para o desjejum dos dois, toda pronta e bem servida.

Após o banho, sentaram-se para a refeição matinal.

- E então George, preparado? – Perguntou Augustus

- Sim! – Respondeu o jovem

- Posso afirmar que hoje de fato será o seu dia "D"! – Afirmou Augustus

- Concordo! – Disse George – Estou muito preparado, embora um pouco ansioso também.

- Perfeito – Disse Augustus, e continuou – O horário que normalmente nos reunimos para os treinos, é às 15h, e pelo que notei, já acertou com as meninas. Sugiro que aproveite a parte da manhã para levar seus pertences até o alojamento. Quanto a isso, irei lhe auxiliar com certeza. A única coisa, é que infelizmente não poderei estar contigo no horário em que for se reunir com o time. Mas creio que isso não será problema, será?

- Absolutamente Augustus! Acredito até que esteja fazendo bem além do que mereço.

- Que bom – Disse Augustus, complementando – Na realidade, queria mesmo, desde já, deixar você à vontade, como o verdadeiro "dono" do time. Durante a semana terei uns compromissos particulares.

- Não tem problemas, eu me viro! – Disse George.

- Mas de qualquer forma, estarei disponível por telefone, se precisar. Afinal de contas, sou agora apenas seu "auxiliar", não é mesmo?

Ambos sorriram.

Por volta das 14h45, George já se encontrava na quadra, à espera de seu novo time. Disfarçando a ansiedade, ora conferia anotações, ora verificava as demarcações da quadra de basquete. Parecia que o tempo não passava.

Eis então que o time de garotas começa a chegar e se reunir no centro da quadra.

George as recebe com um cordial sorriso. Por mera formalidade, um diretor que as acompanhou até o local de treinos, reforça as palavras de boas-vindas ao novo treinador e rapidamente despede-se deixando a quadra.

George então, inicia sua apresentação de modo mais profundo, do que da primeira vez, quando se encontrou com o grupo.

Ele procurou ouvir com a maior atenção o nome de cada uma delas, embora fosse praticamente impossível, decorar todos de prontidão. Ouviu um breve resumo de cada uma delas, sobre suas origens, hobbies, cursos, etc...

Por fim, falou de si, sobre sua trajetória até então. Falou sobre o convite de Augustus e da grata surpresa quando ele disse que seria ao invés de auxiliar, o treinador oficial.

George buscava manter a conversa no nível de maior seriedade possível, embora soubesse que num grupo de atletas, é impossível não haver algumas brincadeiras e piadas. Isso sem falar de eventuais olhares provocantes partindo de alguma delas, como se estivessem paquerando o jovem professor.

Tanto é que em determinado momento em que citava sobre ter sido escolhido por Augustus como seu substituto, ouviu, sem conseguir identificar a autora, a frase "gostei da troca". Seguida é claro, de um sorriso geral de todas elas. Logicamente o novo professor, soube assimilar a brincadeira.

A reunião demorou aproximadamente uma hora e George falou muito sobre sua forma de trabalhar, como já o fizera no dia anterior. Reforçou a importância da descontração, desde que não se perca o foco naquilo que é mais importante.

Conversou bastante sobre técnicas. Frisou que Augustus continuaria no grupo muito mais como um mentor do que um simples auxiliar. Disse também que a parte física, continuaria sob responsabilidade da Professora Marta, nos horários que já eram de costume.

Em razão da longa apresentação, o que provou a suspensão do treino técnico daquela tarde, George abordou alguns pontos que considerava fundamentais para o sucesso do Grupo.

- Quero deixar claro que: Pontualidade, Dedicação e Disciplina, são pontos que não abro mão. Além de respeito ao condicionamento físico e bons hábitos salutares. São pontos, portanto, que considero fundamentais para o nosso sucesso. – Disse o professor enfaticamente.

- Se levarmos a sério esses pontos que elencamos, certamente colheremos os melhores resultados possíveis, nos colocando entre as melhores equipes – disse George.

Os treinos ficaram estabelecidos de segunda à sexta-feira, às 15h00, exceto nos dias de competição, onde seriam suspensos. Também ficou determinado que os primeiros quarenta minutos de cada sessão, seriam destinados ao preparo físico.

Percebendo que George, embora muito gentil no trato com as pessoas, era muito sério e determinado, as garotas acataram as orientações. Depois, salvo uma ou outra dúvida, sanada pelo novo treinador, todas foram dispensadas.

A semana foi muito intensa, do jeito que George gostava. Com treinos táticos, onde ele buscava passar detalhes muito esclarecedores às suas atletas. Até as próprias estranharam, embora positivamente, que os conhecimentos de George pareciam superar o de seu mestre.

De fato, George acabou conquistando em pouco tempo a admiração e a confiança de suas atletas.

Um outro detalhe interessante que George mantinha, era a afinidade com os trabalhos físicos realizados pela colega, Professora Marta. Eles estavam sempre em sintonia, de modo que qualquer detalhe especial observado por um, era prontamente tratado junto ao outro.

Naquela semana, em razão da ausência de Augustus, George precisou se desdobrar intensamente, mas isso foi até gratificante para o novo professor.

A semana passou voando, sendo que ao final desta, no sábado, Augustus, por telefone, convidou George para um almoço, em sua casa.

- Quero que conheça meus dotes como churrasqueiro meu amigo! – Disse Augustus.

- Pode me aguardar! – Disse George do outro lado da linha, perguntando se precisaria que levasse alguma coisa.

- Não precisa de se preocupar, apenas não se atrase! – Disse Augustus.

Almoço Descontraído

No sábado, conforme combinado com Augustus, George procurou ser pontual. Quando chegou em frente à casa do amigo, sentiu um convidativo aroma de churrasco, que provinha do amplo e aconchegante quintal, aos fundos da belíssima residência.

Chegue mais meu amigo! – Gritou Augustus lá do fundo. – Venha aqui me ajudar! – Mostrando e oferecendo a George, uma bela taça de cerveja.

- Deixe-me lhe apresentar, esse aqui é Dr. Paulo, amigo da família. Ele e Dory trabalham juntos no mesmo hospital. – Disse Augustus

- Não sabia que tomava cerveja, Augustus – Disse George, sorridente.

- Eu também não sabia! Fui enganada! – Disse brincando, uma voz peculiar de alguém que se aproximava. Era Dory que chegava acompanhada de Silvia, esposa de Dr. Paulo.

- Ora, ora meu amigo! De certa forma evito, mas em dias especiais, como este, ao lado da família e grandes amigos, creio que mereço, não é verdade? – Brincou Augustus.

- Com certeza merece! Aliás merecemos! – Disse George, brindando com os amigos.

- E então, me diga como foi a semana! – Disse Augustus

- Foi ótima! Benza Deus! – Respondeu George – Estou gostando muito de trabalhar com aquele grupo.

- Que bom! Me perdoe, por tê-lo deixado só, justamente na primeira semana. – Desculpou-se Augustus

- Não se preocupe, consegui me virar bem. – Respondeu George

- De certa forma, até foi bom deixá-lo à vontade com o grupo para acostumar-se. Me diga, não ouviu nenhuma cantada? – Perguntou Augustus de forma provocativa.

- Possivelmente sim. Mas nada que colocasse em risco meu compromisso e nem o delas. – Respondeu George sorridente.

Ouvindo a conversa entre os amigos e querendo envolver-se, Dr. Paulo falou – Faz muito bem agindo assim, meu jovem! Olha, não te conheço, mas presumo ser gente boa e quero lhe dar um conselho. Existe uma frase muito sábia que diz: "Onde se ganha o pão, não se come a carne!".

- Verdade mesmo Paulo? – Perguntou Dory e continuou – Acho que você tem razão, pois da última vez que me apaixonei por um paciente, fui obrigada a viver com ele até hoje. E olha que já faz mais de vinte e cinco anos! – Concluiu Dory, olhando para Augustus de forma provocante.

- O Dr. Paulo é um homem muito sábio! – Afirmou Augustus

- Será que é mesmo? – Agora foi Silvia quem entrou na conversa, provocando Paulo.

- Você deveria ouvir menos o amigo com quem toma cerveja, e mais a esposa, com quem ele convive há mais de trinta anos! – Brincou Silvia.

- Pronto! Lá vem ela! – Disse Paulo.

- Queria ouvir ele falar a tal "frase sábia", quando namorávamos, e algumas enfermeiras ficavam dando em cima dele! – Completou Silvia.

Paulo ficou meio perdido por alguns instantes, depois todos riram, muito animados. Aliás, George era quem mais se divertia, ouvindo as histórias e brincadeiras daqueles dois casais, tão unidos. Isso fazia com que a tarde fosse se tornando cada vez mais animada.

Quase ao final do dia, um pouco mais isolados, Augustus e George sentaram-se para um café. E agora, em um tom mais sério, a conversa se estende de forma particular, entre os dois.

- A partir desta semana, estaremos trabalhando juntos, George. Mas quero que continue firme, convicto em seu planejamento, como se eu não estivesse ali. – Disse Augustus

- Eu entendo, mas precisarei sempre de alguns conselhos seus Augustus.

- Sim. Nos falaremos sempre a parte, no que diz respeito aos aconselhamentos e em tudo que precisar de mim. Mas o meu intuito é que elas depositem em você, a mesma confiança que depositaram em mim.

- Espero dar conta. – Disse o jovem.

- E dará! Estou certo disso! – Concluiu Augustus

- Agradeço mais uma vez Augustus. E por falar em conselhos, preciso mesmo de algumas orientações, visto que o torneio interuniversidades deverá se iniciar em vinte dias aproximadamente.

- Claro, vamos nos falar muito sobre o torneio. A propósito, ficará para o jantar? – Perguntou Augustus, mudando subitamente o assunto.

- Jantar? – Perguntou George, espantado – Acho que não consigo engolir nenhuma uva sequer.

- Fique sim! Pelo menos para nos falarmos mais um pouco, a conversa está ótima.

- Agradeço, mas preciso seguir e tentar descansar um pouquinho também. – Respondeu o jovem.

Nesse instante, Dr. Paulo e Silvia aproximam-se dos dois para também se despedirem, agradecendo Augustus e Dory pela agradável tarde e pelo magnífico churrasco preparado pelo gentil anfitrião.

Depois da saída do casal de médicos, Dory se dirige a George – E então meu amigo, ficará para jantar conosco, não?

- Eu o convidei amor, mas não aceitou, espero que o convença. – Disse Augustus.

- De fato, estou muito satisfeito e agradecido, Dory. E como falei para Augustus, quero descansar um pouco.

- Descansar? Mas amanhã é domingo! Fique sim, posso preparar algo leve, como uma sopa de legumes. – Insistiu Dory.

A forma dócil de Dory se dirigir às pessoas, poderia convencer qualquer um a ficar, porém, George estava mesmo decidido. Desta forma, os amigos o acompanharam até o carro, e em seguida se despediram.

Retornando para casa, George dirige pensativo, como se estivesse planejando a nova semana, prestes a se iniciar.

Chegando em casa, a primeira coisa que faz é ligar para de seus pais. Algo que se tornara uma rotina, todas as noites, desde que chegara a nova cidade. Para seus pais, os telefonemas do filho eram esperados com ansiedade. George, embora sentisse muitas saudades, evitava comentar isso com seus amados, procurando amenizar a distância entre eles.

Depois do banho, faz algumas anotações, preparando-se para a próxima segunda-feira. Mais tarde, abre um livro para distrair-se, e após ler algumas páginas, adormece profundamente, ainda com o livro nas mãos.

Agora é Para Valer!

Na segunda-feira, logo cedo, o despertador toca, assustando levemente George, que parecia estar em sono profundo. Evitando dormir novamente, ele levanta-se para preparar seu desjejum. A refeição, como sempre, é leve, porém muito saudável e nutritiva, pois o dia que o espera, será desafiador. Como de costume, aproveita a manhã para manter o condicionamento físico, estuda e elabora seus relatórios com a parte teórica que mais tarde, abordará com suas alunas.

No período vespertino, já ao lado de Augustus, que agora assume oficialmente os trabalhos como seu auxiliar, embora George preferisse chama-lo de seu *"coach"*, ele começa os preparativos para o torneio, prestes a se iniciar, na terceira semana a contar dali.

Em quadra, Augustus observa como George se dedica seriamente aos treinos, às táticas e técnicas. Ajusta o posicionamento de suas jogadoras, repete jogadas e lances no sentido de melhor orientá-las.

Tudo isso se torna uma verdadeira massagem no ego de Augustus. Ele aos poucos vai se certificando de que não haveria melhor escolha, de alguém como seu sucessor.

De qualquer forma, buscando se assegurar, e sem que George soubesse, Augustus marca uma reunião com a equipe, no intuito de ouvir as opiniões sobre o trabalho do novo treinador, após a primeira semana.

Assim, logo após os trabalhos de treinamento se encerrarem, George se despede do grupo e segue para um compromisso particular. Isso favoreceu ao grupo reunir-se com Augustus, conforme combinaram.

- E então, o que me dizem sobre o novo treinador? – Pergunta Augustus às suas atletas.

As primeiras respostas surgem de forma levemente jocosas, onde alguns atletas, encantadas pelo charme do jovem treinador, tecem opiniões aludindo a esses detalhes.

Certamente Augustus, conhecendo bem o jeito animado de suas atletas, desconsidera as brincadeiras, porém ressalta que quanto mais séria fosse aquela devolutiva, ele estaria seguro ou não, sobre a sua escolha por George.

Felizmente, o retorno é bastante positivo e suficiente para convencer Augustus de que os trabalhos de George, estariam propensos ao sucesso.

As garotas destacaram a forma séria de George valorizar o condicionamento físico. Algumas até brincaram dizendo que iriam morrer antes do campeonato iniciar.

Depois do proveitoso encontro, Augustus agradece a todas e antes de dispensá-las, reforça que estará à disposição de cada uma para qualquer dúvida com relação ao trabalho de George, porém, ressalta a importância de elas depositarem muita confiança no novo treinador.

E assim, os dias foram passando, os treinos se intensificando e aos poucos, o grupo foi se encaixando ao perfil de trabalho estabelecido por George.

Eis que chega o dia da grande estreia de George como o novo comandante do time da Universidade de Isla del Mar. Na noite anterior, ao ligar para seus pais, pede orações no intuito de seja um dia de sucesso. Embora o jogo fosse em casa, o confronto seria diante de uma das favoritas ao título, a universidade de Santa Clara.

Nos vestiários, Augustus pergunta ao colega – E então, como estão as emoções para a estreia?

- Até que estou tranquilo Augustus. Sei que o time está bem concentrado, embora é claro, sempre bate aquele friozinho na barriga.

Augustus o abraça fortemente e encarando-o nos olhos diz – Vai lá e faça o que planejou e sabe fazer! Aqui tem alguém que confia muito na sua competência.

Arquibancadas lotadas, recebem ambas as equipes, estando a maioria vibrando pelo time da casa.

O jogo inicia-se e aos poucos torna-se tenso e muito disputado. George age como um veterano em quadra. Quem o observasse, acreditaria que ali estava um treinador de profunda experiência. Ao final, o resultado não poderia ser melhor, ou seja, uma vitória do time da casa por 82 a 76.

Terminado esse primeiro embate de George como um treinador oficial, este pôde observar algo que só via como telespectador ou torcedor de arquibancada: microfones, câmeras, etc. Tudo o fez perceber que se tornara uma figura pública, embora treinando um time amador. E isso, portanto, seria um desafio a mais para o qual George deveria se preparar.

Mais tarde, após deixarem o ginásio, George e Augustus se reuniram em uma lanchonete simples, longe do centro, não apenas para uma leve refeição, mas para discutirem sobre essa primeira experiência do jovem treinador.

- E o que me diz, meu jovem? – Perguntou Augustus

- Nossa! - Exclamou George, fixando o olhar distante, como se refletisse. – Foi uma experiência e tanto! Iniciar em casa e com uma vitória convincente, isso é muito gratificante.

- Nossa equipe mereceu a vitória! – Disse Augustus para o jovem. – Elas entregaram-se ao máximo em quadra. Estão realmente de parabéns!

- Também concordo com o mérito – Falou George e acrescentou – Agora, uma coisa me chamou muito a atenção, Augustus.

- O que foi, meu jovem?

- A cobertura da imprensa. Não esperava que o fizessem, considerando ser uma competição amadora.

- Aqui na capital, jornais, rádio, TV, estarão sempre presentes na maior parte dos eventos, pode esperar! – Afirmou Augustus. – É o trabalho deles, divulgando o nosso. Isso lhe incomodou?

- Em parte, talvez! – Disse George

- E por quê? – Quis saber Augustus

- Bem, é que venho de uma cidade bem menor, onde todas as pessoas, praticamente se conhecem. De modo que a glamourização, praticamente não existe por lá. Isso me deixa preocupado se algum dia, isso vier a abalar o grupo ou até a mim.

- Olhe! – Diz Augustus segurando a mão do amigo e encarando-o seriamente. – Vou lhe dar uma dica, posso?

- Claro que pode! – Responde George.

- Esqueça um pouco a imprensa! Eles, jornalistas, precisam exercer suas funções e você a sua, compreendeu?

- Sim, mas... – Diz George, interrompido por Augustus que continuou.

- Logo irá se acostumar, acredite!

Agora foi George que fez uma breve pausa, refletindo as palavras de Augustus. Mesmo assim o experiente professor continuou seus aconselhamentos.

- Escute! Eu também fui jovem, também passei por isso. Muitos de meus colegas e seus também, já enfrentaram e continuarão enfrentando tudo isso: Torcida, imprensa, bastidores, etc. Simplesmente porque tudo isso "faz parte do jogo".

George buscava se concentrar no que o amigo estava lhe aconselhando.

- Me promete uma coisa, George?

- O que, Augustus?

- Que exercerá sua função, sua missão, independentemente do que acontecer. Siga suas intuições, implemente aquilo que estudou, que conhece e que principalmente, acredita ser ideal para se conquistar o melhor.

Demonstrando convencimento e ao mesmo tempo agradecido pela forma como Augustus o incentivava, George apenas respondeu – Entendi Augustus! Obrigado pela força!

- É isso! E conte comigo! Seja fiel aos seus instintos e leal aos seus comandados, no caso, suas comandadas. Acredite! Elas farão o mesmo por você.

- Obrigado amigo! Obrigado mesmo! – Disse George.

- Somente mais um detalhe. – Diz Augustus, como alguém que não quer parar de dar conselhos ao jovem.

- O quê? – Perguntou George.

- A vida é feita de emoções. Às vezes boas e as vezes ruins. O esporte faz parte de nossas vidas. Nunca devemos esquecer disso!

George agradece as palavras de Augustus. E como sempre, confirma sua tese de que ele, muito mais do que um auxiliar, é sim, um importante mentor seu.

Após mais algumas palavras, os amigos se despedem e partem para os seus lares. Chegando em casa, George praticamente desmaia.

Logo que amanhece é subitamente despertado, antes do horário que costumeiramente seu relógio toca. Era o telefone, chamando incessantemente.

Sonolento, e, talvez um pouco assustado, pela ligação tão insistente e tão matutina, George atende – Alô!

- Filho?! – Era sua mãe do outro lado da linha. Isso faz George despertar mais rapidamente.

- Mamãe? Algum problema? Por que me liga tão cedo? – Perguntou George assustado.

- Ora quem fala! Você que deveria ter me ligado ontem à noite! Se esqueceu?

- Poxa mamãe, desculpe-me! – Diz o rapaz coçando a cabeça. – É que depois do jogo, fui jantar com Augustus. Enfim, quando cheguei em casa, já era muito tarde e....

- Tarde? – Interrompeu a senhora. - Até tarde fiquei eu aqui, tentando ver se o jogo passava em algum canal de TV. Se encontrava alguma reportagem ou comentários, para saber o resultado da partida. Fui dormir depois da meia noite, isso é, tentei, porque a adrenalina foi a mil!

- Mil perdões mamãe! Obrigado pelo carinho, pelo prestígio, pelas orações! Prometo que daqui por diante, não esquecerei jamais de ligar para minha "fã número 1" e falar sobre os jogos. Mesmo que seja após uma derrota.

- Vou esperar mesmo, heim? – Exclamou a mulher carinhosamente.

E assim, a conversa se alongou por mais de uma hora. George percebe então que pequenos detalhes para nós, pode significar muito para outros. Principalmente quando se trata da atenção àquelas pessoas que nos amam e as quais amamos também.

Novo Lar

Se há algo que George herdou com muito orgulho de seus pais foi o senso de humildade. Embora morando no alojamento da universidade por quase dois meses, ele sempre se referiu àquele local, como sua casa, como seu lar.

Ele também se adaptou fácil à grande cidade, e com o auxílio de Augustus, pôde percorrer diversos bairros, até encontrar um que lhe aprouvesse. Seu intuito era encontrar um lugar seguro, arborizado, com acesso fácil a um supermercado, farmácia, etc. Mesmo que não ficasse no centro da cidade, desde que oferecesse acesso prático ao trabalho, isso seria ideal.

Também, um outro detalhe importante a considerar, foi que pelo motivo de morar sozinho, teria que ser um apartamento e não uma casa, pois se sentiria mais seguro, quando tivesse que viajar. Também exigiu que tivesse pelo menos dois dormitórios, para as ocasiões que viesse receber a visita de seus pais.

Enfim, o jovem professor encontrou um local que parecia atender a tudo que almejava. Ficava em um bairro tranquilo, com um parque bem arborizado, onde até um pequeno lago, existia. Era mesmo convidativo o lugar. George aproveitava toda manhã, quando o clima permitia, para correr entre as alamedas do parque, antes de seguir para o compromisso na universidade.

Destoante do que acontece na maioria das grandes cidades, onde pessoas se cruzam pelas ruas todos os dias, quase sem se notarem, George buscava gentilmente cumprimentar aquelas pessoas que como ele, curtiam o parque e se permitiam dar atenção aos desejos de "bom dia", proferidos por ele.

Em frente ao parque, também existia um colégio destinado ao público infantil e juvenil. Muitas vezes, aproveitando a parada do trânsito, em respeito à faixa de pedestres que interligava as calçadas do parque e as do prédio escolar, para a travessia de alguns estudantes, George corria entre eles, para seguir o seu trajeto, seja na ida ou na volta.

Mesmo assim, para garantir a segurança da travessia dos estudantes, ali sempre havia um policial, apoiando quem necessitasse.

Todas as vezes que George passava próximo ao policial ali destacado, não deixava de desejar um "bom dia" a este ou esta. Na maioria das vezes, seu cumprimento era retribuído. Porém, ao longo de vários dias, ali passando, George notara que havia somente uma policial de semblante muito sério, e talvez, por esse motivo, era a única que mesmo ouvindo os cumprimentos de George, acabava o ignorando. Porém, diga-se de passagem, ela dedicava atenção total e prioritária aos estudantes ou pedestres comuns, oferecendo-lhes assim, preferência.

De qualquer forma, isso jamais afetou o bom humor de George. Ele mantinha a crença de que nós somos os principais responsáveis pelo nosso humor e pelas nossas reações.

Curiosamente, um dia George saíra de casa um pouco atrasado. Embora dirigindo seu carro respeitando os limites e velocidade para o local, parou bruscamente e por pouco invadiu a faixa de pedestres em frente à escola. Justamente no dia em que a "bendita" policial estava em serviço por ali.

Imediatamente a policial lançou-lhe um olhar tão penetrante, que George imaginou que ela iria lhe tomar a licença e picá-la em mil pedaços. Constrangido e em tom de arrependimento, George acenou para a policial, como se pedisse desculpas pelo ocorrido. Ela permaneceu encarando-o seriamente por alguns segundos, antes que o trânsito fosse liberado. Aquele olhar tenso e fulminante, ofuscava os belos olhos esverdeados, daquela bela loira. George então, seguiu lentamente, torcendo para que ela não o parasse, para uma advertência mais severa.

O fato constrangeu George de tal forma, que após o ocorrido, toda vez que passava por ela, seja como pedestre ou motorista, ele evitava não só cumprimentá-la, mas até mesmo olhar para o seu rosto. George pensava consigo, o que fazia alguém ser tão séria assim como aquela policial.

A policial acabou notando o novo comportamento de George, sendo que toda vez que este passava por ela, se esquivando e fingindo que não a via, ela balançava a cabeça, sorrindo para si. Era um sinal de que talvez, ele tivesse aprendido a lição de dirigir com mais responsabilidade.

Mas essa "fuga" por parte de George, não demorou muito. É que após algum tempo, a policial fora substituída por outros militares. Assim, George já não precisava mais se esquivar da moça, qual não se soube mais de seu paradeiro. Acho que George depois, até sentiu a ausência da mesma trabalhando por ali.

44

Uma Brilhante Conquista

A temporada avançou sendo que com muitos méritos, a equipe de George atingiu as fases decisivas da competição. Nada mal para quem estava em início de carreira, embora a classificação tivesse sido atingida, de maneira não invicta. As poucas derrotas nas fases anteriores, não abalaram a dedicação de George, nem tampouco de suas atletas.

Conforme avançavam novas etapas, George enxergava no semblante de cada uma de suas garotas, um espirito de guerreira, como se dissessem uma para as outras "seremos campeãs!".

O trabalho conjunto e a experiência de Augustus, tornaram-se decisivos para George aprimorar sua equipe para cada confronto. Augustus conhecia bem a maioria dos treinadores e o perfil de muitas atletas dos adversários. Alguns inclusive, como ex-alunos seus.

Fato é que com muito esforço e brilhantismo, a equipe comandada por George chegou enfim, classificada para a grande final. A equipe campeã seria definida, através de um *play-off* de até cinco partidas, ou seja, quem vencesse três confrontos.

A primeira partida seria realizada na casa das adversárias, que inclusive, obtiveram melhor campanha.

A equipe adversária, tratava-se da fortíssima equipe da universidade de Costa Verde. Além de favoritas, as oponentes foram uma das poucas que conseguiram vencer a equipe de Isla del Mar, durante o atual torneio.

Como toda grande liderança precisa ser compartilhada, George escolhera dentre suas comandadas, aquela com quem mais se identificou, para ser a capitã de sua equipe. Tratava-se da ala Clairê. A morena de cabelos longos, não só encantava pela beleza física, mas muito mais pela garra e determinação, que demonstrava em quadra. Sua escolha por George, como líder da equipe, contou inclusive com a aprovação de Augustus, não que isso fosse obrigatório.

Os preparativos foram muito intensos e a concentração era total. As dicas e orientações de Augustus, eram anotadas com todos os detalhes por George. A alegria contagiante de Clairê era tal, que contaminava todas as outras, não menos entusiasmadas da equipe. Clairê, todas as vezes que cruzava com as colegas e com os professores, dizia – Nós vamos trazer essa taça para casa!

E então chegou o dia do primeiro confronto decisivo. Num ginásio um pouco menor que o de Isla del Mar, as adversárias, donas da casa, contavam com o apoio maciço de sua torcida. Após três quartos bem equilibrados, acabaram vencendo a equipe de George pelo placar de 78 a 69.

Foi muito difícil para George, assim que teve o acesso liberado aos vestiários, olhar para suas garotas visivelmente abatidas pela derrota.

George foi muito compreensivo e gentilmente cumprimentou cada uma delas, dizendo para esquecerem aquela partida. No mais, tudo que tivessem que conversar de forma mais profunda a respeito do jogo, ficaria para o outro dia.

De fato, aquela não fora uma noite tranquila para George, mesmo após as palavras de apoio e de confiança por parte de Augustus. Mesmo após conversar pelo telefone, com sua mãe, a sua "fã número 1", como gostava de dizer, ele não se conformou muito.

No outro dia, as abordagens com o grupo, resumiram-se em revisão de pequenos detalhes que ocasionaram a derrota na noite anterior. O foco principal era preparar a equipe para a revanche dali a dois dias, só que agora, com a vantagem de jogar em seus domínios.

Após o treino, a capitã Clairê, chamou George em um canto da quadra e disse – Professor, nós vamos buscar esse título, custe o que custar. Pode cobrar isso de nós!

Encarando-a com emoção e orgulho, percebeu que ali encontrava-se uma pessoa determinada, em quem realmente poderia confiar. Então George abraçou e agradeceu a sua líder, pela coragem e pelo compromisso demonstrados.

Dois dias passaram rápido e a data do segundo jogo, o da revanche, chegou. A força da torcida da casa somada à garra da equipe de George, fez com que dessa vez a vitória mudasse de lado. Alguns mais entusiasmados, poderiam afirmar que foi um mini massacre, com um placar de 82 a 60, favorável à Isla del Mar.

George percebera uma forte retomada de confiança em suas atletas. Tanto é que no terceiro confronto, que voltou a acontecer na casa adversária, suas garotas mantiveram a força de superação. Assim, surpreenderam as donas da casa, por um placar mais apertado, de 77 a 75. Mas o placar valeu tanto, que agora as garotas de Isla del Mar podiam almejar o tão sonhado título, e que poderia ser conquistado na quarta partida, em seus domínios.

George tentava consigo, conter a empolgação. Mas por outro lado, pressentia de qualquer forma, que sua equipe poderia sim, sagrar-se campeã do torneio.

Certamente George buscou realizar um trabalho excepcional no intuito de conter a expectativa, a ansiedade e até mesmo a pressão externa, quase blindando suas atletas. Esse trabalho, porém, não poupou a parte de motivação, qual George sempre buscou trabalhar com a equipe, independentemente de terem chegado à fase final.

O dia tão sonhado pelo jovem e estreante treinador, chegara enfim. Não havia espaço para sequer um único torcedor a mais, nas vibrantes arquibancadas a favor das meninas da casa.

A partida que foi muito disputada desde seu início, parece ter provocado um leve nervosismo e uma ansiedade inesperada nas atletas de George. Tal foi que o primeiro quarto fechou a favor das visitantes.

Estrategicamente no intervalo, George procurou conversar com as garotas, tudo aquilo que tinham preparado durante os dias que antecederam aquele embate. Durante todo o prélio, George corrigia posicionamentos e passava orientações que de certo modo, pareceram acender um estopim em suas comandadas.

Assimilando tais orientações, as meninas, aos poucos foram retomando o controle da partida. Desta forma, assumiram a vantagem no placar. Vantagem tal, conduzida com maestria e que ao final, não poderia dar outro resultado que não fosse a vitória. Um placar de 79 a 76, apontava a dona da casa, como a grande campeã!

Uma enorme festa se espalhou pelas arquibancadas e invadiu a quadra. As campeãs, corriam, gritavam e "loucamente" se abraçavam com uma empolgação indescritível. Um pouco mais tarde, já ostentando com orgulho, suas medalhas, corriam mostrando o troféu para a vibrante torcida.

Subitamente, Clairê abandonou o grupo por alguns instantes e focando para onde estavam George e Augustus, não menos vibrantes, é claro, ela gritou para os dois, batendo no peito
– Eu falei que buscaríamos esse título!

Correspondendo a alegria da garota campeã, George a agradeceu, batendo também em seu peito com orgulho, pela conquista das suas meninas. Nesse momento, ele até pareceu engasgar-se na emoção, ao lembrar da promessa feita pela sua corajosa capitã.

Em meio a tanta empolgação, banho de gelo, entrevistas, abraços de amigos e por fim, a conversa com seus pais sobre a grande conquista, o nível da adrenalina em George, parecia ter subido ao máximo. Se desta vez, ele perdeu o sono, foi por um motivo extremamente gratificante.

No outro dia o noticiário deu ênfase a grande conquista das meninas de Isla del Mar. Um jornal regional, com uma bela foto do time campeão, trazia em destaque, uma manchete de primeira página dizendo: "Surge um jovem campeão!"

Agora, mais aliviado, George já podia planejar o seu recesso e voltar para a casa de seus pais, por pelo menos um mês. Antes, porém, fez questão de participar com todas as campeãs, e com Augustus evidentemente, de um fabuloso jantar, oferecido pelos organizadores à universidade, que contou com a presença de alguns de seus diretores.

Durante o evento, quando solicitado seu pronunciamento, George agradeceu além de suas campeãs, à diretoria, aos colegas, como a Professora Marta e principalmente, Augustus, o seu grande mentor.

Férias Mais do Que Merecidas

Desnecessário dizer qual foi a recepção que George teve ao chegar à casa de seus pais. Parecia que estava há anos ausente. O curioso é que principalmente sua mãe, parecia mais rejuvenescida. Talvez pela alegria de tê-lo novamente em casa ou pela grande torcida para o sucesso do filho, que mesmo à distância, ela acompanhava sua trajetória. Outros diriam que sua força rejuvenescedora, vinha da sua forte fé em Deus.

George também pôde notar que seu pai, havia mudado também alguns de seus conceitos a respeito dos esportes. Embora de forma não tão empolgada como a de Rosy, João percebera que seu filho enfim, encontrava algo que o deixava satisfeito profissionalmente.

Também era notória a alegria no casal Glória e Sebá, que pareciam não saber como agradá-lo.

Aquela proximidade de seus pais e do seu antigo lar; o contato com os amigos da pequena cidade natal, que lhe parabenizavam; tudo era motivo para deixar George mais relaxado e assim, preparar-se para o retorno, tendo em vista a próxima temporada.

Numa daquelas maravilhosas manhãs, George fazia o desjejum ao lado de seus amados, saboreando os deliciosos quitutes preparados por Rosy e por Glória, complementados pelo queijo fresquinho preparado por Sebá e de frutas de época, colhidas por João. George então, aproveitou para consultá-los, se não tinham interesse de deixar o sítio e se mudarem com ele para a capital. Embora notando no semblante de sua mãe, um ar que poderia ser interpretado como um "tanto faz", seu pai foi enfático em dizer que seu intuito, era o de permanecer na propriedade rural.

João buscou de forma sensata, sem grandes emoções, mostrar para George, como era importante para ele, viver ali no sítio. Além de que viver numa cidade tão grande, depois de tantos anos, seria algo que lhe incomodaria deveras. Mas por outro lado, João também foi sublime e suficientemente humilde de rever sua posição quanto George ter optado em seguir a carreira dos esportes, diferentemente do que ele propunha ao filho, tempos atrás.

George percebera como era importante a vida do campo para seu pai. Notou também, que pelos tratos ali no local, seria um pecado tirá-lo dali. Sem falar que a companhia que Glória e Sebá faziam aos seus queridos pais, e vice-versa, talvez fosse algo dificílimo de se substituir na grande cidade. Por isso, naqueles dias que se sucederam, George não voltou mais a tocar no assunto.

Em uma das tardes, caminhando pela sombra das frondosas árvores do local, George fora surpreendido por Glória que o abordou, pedindo desculpas por incomodá-lo no passeio.

- Boa tarde, Sr. George! – Falou a senhora.

- Olá Glória, como vai?

- Desculpe incomodá-lo, mas queria perguntar algo, antes que o senhor pudesse partir para a cidade novamente.

- Não há nenhum incomodo em me abordar. Quer entrar um pouco para conversarmos? – Sugeriu George, apontando a casa de seus pais.

- Não é necessário Sr. George – Respondeu ela.

- Mas que mania de "senhor", Glória! – Exclamou George – Me chame pelo nome, como sempre o fez desde que eu era um menino.

- Desculpe-me! – É que agora o senhor se tornou um professor e.... – Disse ela, interrompida abruptamente pelo jovem, que disse:

- Se me chamar de senhor de novo, não vamos continuar conversando, heim? – Disse George, em tom sorridente.

- Está bom. Eu queria apenas confirmar uma coisa com você – Falou Glória.

- O que seria, minha querida? – Indagou George, carinhosamente

Então Glória, meio emocionada, começou a explicar – É que eu e Sebá, estamos muito preocupados com a possibilidade de você levar seus pais para morarem contigo, e ficarmos sozinhos. Nem sei o que faríamos sem eles!

George percebeu, que ali não havia apenas um casal para se preocupar, mas sim, dois. E de fato, ambos eram importantíssimos na sua vida.

Abraçando a humilde senhora, que enxugava as lágrimas no colorido e empoeirado avental, George falou, calmamente – Isso não vai ocorrer, Glória!

Ao ouvir a voz calma e sincera de George, que lhe olhava com afeição, Glória levantou a cabeça e prestou atenção ao jovem.

- Não vou mentir para você e nem para Sebá, que eu tinha esse intuito. Mas após uma conversa com meus pais, embora eu sinta muita saudade de ambos, quando estou na capital, vejo que aqui ainda é o melhor lugar para ambos.

- Graças a Deus! – Exclamou Glória.

- E digo mais – Continuou George – Jamais tomarei uma decisão que possa incomodar você e Sebá, ou que possa causar-lhes, algum sentido de ingratidão de minha parte.

Glória ouvia e se emocionava mais, com as palavras de George.

- Concluindo – Disse George, com um sorriso carinhoso – Acho que se puder, quando me aposentar, ainda quero vir morar com vocês, nem que estejam todos bem velhinhos!

Glória não se conteve e entregou-se a um abraço fraterno do jovem, só que agora, aos soluços e ao mesmo tempo aliviada.

Depois do encontro com Glória, George continuou sua caminhada por mais alguns minutos e depois retornou ao lar. Chegando em casa, serviu-se de um enorme copo de água fresca, retirada de um filtro de barro. Fixando o horizonte, ele refletia ainda sobre as palavras de Glória.

Os dias foram passando de forma tranquila e alegre. George curtia muito, poder estar ali novamente, ao lado daqueles que tanto amava.

Como nada é para sempre, o final das férias foi se aproximando. George notara que sua mãe foi tornando-se mais sensível. Parecia a senhora perceber, que dali a alguns dias, o filho querido precisaria partir novamente.

George também, sentia aos poucos que mais uma vez, necessitaria de muita força, para superar um outro período de "separação". Por mais breve que fosse o tempo, isso afetava muito os corações do pobre casal, e, porque não dizer, o seu também.

Enfim, chega o dia da partida de George. Desta vez, não havia ônibus, pois George tinha o seu próprio automóvel, obtido com muito esforço e mérito.

Abraçou seus pais demoradamente, recebendo suas bênçãos. Glória também chegou a tempo para um abraço, no tão querido jovem. Por pouco, Sebá que vinha aceleradamente com uma sacola repleta de frutas e queijos, não encontraria George, prestes a sair.

George agradeceu profundamente o carinho e esforço de Sebá, dando-lhe um apertado abraço. Depois reuniu todas as forças necessárias para entrar em seu carro, contendo ao máximo, as evidentes lágrimas que escapavam pelos cantos dos olhos.

Abraçados, João e Rosy; Sebá e Glória, acenavam para o carro que aceleradamente, avançava pela pequena estrada ao longe, até enfim, desaparecer entre a poeira.

Seria para os pais de George, o início de mais um período distante do filho amado.

Uma Nova Oportunidade

George, se pudesse, ficaria no sítio um tempo maior, porém, buscou retornar alguns dias antes do reinício dos trabalhos. Ao adentrar o empoeirado apartamento, verificou rapidamente os itens de mantimentos que precisaria repor, não se esquecendo que trouxera do sítio, muitas frutas e queijos. Depois começou a abrir as correspondências que se acumularam em sua caixa de correio.

Enquanto telefonava para a diarista de costume, no intuito de organizar seu apartamento e de providenciar uma urgente faxina, antes que uma rinite pudesse lhe atacar, um envelope lhe chamou a atenção em especial.

Ao abri-lo, notou que a carta estava assinada por um executivo de uma renomada organização de marketing esportivo. Na carta, o conteúdo sugeria que George entrasse em contato com o referido executivo, para tratarem de um assunto de interesse mútuo.

No princípio, George não se interessou tanto, porém, depois, ao consultar as mensagens deixadas em seu telefone, notou que pelo menos três recados, eram da secretária do tal executivo, onde ela insistia que George entrasse em contato com a referida empresa.

Tendo em vista o cansaço da viagem e ter acabado de retornar, George não estava a fim de telefonar para ninguém naquele momento, exceto para seus pais para avisá-los de sua segura chegada ao lar.

Porém, um pouco antes de sair para o supermercado, para fazer algumas compras, o telefone tocou. George, já próximo à porta, relutou em voltar para atender, mas pensou um pouco e como poderia ser seus pais, acabou voltando e atendeu ao chamado.

Do outro lado, uma suave voz lhe pergunta – É o Professor George?

- Sim – Respondeu ele.

- Aqui é Claudete, secretária do Sr. Theodore Gusmem, da empresa TG Sports & Marketing. Creio que tenha recebido meus recados.

- Na realidade retornei hoje de viagem – Disse George

- Desculpe-me! – Disse Claudete.

- Mas observei sim, suas mensagens! – Confirmou George

- Não queria incomodá-lo, deve estar cansado, mas poderíamos falar um pouco? – Insistiu a secretária.

- Sim. – Respondeu George – Se não for muito longa a conversa, pois estou de saída.

- Primeiramente tenha um ótimo retorno das férias e também parabéns pela recente conquista! – Disse Claudete buscando, ser gentil ao telefone.

- Obrigado! Porém, desculpe-me, senhorita! Poderia adiantar o assunto? – Disse George, buscando acelerar a conversa.

- Ah, sim. É que nosso diretor-presidente gostaria muito de reunir-se com o senhor sobre assuntos profissionais, inclusive, poderia ser em local que o senhor determinar.

- Você refere-se ao senhor Theodore? – Perguntou George.

- O próprio! – Confirmou a moça

- Existe algum assunto específico? – Quis saber, George.

- Sr. Theodore apenas disse que eram assuntos comuns às suas atividades, e que eventualmente possa atender seus interesses profissionais. Assuntos que ele, prefere abordar pessoalmente, na eventual reunião.

- Entendi! – Disse George – E quando ele quer agendar?

- O senhor estaria disponível nesta semana, professor?

- Por mim, pode ser amanhã – Disse George.

- Ás14h30, estaria bom? Ou se preferir almoçar junto com ele, posso agendar antes. – Disse Claudete.

- Prefiro às 14h30! – Afirmou George.

- Está bem, professor. Então ficou agendado para amanhã às 14h30 aqui em nosso escritório. O endereço consta em nossa correspondência, o senhor ainda a tem?

- Tenho sim. – Respondeu o professor.

- Então muito obrigada e até amanhã – Agradeceu a moça, despedindo-se.

Ao desligar, George permanece um pouco em estado de reflexão, fixando seu olhar distantemente. Afinal por que estaria aquela organização procurando-o?

George enfim, consegue sair para as compras no supermercado. Ao retornar, consultou novos recados na secretária eletrônica. Um deles era da faxineira, confirmando sua vinda no dia seguinte. Outro, era um número não identificado. Quando George liberou a gravação, observou que se tratava de Theodore que entrara em contato, desta vez diretamente, agradecendo George por ter aceito o encontro no dia seguinte e também propondo um almoço juntos. Neste caso, se George tivesse interesse, bastaria sugerir o local para Claudete, que esta se encarregaria de agendar.

George preferiu não retornar, mantendo assim, o horário previamente agendado para a parte da tarde.

Nesse momento, George resolve ligar para seus pais para avisá-los sobre sua chegada em paz.

Depois de uma longa conversa com seus queridos, percebendo não ser tão tarde, resolve ligar para Augustus também.

Ao atender a ligação, Augustus responde surpreso – Já está de volta? Que eu saiba ainda faltam alguns dias para a nova temporada!

- Sim eu preferi – Disse George – É bom voltar um pouco antes para me organizar.

Após uma conversa de quase meia hora, George resolve colocar o amigo ao par da reunião que teria no outro dia com Theodore. Aproveitou ainda para perguntar se Augustus conhecia o tal executivo.

- Na realidade sei quem ele é, sim. Trata-se de um forte investidor em marketing esportivo e que costuma patrocinar muitos eventos. – Disse Augustus, que ainda perguntou – Ele te adiantou o assunto George?

- Na realidade falei somente com a secretária dele, mas esta não pôde dar muitos detalhes sobre a reunião.

- Entendi! – Disse Augustus pausadamente, como se estivesse preocupado.

- E o que me diz Augustus? Devo manter o compromisso?

- Entendo que sim, meu amigo. Por que não? – Respondeu Augustus – Assim também terá sua própria opinião sobre ele. E dependendo o que for tratado na reunião, tirar suas conclusões. Depois me diga como foi o encontro.

- Obrigado! Agora, depois de ouvi-lo, fico mais tranquilo em comparecer ao encontro.

No outro dia, George, no horário combinado, dirige-se ao escritório da TG Sports. Ao aproximar-se ficou admirado ao ver como era impressionante o prédio, onde a empresa se estabelecia. Era um edifício moderno de cinco andares. Após identificar-se junto à recepção, George é informado que a presidência se situava na cobertura, onde Claudete o aguardava.

Saindo do elevador e ao adentrar a ala destinada à presidência, George ficou mais impressionado ainda com belíssima decoração. Era repleta de quadros, sendo alguns, de renomados artistas.

Nesse instante, uma jovem, de corpo miúdo e muito sorridente, vem em sua direção. Era Claudete, que gentilmente se apresentou e o recepcionou, desejando-lhe boas-vindas.

- Olá, seja bem-vindo à TG Sports! Sou Claudete, com quem você falou por telefone. Fique à vontade, o Dr. Theodore já está a caminho do escritório.

- Obrigado! – Disse George, esclarecendo – Me adiantei um pouco, pois tive receio, de o trânsito impedir-me de chegar no horário.

- Aceita um café, água? – Perguntou a secretária, gentilmente.

- Aceito água, por gentileza – Respondeu o visitante

Servindo George, Claudete retorna para sua mesa dizendo - Fique à vontade, ele não deverá se atrasar.

Enquanto aguardava na espaçosa e confortável sala, George caminhou um pouco e verificou que a visão dali era maravilhosa, podendo-se enxergar parte da grande cidade. Também era possível ver o estacionamento, onde um automóvel conversível e esportivo, acabava de estacionar. Era Theodore que chegava para o esperado encontro.

Após alguns minutos, finalmente, Claudete o conduz até uma enorme porta de madeira, que ao abri-la, revelou uma sala de reuniões, não menos impressionante, do que tudo que George havia notado até ali. Muitas peças decorativas, e de bom gosto, compunham o ambiente, conferindo-lhe formalidade e sofisticação.

Theodore, ao ver George, levanta-se, abotoando um charmoso blazer, certamente de alta costura. Com um sorriso largo no rosto, demonstrando satisfação imensa em receber George, Theodore aperta firmemente a mão do visitante, em sinal de apreço.

Claudete pede licença e se retira, fechando a enorme porta. Theodore, era um homem que esbanjava elegância, não apenas nas vestes. Era um indivíduo alto, loiro e com um topete muito bem cuidado. Também costumava usar um perfume, que parecia funcionar como uma marca pessoal, cujo cheiro, tomava conta da enorme sala.

Mesmo diante de tanta ostentação, George não se abalou com a presença do famoso anfitrião, que logo lhe disse – Grande treinador! Seja bem-vindo meu amigo! Espero não o ter feito esperar demais!

- Obrigado! Não há de que! Eu que acabei antecipando minha chegada. – Falou George

- Por que não veio para almoçar comigo? Creio que Claudete o convidou, não? – Questionou Theodore

- Sim, ela convidou-me, senhor Theodore. Agradeço seu convite, porém, como retornei de viagem ontem, ainda estou ajustando algumas coisas.

- Sente-se! Pode me chamar de Ted, eu prefiro. Vamos conversar um pouco. Certamente já deve ter ouvido falar em nós, não? – Perguntou Ted (Theodore).

- Sim! – Respondeu George – Andei me informando sobre sua organização e percebo tratar-se de uma forte empresa no ramo.

- De fato! – Concordou Ted – Hoje nos posicionamos entre as dez maiores do nosso país neste segmento, e estamos em franca expansão.

- Meus parabéns! – Disse o jovem, educadamente.

Ted passou quase meia hora falando sobre a organização para George. Quando finalmente, resolveu abordar o real motivo daquele encontro.

- Então, como lhe disse, somos especializados em marketing esportivo, sendo que atualmente, nosso foco é o basquetebol. Temos uma equipe na liga nacional, talvez já deva ter ouvido falar dos Falcões da Colina, em uma parceria com a Universidade Colina Dourada.

- Sim. Quem não ouviu? Muito tradicional! – Disse George

- Nos tornamos parceiros, desde o início da última temporada. Parceiros não, posso dizer que praticamente somos os donos do time! – Afirmou Ted, em tom de soberba.

- E como foi a última temporada para vocês? – Indagou George

- Muito aquém do que esperávamos. Temos que ser mais ousados. Canalizamos nossos investimentos ali, e temos projeto de investir muito mais nos próximos cinco anos, nos tornando uma das *top five* do basquete no país.

- Que ótimo! Parabéns! Espero que consigam esse objetivo! – Disse George, impressionado com as ambições de Ted.

- Mas meu jovem, eu não o convidei para vir até aqui ouvir uma palestra sobre nós. Na realidade tenho uma proposta para lhe apresentar, qual considero muito interessante.

Ao ouvir aquilo, George um pouco embaraçado, perguntou – Proposta?

- Sim. – Disse Ted, secamente.

- E qual seria? – Continuou o jovem, na dúvida.

- Nossa equipe de monitoramento de mercado é muito eficiente. E eu, independentemente, procuro acompanhar tudo que acontece no mundo dos esportes.

George continuou ouvindo seu interlocutor que continuou o discurso – Evidentemente, posso afirmar, sem dívidas, que tenho em minha frente, um dos mais promissores talentos, na carreira de treinador, concorda?

Embora um pouco assustadora aquela abordagem, os elogios faziam os olhos de George brilharem de satisfação.

- Obrigado! Nem sei se faço jus a tantos créditos assim. – Falou o jovem.

- Sei bem o que digo! Tenho faro para essas coisas! – Afirmou seriamente o empresário.

- Agradeço muito suas palavras, Ted!

- Assim, o real motivo de trazê-lo aqui, é lhe convidar para fazer parte desse nosso projeto, entende? – Disse Ted

- Como assim? – Perguntou George.

- Estou convidando você para trabalhar comigo, George. Vamos fazer sucesso juntos! – Afirmou Ted, aproximando-se mais do visitante.

Professor George

- Mas Ted... – Disse timidamente, George.

- O quê? – Responde Ted.

- Eu acabei de iniciar meus trabalhos junto à Isla del Mar. Creio que tenho muito a realizar por lá ainda. – Ponderou George.

- Ora, ora. Não perca oportunidades meu jovem! Eles saberão se virar sem você! – Falou Ted, de forma aleatória.

George fica pensativo por alguns instantes e em seguida questiona – Vocês não possuem um treinador atualmente?

- Sim. Mas no novo projeto, quero mudar toda a comissão técnica, colocando você como o novo comandante.

- Olha Ted, eu realmente agradeço muito a oportunidade que me concede, mas isso me pegou de surpresa.

- Claro, claro! – Interrompe Ted – Não esperava mesmo que fosse decidir isso agora. Veja bem, aqui nesta pasta, você encontrará todas as informações sobre nós. Aí consta o nosso perfil, missão, valores e talvez até balanços contábeis. Tudo para que se sinta seguro antes de decidir.

George pega a pasta com calma.

- Neste envelope aqui, consta nossa proposta de trabalho – Disse Ted – Leve e leia com muita calma e atenção! Não há nada que não possa ser discutido. Anote o que quiser! Depois, sugiro que falemos a respeito dentro de dois dias, tudo bem?

- Está bem! – Disse George – Dois dias estão ótimos. Mesmo porque não pretendo tomar muito de seu precioso tempo, para lhe dar uma resposta precisa e segura.

Antes de George sair, Ted segura mais uma vez fortemente a mão do jovem, trazendo-o para si e abraçando-o.

- Pense bem meu rapaz! Tenho a certeza de que tomará a decisão de ir para o lado correto.

Após o abraço, levemente estonteado pelo perfume de Ted, misturado a um fortíssimo cheiro de charuto, George pede licença para retirar-se.

Ainda meio atordoado, passa pela mesa de Claudete, onde despede-se desta.

- E então, como foi a reunião? – Quis saber a moça, de forma simpática.

- George, ainda com expressão preocupada, simplesmente responde – Algumas surpresas!

- Espero que sejam ótimas! Boa sorte! – Afirmou a moça, em tom alegre, porém muito profissional.

- Obrigado pela gentileza, Claudete! – Afirmou o rapaz, seguindo em direção ao elevador.

Uma Difícil Decisão

Pela primeira vez, em sua carreira, que praticamente, ainda se iniciava, George sentiu-se tão receoso. Ainda no estacionamento, ele pensou em abrir o envelope, mas preferiu seguir para casa.

Conforme dirigia seu veículo, ia ao mesmo tempo tentando adivinhar qual a proposta que pudesse estar ali contida.

Um outro fato que não lhe fugia a mente, era a imagem prepotente de Ted. Apesar dos rasgados elogios tecidos a ele pelo poderoso executivo, tudo aquilo parecia incomodar George.

Em certo ponto do trajeto, resolveu parar em uma cafeteria ao longo da avenida em que transitava. Depois de fazer seu pedido à atendente, começou a ler os documentos que lhe foram entregues por Ted, iniciando pelo portfólio da empresa.

George ficou impressionado com os números financeiros da companhia. Em outra parte específica, que abordava a parceria com o time de basquetebol, ficou mais impressionado ainda com os valores investidos. Inclusive, o material contava com depoimentos de atletas e outros profissionais, elogiando a parceria.

- O café vai esfriar! – Interrompe a garçonete, ao vê-lo ali tão entretido com aquela papelada.

- Me desculpe! Acabei me distraindo com tantos papéis. – Disse ele.

- Eu é que me desculpo, por interrompe-lo! Posso ser útil em algo mais? – Perguntou gentilmente a moça.

- Não. Somente isso por enquanto. – Disse George

- À vontade! Divirta-se com seus papéis! – Brincou a atendente.

- Obrigado! – Respondeu ele sorrindo.

Então George resolve abrir o envelope onde constava a proposta de trabalho.

À medida que lia, fazia suas anotações. Relia outros pontos e aos poucos foi percebendo que ali constavam valores que, praticamente equivaliam ao triplo do que obtivera na última temporada, atuando por Isla del Mar. Ainda estabelecia pagamentos de bônus por vitórias e títulos conquistados. Nada mal, para qualquer jovem iniciante.

A indecisão de George aumentava a cada linha, lida na proposta. Ainda meio atordoado pela tão pesada análise, pagou a conta e saiu. No carro, parou por alguns instantes muito pensativo.

Alguém bateu no vidro do carro. Era a garçonete que há pouco lhe atendera. Ele abaixou o vidro e ela disse – Você esqueceu o troco! – Mostrando-lhe o dinheiro.

- Acho que os papéis me atordoaram. – Disse ele sorrindo e satisfeito com o comprometimento daquela moça.

- Obrigado por sua honestidade, Maria! – Disse George lendo o crachá, onde o nome da atendente estava gravado - Porém, se não se importar, pode ficar com o troco!

- Mas é muito! Você tomou apenas um café! – Disse Maria.

- Eu sei. Aquele foi o valor pago pelo café e este, é pelos seus serviços, prestados tão gentilmente! - Disse George olhando para aquele rosto, levemente suado, em virtude do longo dia, dedicado ao trabalho.

Percebendo ainda, a indecisão de Maria, George acrescentou – Seu café estava realmente delicioso! Seu atendimento, muito cordial! E acho que você me deu sorte aqui com meus papéis. Então, se fosse você, guardaria o troco sem hesitar.

A jovem garota, em meio a lágrimas, olhou para aquelas notas, que equivaliam umas dez vezes ou mais, o valor do café, agradeceu a George imensamente, dizendo – Deus o abençoe sempre e obrigado! – Voltando depois, para o estabelecimento comercial.

George ligou seu carro e partiu para casa. Chegando lá, teve a ideia de ligar para Augustus.

Do outro lado, o amigo atende à ligação – Olá! Tudo bem George?

- Tudo bem graças a Deus Augustus. Acabei de chegar em casa após a reunião com Theodore.

- Então me diga, como foi o encontro amigo! – Quis saber Augustus.

- Pois é, falamos muito, e ao final, ele surpreendeu-me com um detalhe, que me deixou com muitas dúvidas. Acho que nunca precisei tanto de um mentor como agora.

- Não diga! – Exclamou Augustus – Se for um assunto que precise falar pessoalmente, posso ir até você ou então venha para cá. O que for melhor para você, George.

- Acho melhor ir até aí Augustus, assim não precisa se incomodar saindo de casa.

- Que incomodo nada! – Falou Augustus – Mas pensando melhor, venha para cá mais tarde, e poderemos além de nos rever, jantarmos juntos.

- Então está combinado Augustus, estarei aí mais tarde. – Disse George, desligando o telefone.

No início da noite, George chega à casa de Augustus.

- Seja bem-vindo meu amigo! – Estou feliz em revê-lo! – Disse o anfitrião.

- Eu é que agradeço mais uma vez sua atenção Augustus.

- Vamos, acomode-se! Dory está por chegar. – Diz Augustus – Aceita uma bebida?

- Água ou café, para mim está bom – Responde George.

Enquanto saboreiam o café fresquinho preparado por Augustus, Dory chega em casa.

- Olha só quem resolveu aparecer! – Exclamou Dory, alegre ao ver George. – Por que não me avisou? Prepararia um jantar especial!

- Desculpe-me! Diz o rapaz sorridente.

- Na verdade fui eu quem o chamou amor. – Acrescentou Augustus.

- Vem aqui me dar um abraço! Como foram as férias? – Perguntou Dory, toda feliz em receber o amigo.

- Foram ótimas! E podendo matar as saudades de meus pais, melhor ainda! – Disse ele, perguntando em seguida – E você, passou bem?

- Eu sempre estou ótima, meu amor! – Enfatizou Dory, com sua alegria peculiar.

O bom humor de Dory, serviu para amenizar um pouco o clima de preocupação de George.

- Olha! Me deem licença que preciso tomar um banho. Em seguida, prepararei o jantar. Você vai ficar para o jantar, não vai George? – Perguntou Dory

- Claro que ele vai amor! Já o convoquei! – Respondeu Augustus pelo amigo.

Após Dory retirar-se, os amigos voltam ao tema principal do encontro.

- E aí? Me diga o que te preocupou na reunião de hoje, meu caro. – Disse Augustus.

- Bom, primeiro, fiquei muito impressionado com o tamanho da organização. Depois, foi a ostentação e a soberba de Ted, que me chamaram a atenção. Por fim, ele me faz uma proposta, que me deixou desconcertado.

- Essa proposta, seria de trabalho? – Perguntou Augustus

- Sim! Você acertou Augustus. Ele me propôs trabalharmos juntos.

- E você, aceitou? – Perguntou Augustus

- Não. Na hora disse que não tinha como decidir isso. Então ele colocou a proposta dentro de um envelope para que eu pudesse vê-la a parte e depois decidir. Aliás, ele me deu dois dias para isso.

- Sei como é meu amigo! – Falou Augustus

- Durante o trajeto para casa, parei em uma cafeteria e aproveitei para ler a proposta.

- E....? – Indagou Augustus

- E daí que fiquei perdido, e resolvi pedir sua opinião. – Falou George.

- Você me permite olhar a proposta, George?

- Claro. Inclusive se preferir vê-la com calma, posso deixá-la aqui e amanhã, poderemos nos falar.

- Não! Se você precisa de minha opinião, a terá sem demoras. Sei que é importante essa decisão. – Falou Augustus, tomando o documento em mão.

- Enquanto Augustus lia atentamente o documento, George aguardava calmo, porém ansioso.

Depois, Augustus olhando firmemente para George, exclamou – Rapaz, aqui existe uma proposta, que eu posso considerar irrecusável.

- Você acha isso mesmo, Augustus?

- Sim. Está tudo muito bem claro aqui, meu jovem.

- Então, pelo visto, está me recomendando aceitar, não? – Perguntou George.

Augustus dá um respiro profundo, coçando a cabeça e em seguida diz – Olha George, considero você muito mais que um amigo, um verdadeiro filho. Por isso, desejo que tenha o maior sucesso do mundo em sua carreira. Por outro lado, não posso esconder nada de ti.

- Por que me diz isso? – Perguntou George, espantado.

- É que eu tenho que confessar que já trabalhei para esse Theodore, ou Ted, como prefere que o chamem. – Falou Augustus, em tom de desabafo.

- Verdade mesmo, Augustus? E como foi esse trabalho? - Indagou George, agora bem mais curioso.

- No início, até que a relação era boa, mas depois as coisas foram mudando.

- Mudando como, Augustus? – Insistiu George

- A forma de Ted interferir em meus trabalhos, me incomodava muito e ao final, resolvi pedir a conta.

- Não diga! Que chato, Augustus! – Falou George, tristemente.

- Bom, mas isso foi comigo. Portanto não é motivo para você deixar de escapar as oportunidades. - Disse Augustus.

- Mas se ele tem esse costume de atrapalhar nosso trabalho, é melhor que eu nem aceite, não é? – Indagou George

- Que é isso garoto? Precisa pensar em seu futuro! – Afirmou Augustus

- Mas estou empregado. Além do mais, você me conhece Augustus. Não é só o dinheiro que me move. Sou apaixonado pelo que faço e....

- Hei, hei, hei! – Interrompeu Augustus – Raciocine meu rapaz! Ted não é do tipo que perde dinheiro. Se ele está investindo em você, é porque sabe de suas competências e que também, poderá lucrar de alguma forma, contratando-o.

- Sim. Mas mesmo assim, eu queria não deixar transparecer como uma atitude gananciosa de minha parte. – Falou o jovem.

Augustus deposita calmamente a mão sobre os ombros de George e encarando-o bem nos olhos, diz – Escute! Não é porque eu não me dei bem com ele, que você não será bem-sucedido. Acredite em seu potencial! Acredite em você! Em seu lugar, eu aceitaria a proposta.

George fechou os olhos, como se buscasse uma introspecção. Em seguida, falou – Mas você acreditou em mim, me convidando, dando uma oportunidade sem igual. Agora vou te abandonar?

Então Augustus complementou – Você pediu minha opinião e eu a dei da forma mais sincera possível. Porém a decisão é sua. Qualquer que seja, a aceitarei e acreditarei sempre em você!

George, agradeceu o amigo com um forte abraço. Depois, silenciosamente começou a guardar os papéis no envelope.

O silêncio só foi quebrado, pela chegada de Dory anunciando o jantar.

- E então meus esportistas preferidos, já terminaram a reunião? O jantar está servido e vai esfriar!

Os dois agradeceram Dory e depois a acompanharam até a sala de jantar.

- Nossa que jantar maravilhoso Dory! – Disse George

- Tomara que esteja mesmo. Se soubesse que viria, prepararia algo melhor – Disse a gentil esposa de Augustus

A refeição transcorreu de forma tranquila e descontraída. Em momento algum, George ou Augustus, voltaram a tocar no assunto que tratavam. Tudo com o intuito de se evitar, que Dory se preocupasse com o tema.

Mas Dory era uma mulher astuta e de rara intuição. Por isso notara que alguma coisa incomodava aqueles dois.

Depois que os anfitriões se despediram de George, e já estavam em seu quarto, se preparando para dormir, Dory resolve abordar Augustus.

- O que você está escondendo de mim, Augustus? – Indaga ela seriamente.

- Escondendo? Por que essa pergunta, amor? – Diz Augustus, em tom amistoso

- Augustus, se você não me contar, sabe que acabarei descobrindo!

Vendo a esposa preocupada e evitando irem para a cama, com ela sentindo-se enganada, Augustus, com toda a calma que lhe é peculiar, resolve contar a Dory sobre a proposta de Ted para George.

- Não acredito! Você não vai deixar que ele vá trabalhar com aquele cretino, vai? – Indagou a esposa em tom sério.

- Amor, não sou eu quem vai decidir isso, entende?

- Eu sei que não! Mas pelo menos contou a ele o que viveu lá?

- Falei em parte, mas....

- Interrompendo Augustus, Dory continuou – Não acredito mesmo, que você irá permitir que o pobre jovem vá cair nas garras daquele animal ganancioso!

- Mas querida, aquilo foi comigo. Sei que George é muito inteligente e saberá como lidar com ele. Além do mais, eu li a proposta. Um jovem precisa pensar em seu futuro!

- Augustus querido, lembro que enquanto esteve trabalhando para Theodore, em certos momentos, eu achava que o nosso casamento estava em risco. Depois que o deixou, não sei se percebeu, mas nossa relação melhorou mil vezes.

Augustus olha para Dory, um pouco espantado e diz – Você nunca me disse isso amor!

- Desculpe-me amor! – Fala a esposa, em tom de tristeza - É que estou tão preocupada. Não deixe aquele monstro destruir a vida de seu amigo!

- Relaxe querida! É por isso que eu te amo demais! Você realmente se entrega ao máximo, no intuito de ver o bem alheio. Tudo vai dar certo! Se não acredita em mim, acredite em George!

Soltando um suspiro relaxante e um leve sorriso, Dory olha profundamente nos olhos de Augustus. Depois, envolvidos num abraço, os dois se entregam a um demorado e delicioso beijo. Por fim, adormecem.

Decisão Tomada

Chegando em casa, George percebe que já se passava de uma hora da madrugada. Deixando os envelopes sobre um balcão da sala, ele vai até a cozinha. Depois, segurando um copo de água e contemplando as luzes da cidade, pela enorme janela de sua sala, ele para imóvel, em tom de reflexão. Sabia que o dia depois de amanhã, não seria fácil para ele.

No dia seguinte, procurou se distrair, de modo que qualquer que fosse a decisão que tomasse, no próximo dia, estaria satisfeito e seguro. Relembrou também das palavras e conselhos de Augustus.

Por fim, convenceu-se de que a melhor decisão a tomar, seria aceitar a proposta de novo emprego. Pois se as coisas não caminhassem direito, ambas as partes estariam livres e seguras para rescindirem o eventual contrato. Por outro lado, ao dizer não para Ted, este poderia, tendo em vista seu poder de influência, se tornar um pesadelo em sua vida.

George então, resolveu ligar para Augustus, compartilhando com este, sua propensa decisão. Augustus o parabenizou e concordou com a decisão. Inclusive com o aspecto em que Ted, ouvindo um não de George, poderia ter seu orgulho ferido e depois persegui-lo, no intuito de atrapalhar sua promissora carreira.

George perguntou a Augustus, se o amigo poderia acompanhá-lo na reunião, mesmo que fosse apenas como ouvinte.

Augustus agradeceu o convite, porém recusou-o, pois entendia que sua presença na reunião, poderia ser interpretada por Ted como algo ofensivo. Mesmo que fosse como ouvinte, uma vez que teria acesso ao que estaria sendo discutido entre as partes, Augustus não aconselhou sua participação. E, de fato, se pelo menos ele fosse advogado, sua presença seria mais plausível.

No entanto, como a reunião ficou marcada para acontecer nas dependências de um restaurante, Augustus propôs acompanhar o jovem amigo até a entrada do local, se isso lhe trouxesse mais segurança. E isso foi aceito por George.

Na quinta-feira, lá estava Ted, ao lado de seu gerente financeiro, no local e horário reservados, aguardando pela chegada de George. Certamente, a expectativa de Ted era que junto com George, viesse um "sim" à sua proposta.

De longe, ao ver George chegando com Augustus, Ted acenou discretamente para o acompanhante, de modo quase irrelevante. Ele de certa forma, demonstrou certa estranheza com a presença de Augustus ali, mesmo que simplesmente, sendo o "motorista" da outra parte interessada.

Quando George se aproxima da mesa em que se encontravam Ted e seu gerente, Ted o cumprimenta dizendo – Seja bem-vindo meu caro! Estou muito ansioso e praticamente contei as horas até esse momento.

George cumprimentou Ted de modo tranquilo e sem muitos comentários.

- Deixe-me apresentar o meu gerente financeiro, não tive oportunidade na ocasião em que esteve em meu escritório. – Falou Ted

George, formalmente cumprimenta o assessor de Ted.

- Creio que deva ter uma boa resposta para mim. Trouxe até seu amigo Augustus. Ele não quis almoçar conosco?

Sabendo que aquilo não passava de uma farsa de Ted, no intuito de demonstrar-se amistoso, uma vez que ele não sentia o menor apreço por Augustus, George, educadamente respondeu – Não. Ele preferiu ficar a sós em sua mesa, apesar de eu vir de carona com ele.

- Está bem! – Disse Ted, que depois perguntou – Você já conhecia esse lugar?

- Não. É a primeira vez que venho aqui, me parece muito bom – Respondeu George.

- Você vai gostar e tenho certeza que acabará voltando. Fazem o melhor bacalhau da cidade. Espero que goste de bacalhau, George!

- Com certeza gosto muito! A única coisa que eu não gosto no bacalhau, é seu preço! – Disse o jovem, brincando.

Soltando uma gargalhada e entrando no tom de humor de George, Ted falou – Dependendo do que acertarmos aqui hoje, jamais irá se preocupar com os preços dos restaurantes, meu caro.

- Que ótimo! – Respondeu George.

- Sugiro almoçarmos primeiro, e depois, discutirmos a proposta – Afirmou Ted.

- Se não se incomodar, prefiro discutirmos o tema antes. – Disse George, de forma fria e direta.

Ted, pensou por alguns instantes, mas acabou concordando com a sugestão.

- Pedi para reservassem uma sala exclusivamente para nós. Vamos até lá – Disse Ted, acenando ao garçom para que levasse suas taças até o local.

Ao chegarem à sala especialmente reservada, sentam-se, e então Ted inicia a conversa. – Me diga George, o que tem a nos dizer em relação à nossa proposta?

- Fiz algumas anotações na mesma, as quais acredito serem muito importantes – Responde George, entregando a pasta para Ted.

Ted apanha a pasta e lê com muita atenção, as anotações propostas por George. Depois, mostra para seu assessor, que balança a cabeça concordando com o que constava ali.

Depois, voltando-se para George, diz – Então acho que temos um sim de sua parte, não é George?

- Se estiver de acordo com as alterações propostas, sim! – Responde George.

- Só discordo de um detalhe – Diz Ted enfaticamente.

- Qual? – Perguntou George.

- Quanto ao auxiliar técnico. Acho que pode, e deve ser de sua escolha evidentemente, menos esse que você sugere. – Afirma Ted.

George havia sugerido o nome de Augustus para ser seu assistente, embora já esperasse um possível veto por parte de Ted.

No intuito de justificar seu veto, Ted esclarece – Ora, sejamos adultos o bastante George. Sei que são amigos, que trabalham juntos e confiam um no outro. Creio que ele deve até ter lhe falado que já trabalhamos juntos.

- Sim, ele disse. Mas qual seria o problema, Ted?

- Pessoalmente, nenhum, mas profissionalmente, não quero me sentir como se voltasse atrás. Aliás, ele concordou em ser seu assistente? – Perguntou Ted.

- Ele nem sabe que eu o sugeri como meu assistente! – Disse George

- Então acho melhor conversar com ele. Aposto meu conversível, de que ele não aceitaria. – Afirmou Ted.

George permaneceu em silencio por alguns instantes, depois disse – Está bem! Dessa forma, sugiro que não haja assistente por enquanto.

- Você é quem manda meu amigo. O time é seu! – Diz Ted orgulhoso, estendendo sua mão para cumprimentar George, como se estivessem fechando o negócio.

George cumprimenta Ted e sugere que assinem aquela documentação, propondo que Augustus, seja pelo menos testemunha daquele acordo.

- Mas isso não é o contrato definitivo. – Afirma o assessor de Ted.

- Sim, mas servirá como uma minuta temporária. – Diz George

Balançando a cabeça, Ted diz – Fechado! – Em seguida pede para que seu assessor vá até Augustus, para apanhar sua assinatura.

- Eu mesmo faço isso! – Diz George.

- Ok. A vontade – Responde Ted.

- George dirige-se à mesa onde está Augustus. Este, olha para George que se aproxima, e fica levemente espantado, por desconhecer que devia ter sido acertado na reunião.

- E daí? – Pergunta Augustus

- Aceitei! – Responde George

Augustus dá um sorriso, aprovando a decisão e cumprimenta George.

- Foi fácil? – Perguntou Augustus.

- Ele só não concordou com uma coisa – Diz George

- O que? Perguntou Augustus.

- Isto aqui! – Diz George, apontando para a cláusula, onde sugeria Augustus como seu assistente.

- Mas você não me avisou sobre isso. Sabe que eu não aceitaria, George.

- Eu sei. Mas fiz de propósito, queria ver a reação dele! – Falou George, sorrindo.

- Ainda bem! Pensei que queira se tornar meu inimigo. – Diz Augustus.

- Jamais! Agora, por favor, preciso de um visto seu aqui. – Diz George mostrando o documento, não oficial.

- E por quê? – Perguntou Augustus.

- Quero você como testemunha do nosso acordo. Espero que não se incomode – Diz George.

- Absolutamente! – Responde o amigo assinando a folha.

George, assim, volta para a sala de reuniões.

- Nossa, George! Demorou tanto, achei que ia desistir. – Falou Ted.

- Aí está! Assinado por mim e por Augustus. – Disse George.

- Excelente garoto! Acredite, você optou pelo lado certo. – Afirmou Ted.

- Agradeço por depositar sua confiança em meu trabalho, Ted!

- Bom, amanhã é sexta-feira, e prepararemos toda a papelada. Na segunda pela manhã, assinamos, e na terça-feira, você será apresentado ao elenco George – Disse o assessor de Ted.

- Acho que agora, podemos matar nossa fome, não é? – Perguntou Ted, mostrando-se satisfeito com o recente acordo.

- Sim, mas apenas uma sugestão – Diz George.

- Qual sugestão? - Perguntou Ted.

- Podemos deixar para a parte da tarde, na segunda-feira? Quero ter tempo hábil para me despedir das atletas da minha equipe.

- Ex - equipe! – Brincou Ted – Mas está combinado. Na parte da tarde.

Após o almoço, George e Augustus retornam para casa, conversando sobre o acordo.

- Espero que você não fique triste por eu não aceitar ser um membro de seu *staff*, George. – Disse Augustus.

- Absolutamente! Em seu lugar, faria o mesmo. – Afirmou George.

- Mas pode contar comigo paralelamente, no que precisar. – Diz Augustus

- Disso, com certeza você não escapa! – Afirma George, sorrindo.

Augustus para seu carro em frente ao prédio onde George reside, para o desembarque deste.

- Você está mesmo seguro da decisão, George?

George, olhando diretamente nos olhos de Augustus, responde – Seguro como nunca meu amigo. Obrigado pelos conselhos e pela companhia!

- Então está bem! – Afirma Augustus, despedindo-se de George, e depois seguindo seu caminho de volta ao lar.

Despedindo-se das Campeãs

Não era fácil para George, após o sucesso tremendo e vertiginoso com suas garotas, abandoná-las repentinamente.

Na sexta-feira, ele chega à universidade antes do meio dia. Queria marcar o encontro de despedida com suas jogadoras, para a segunda-feira, visto que teria que se apresentar ao novo time, na terça. Desta forma, estaciona seu carro próximo à secretaria geral, para onde se dirige, com o intuito do referido agendamento.

Ali na secretaria, após cumprimentar alguns colegas, muitos deles emocionados, ao serem comunicados da sua decisão de deixar a universidade, alguém lhe avisa que precisará desocupar seu alojamento, o mais breve que puder.

Tendo em vista de que no alojamento, que há muito, já não era mais o seu "lar", haviam poucos objetos a serem recolhidos, e que seu tempo era curto, George se dirige até o referido local.

Ao parar próximo ao alojamento, inesperadamente, aparece Clairê, sua capitã. Ela, chega segurando um jornal local, constando uma matéria, exclusivamente encomendada pela TG Sports, trazendo a notícia sobre a contratação de George.

- Diz que é mentira! Diz! – Falou dengosamente, a bela morena dos cabelos longos, com seus olhos lacrimejando e apontando o jornal.

O gigantesco e atlético jovem, se entregou a emoção e também com os olhos marejados, abraçou carinhosamente a sua fiel atleta. Em seguida falou – Me desculpe minha "guerreira"! Não queria que soubessem desta forma. Tanto é que acabei de marcar na secretaria, minha despedida oficial, para a segunda-feira. Gostaria de comunicá-las de uma maneira mais apropriada.

- Não faz mal meu amigo, realmente precisa pensar em seu futuro. Quero que tenha o maior sucesso possível! – Disse a emocionada garota, que o abraçou carinhosamente.

- Vai pegar algo em seu alojamento? Precisa de ajuda? – Perguntou ela.

- Na realidade, vou apanhar somente algumas coisas, mas se puder me auxiliar, agradeço.

E então seguem na direção do alojamento. De repente, dali, sai uma faxineira que pergunta – Posso deixar a porta sem trancar, professor?

- Sim. – Responde George – Tenho a chave! Depois eu a tranco.

A faxineira somente encosta a porta e deixa o local.

George, acompanhado de Clairê, se aproxima da porta e quando gira a maçaneta, abrindo-a, encontra uma grande surpresa: Lá estava toda a equipe, inclusive Augustus, segurando uma enorme faixa de agradecimento.

O coração de George quase vem à boca de tanta emoção. Em meio a lágrimas e soluços, ele quase não consegue proferir palavras para agradecer a especial surpresa.

Em meio a papéis picados, bexigas, abraços, George enfim, envolvido por aquela maravilhosa algazarra, pergunta – De quem foi essa ideia?

As meninas, disfarçadamente, apontam para Augustus.

Então Augustus se dirige a George – Meu amigo, desculpe-me pela invasão em seu alojamento! É que eu queria "quebrar" a mesmice das cerimônias de despedidas. Mas todas elas concordaram com essa bagunça heim?

- Isso mesmo! E como o seu novo "amigo" Ted, ainda fez a gentileza de publicar a notícia, isso ajudou-nos na atuação, gostou? – Perguntou Clairê em tom provocante.

- Sei. Então aquele seu choro, era só uma encenação? – Perguntou George.

- Claro que não, não é seu bobo? – Disse a capitã, ainda dengosa.

– Que ódio daquele idiota! Por que foi tirar você de nós? – Disse também a moça, explosivamente.

- Realmente vocês são demais! Fui sensivelmente surpreendido. – Falou George, que continuou – Sei que minha decisão mexe com todas vocês, mas foi algo bem pensado. Também tive o apoio de Augustus.

Augustus, balança a cabeça concordando com a informação de George.

- Minha intenção seria comunicá-las de uma forma mais apropriada, mas já que organizaram isso, eu até preferi! – Falou George

- Você pensa que é só isso? – Disse Clairê.

- Como assim? Tem mais o quê? – Quis saber George.

- Sua verdadeira despedida será lá na casa de Augustus. – Informou a capitã.

- Verdade mesmo? – Perguntou George, curioso.

- Claro! Você acha que iríamos perder uma tarde tão ensolarada desta? – Indagou Clairê

- É isso aí! Vamos para lá! – Gritam todas.

- Podem preparar as suas sungas, professores! Nós vamos invadir aquela piscina, gritou a entusiasta capitã do time, em tom provocador.

- Verdade? Então é hoje que Dory pedirá o divórcio para mim! – Brincou Augustus

- Nossa! Ela é tão ciumenta assim? – Perguntou Clairê

- Claro que não. É que eu nunca levei um time inteiro de garotas, lá para nossa piscina. Mas como a festa é para George, espero que ela as aprove! – Disse o respeitável professor, em tom de humor.

- Que moral, heim George! – Gritou Clairê.

- Viu só o que vocês estão aprontando, meninas? – Disse George.

- Se sua esposa ficar brava, arrastamos ela para dentro d'água junto com a gente. – Brincaram as demais.

Assim, todos seguem diretamente para a casa de Augustus, onde Dory, os esperava, com quase todos os *arrangements* preparados.

Gentilmente, Dory vai cumprimentando uma a uma e deixando todo o time à vontade. Com exceção de poucas meninas que já conheciam Dory, as demais ficaram encantadas, não somente com a delicadeza da anfitriã, mas também pelo seu charme. Algumas, inclusive, cochicham entre si, estarem admiradas com a beleza daquela linda mulata, pressupondo ter ela, uma idade bem menor, do que de fato Dory possuía.

A festa segue tarde adentro, com muita alegria e descontração. Quase ao início da noite, George e Augustus sentam-se à uma mesa, um pouco mais isolada do grupo, e começam a conversar.

- É desse ambiente tão alegre, que eu mais deverei sentir falta Augustus!

- Vai se acostumando meu amigo! – Responde Augustus

- Elas são realmente incríveis! Que orgulho eu tenho por ter trabalhado com um grupo tão maravilhoso assim! – Afirmou George, que acrescentou – Também me sinto eternamente agradecido a você, pois se não fosse sua recomendação, jamais as teria conhecido.

- Mas você não vai nos abandonar só porque mudou de time, vai? – Perguntou Augustus, em tom de provocação ao colega.

- Você me conhece bem, Augustus. Sabe que de minha parte, isso jamais ocorrerá!

- Da minha também, amigo! – Respondeu Augustus, que continuou – Todos nós temos nossos caminhos a trilhar, e elas, com certeza, seguirão firme.

- Gostaria que a medida do possível, pudesse me manter conectado ao grupo. Se não todo, pelo menos com a maioria.

- Sim. Eu farei o máximo de minha parte para que isso ocorra George.

- Sei que fará, Augustus. Você é um tremendo camarada!

- Se Clairê fosse da categoria masculina, eu a "roubaria" de você e levaria para meu novo time. É uma líder incrível! Jamais a esquecerei! – Disse o jovem, como se as palavras viessem do fundo de seu coração.

- Você ainda não tem um auxiliar técnico. Por que não leva "uma auxiliar"? – Sugeriu Augustus, sorrindo.

- Se fosse possível, com certeza faria! – Comentou George e acrescentou – Não tenho dúvidas de que se ela continuar com essa entrega e dedicação, além de uma excepcional jogadora que é, poderá, se for do seu interesse, tornar-se no futuro, uma grande treinadora. Por isso, jamais a colocaria como auxiliar nesse momento. Ela tem muito a contribuir em quadra como atleta. Não serei eu, o responsável em quebrar essa trajetória.

Admirado com o senso de maturidade daquele jovem treinador, formado por ele, Augustus comenta – Concordo contigo! Agora, falando um pouco mais de você, seu desafio será gigantesco, mas também confio em seu sucesso!

O dia finalmente foi-se embora, e a noite chega.

Antes de partir, o time todo se junta. E então o clima muda um pouco, saindo da alegria e mudando para emoção e lágrimas. Não poderia ser diferente. A despedida de cada uma, vem acompanhada de um abraço forte e quase "eterno". O silêncio que invadia aquele local por alguns instantes, tinha como testemunha, apenas um céu muito estrelado. E só era rompido, pelo som dos grilos, cantando próximo dali.

As garotas sabiam que apesar de Augustus continuar ao lado delas, teriam que aprender a seguir em frente, sem a presença e o comando de George, que tanto contribuíra, para que se tornassem campeãs.

Depois de todo o time deixar a casa, restaram apenas George e o casal anfitrião.

Dory aproximou-se de George, em lágrimas, como uma mãe quando vê um filho partir em busca de novos caminhos. Contendo a vontade de dizer para George não ir trabalhar com Ted, ela simplesmente, o olha com muita ternura.

Ela o abraça fortemente, enxuga as lágrimas e quase gaguejando, diz – Sei que seu desafio é gigantesco, porém sua competência é bem maior! Sucesso meu amigo! Deus te abençoe e te acompanhe!

Tudo isso, deixa George muito emocionado também.

Augustus, foi o único de todos os presentes, que talvez pela força interior, ou no intuito de dar tranquilidade a George, conteve suas lágrimas. Apesar disso, com um olhar carregado pela emoção, abraça o jovem, mostrando um largo sorriso.

- Meu caro, acho que nem vou dizer muito. Só quero que siga seu caminho e seja muito feliz! Você sabe como conquistar o sucesso! Te amo meu rapaz e tenho um orgulho imenso de ti! – Falou o experiente e tão querido professor, com toda a sinceridade.

- Também te amo muito Augustus! Você e Dory têm sido meus irmãos mais velhos. Uma verdadeira fonte não só de conselhos, mas de inspiração e luz em minha vida!

Após trocarem aquelas palavras de despedida tão belas, George segue para casa. Só que agora, unido a Augustus, pela amizade, mas separado pelo compromisso profissional.

Um Novo Time

Aquele final de semana, passou como uma eternidade para George. As únicas pessoas com as quais manteve contato, foram seus pais por telefone, como de costume. Ele buscou ler um pouco, caminhar, correr; sempre concentrado e focado nos novos desafios que viriam pela frente.

Chegou a terça-feira tão aguardada por George e certamente por Ted. Ao chegar ao local da apresentação, como era de se esperar, Ted foi receber George, ainda no estacionamento, com um abraço formal, demonstrando respeito pelo jovem.

Depois de saudar Ted, George também cumprimentou outros membros, que compunham o *staff* do executivo e diretor da equipe. Em seguida, todos caminham para uma sala de reuniões. Ali encontravam-se reunidos, o grupo de atletas, corpo de apoio, colaboradores, além de alguns convidados da imprensa local.

Sem muita delonga, George é formalmente apresentado ao seu novo time, onde seguindo seu estilo, cumprimenta um a um.

O treinador novato, nota que a estrutura dos Falcões da Colina, equipe da Universidade Colina Dourada é de fato muito robusta. Contando com fisiologista, nutricionista e até psicólogo, tal organização, faz George concluir que de fato, estava dando um enorme passo em sua carreira.

Ted, que foi o responsável pela abertura da apresentação, concede a George a oportunidade, de dirigir algumas palavras ao grupo e aos presentes.

O jovem treinador, aceita de pronto, agradecendo, e em seguida, fez o seguinte pronunciamento:

- Primeiramente, quero externar meus agradecimentos ao Ted e a todos aqueles que depositaram sua confiança em minha pessoa, me concedendo a oportunidade de trabalhar com essa grandiosa equipe. Embora tenha recentemente trabalhando em outros campos, informei-me muito e li o bastante, de modo que posso afirmar, que estou vindo para um time muito forte. Quero com meus conhecimentos e através de minha dedicação, contribuir para um fortalecimento ainda maior deste grupo. Hoje, estamos nos apresentando de maneira quase que informal, mas amanhã, conversarei bastante com todos, em grupo e individualmente. Posso adiantar que chego para trabalhar muito e acredito que este grupo também estará focado em trabalhar arduamente. Tenho a confiança de que juntos, iremos buscar resultados muito satisfatórios. Obrigado!

- Fico feliz! Acho que já vou colocar o champanhe no gelo, pois já sinto o "aroma de taça"! – Disse Ted em tom de humor, seguido por risos dos ali presentes. Ambos são aplaudidos em seguida.

A multidão começa a se dispersar e aproxima-se de uma mesa fartamente servida com água, chá, café, refrigerantes e alguns petiscos.

Um repórter aproxima-se de George e pergunta – O senhor poderia responder algumas questões professor?

- Se for rápido, tudo bem! – Intervém Ted, como se quisesse "blindar" o seu novo treinador.

O repórter, porém, prossegue – Qual é a sensação, após uma breve passagem por Isla del Mar, conquistando um título, assinar um contrato desse porte? Podemos afirmar que é uma carreira meteórica, a sua?

- Não diria isso. – Responde George – Pois acredito que as coisas até aqui, sempre ocorreram de forma muito bem planejada. Também creio que não será diferente daqui para frente.

- Algumas pessoas não podem criticá-lo, achando que a mudança foi meramente financeira? – Perguntou o entrevistador.

- A melhor maneira de responder essa pergunta, é dentro da quadra, trabalhando e buscando resultados, como sempre o fizemos.

- E quanto a você Ted, acredita que nesta temporada o título virá? – Perguntou o jornalista, desta vez se dirigindo ao "dono" da equipe.

- Sempre acredito! Trabalho e invisto alto para alcançar o melhor. – Respondeu o executivo, acrescentando – Bom, agora chega! Tenho que levar George para conhecer melhor o ambiente. Vocês terão o ano todo para falar com ele.

Ted puxa George pelo braço, tirando-o do raio de ação da reportagem, conduzindo-o até uma sala anexa. De lá, chama um dos integrantes da comissão técnica.

O referido membro convidado por Ted, é o fisiologista da equipe. Ao chegar à sala, Ted diz a ele – Quero que leve George para conhecer as instalações e toda a estrutura da universidade. Fiquem à vontade! Preciso cuidar de alguns assuntos, porém, antes de ir, gostaria de conversar mais um pouco. Me procurem quando terminarem.

- Está Ok! – Responde George, que depois acompanha o profissional escalado por Ted, para o *tour* interno.

- Olá! Sou Luís! Vou apresentar-lhe as nossas instalações.

A medida que vão adentrando as dependências da universidade, George percebe que realmente trata-se de uma instituição muito bem estruturada. Percebe que não lhe faltará apoio profissional seja na área técnica, física ou salutar.

- E então, você e Ted já se conheciam? – Perguntou Luís

- Não. Na verdade, tivemos nosso primeiro contato há menos de duas semanas.

- E o que você está achando? – Indagou Luís

- Da escola? Excelente estrutura! – Respondeu George.

- Não. Eu pergunto o que tem achado de Ted?

- Bom, como lhe disse, nosso contato é bem recente. O que posso afirmar é que vejo nele, um alguém com perfil de investidor bem agressivo. Como esportista, não saberia defini-lo ainda. – Respondeu George, perguntando a seguir – E você, o que me diz dele, Luís?

- Bom, eu.... – Antes que Luís pudesse responder, George antecipou – Não precisa responder se não quiser. Eu não quero que me interprete, como se estivesse especulando.

- Absolutamente! – Responde Luís – Eu o vejo do mesmo modo: um "investidor". Já como esportista, ao meu ver, precisa aprender muito. Principalmente entender mais sobre o basquetebol.

- Entendi! – Respondeu George, de forma simples, evitando causar constrangimentos a Luís, caso persistisse no tema.

- Bom, acho que já foi suficiente para que eu pudesse ter uma boa visão sobre a universidade. – Disse George. - Creio que podemos voltar para falar com Ted. Ele nos pediu. Obrigado pela disposição, Luís!

- Não há de que! Conte comigo! – Respondeu Luís

Em seguida, Luís leva George até a sala onde Ted se encontrava.

- Me diga meu jovem, gostou de nossas instalações? – Perguntou Ted todo confiante.

- Não restam dúvidas de que são ótimas, Ted! Parabéns!

- Que bom que gostou. Alguma outra dúvida ou esclarecimento? – Perguntou o executivo.

- Não. Creio que esteja tudo Ok. Amanhã, como disse na apresentação, retorno para conversar com todo o grupo. Depois, iniciaremos os treinos.

- Ótimo! Mas como disse há pouco George, eu queria conversar apenas sobre um detalhe.

- Sim. Qual seria? – Perguntou George.

- Eu procuro confiar muito nos profissionais que contrato. Por outro lado, mesmo dando-lhes a maior liberdade para que exerçam suas funções, gosto muito de acompanhar minhas equipes de perto. Por isso queria ver se há alguma objeção quanto a isso?

Lembrando um pouco das conversas que teve com Augustus sobre a forma de Ted "interferir" nos trabalhos de suas equipes, George contemporizou, respondendo – A princípio, nenhuma objeção quanto a isso. Certamente que se houver alguma, no futuro, terei a maior franqueza em apontar-lhe.

- Ok, entendi! – Disse Ted balançando a cabeça como se estivesse de acordo com George, porém com olhar de quem não estava muito conformado, com franca colocação do jovem treinador.

Em seguida, George pede licença para sair, deixando na sala, somente Ted e Luís.

- E então Luís, o que me diz sobre ele? – Perguntou Ted, após ter a certeza de que George já estivesse longe da sala.

- Olha Ted, acho que com esse aí vamos ser campeões! – Respondeu Luís, sorridente.

- Não foi isso que eu quis dizer. Perguntei sua opinião sobre a pessoa dele. – Disse rispidamente Ted, acendendo seu charuto e mostrando um tom de quem desconfia do outro.

Com a astúcia, de quem percebe o real intuito de Ted, por tê-lo usado como forma de obter informações de George, Luís responde – Pelo pouco que conversamos, ele transpareceu ser uma pessoa muito profissional e confiável.

- Está Ok, Luís! Pode ir! – Respondeu Ted, em tom de conformidade, porém, não muita. Depois, ele sentou-se em uma poltrona, colocando as pernas sobre uma mesinha, como se estivesse se acalmando, dando alguns tragos e soprando a fumaça para cima.

No outro dia enfim, George chega para o primeiro contato oficial e treino com o novo grupo. Ele vai cumprimentando um a um, pedindo em seguida que se sentassem, formando um círculo, no centro da quadra. Ali o professor expõe sua forma de trabalhar, e alguns conceitos sobre o basquete. Também aborda pontos relacionados à disciplina e ao inter-relacionamento. Procura ouvir muito a todo eles também. Depois, diz que os deixará com o preparador físico para os trabalhos de condicionamento, sendo que após o treino, conversará com cada um deles individualmente, no intuito de que particularmente, possam se conhecer melhor.

Já passavam das 19h00, quando enfim, consegue falar com o último deles. Um tanto cansado, ainda recebe Luís e conversam muito sobre o planejamento e sobre as expectativas para a temporada que teria início dali a menos de quinze dias.

Ao terminarem, antes de sair, Luís quis abordar sobre os questionamentos que teve por parte de Ted, no dia anterior.

- George, tem algo que precisava falar contigo, se não se incomodar – Falou Luís, de forma um pouco inibida.

- Pois não, Luís. Fique à vontade!

- É algo que ficou incomodando. Ontem quando você saiu, Ted ficou me fazendo perguntas sobre você, como se estivesse especulando.

- Entendi. Agradeço sua sinceridade e confiança Luís. Fique tranquilo, isso não me incomoda. Não se preocupe!

- Mas George, é que.... – Interrompendo Luís, George fala - Veja bem Luís, pelo pouco contato que tivemos ontem, e hoje, ao vê-lo trabalhar com o grupo, percebo ter ao meu lado, um excelente profissional. É assim que eu o quero e espero. Não se preocupe com Ted, saberei lidar com ele, nos momentos que forem necessários.

George percebera que Luís, devia trabalhar sobre uma pressão tremenda, o que talvez, não fosse diferente para outros integrantes do grupo. Mas quis deixar transparecer confiança e serenidade ao colega, de modo que ele pudesse exercer seu papel de forma menos estressante.

- Está bem George! Prometo não o incomodar mais com esse assunto.

- Muito bem meu caro! Vamos trabalhar em busca do campeonato! É isso que devemos focar de forma unida. – Disse George encorajando Luís.

- Pode confiar em mim George!

- E você, em mim Luís!

Eles se despedem e George vai para casa refletindo um pouco. Notou que o grupo era confiável e poderia atingir grandes objetivos. Porém, é claro, observara também que seu grande desafio, seria lidar com o modo que Ted, eventualmente, pudesse interferir em seus trabalhos.

No outro dia, George chega e inicia o treino. Aos poucos, vai conhecendo o potencial de cada um de seus comandados.

Algo que chamara a atenção de George, após vários dias, foi o sumiço de Ted. Não que sua presença fosse necessária, mas de qualquer forma, George ficava na expectativa de que em algum momento, ele pudesse querer acompanhar os treinos. Já que ainda não tinha aparecido. Melhor assim, pensava George.

Os dias vão passando, até que chega o último treino às vésperas da estreia no torneio. Nesse dia sim, Ted aparece para acompanhar os trabalhos, mas senta-se à distância nas arquibancadas. Somente ao encerrar o treino, é que ele procura o grupo, que já se preparava para deixar as dependências do ginásio, e seguir para a concentração, visando o embate do dia posterior.

Ted aproxima-se e cumprimenta a todos. Em seguida, profere algumas palavras – Espero que não tenham considerado minha longa ausência nesses dias, como negativa. Preferi deixá-los à vontade para que se integrassem de forma natural aos trabalhos de George. Desejo a todos muito sucesso na nova temporada e que a estreia amanhã, venha coroada por uma grande vitória.

Todos, timidamente agradecem as palavras de Ted e depois, convictos e muito confiantes, saem dali. Apenas George permanece na expectativa de que Ted pudesse lhe dizer algo mais.

- Algum recado ou recomendação especial, Ted? – Perguntou George.

- Não. Apenas desejar boa sorte a todos, principalmente a você e confirmar que estarei presente no jogo amanhã.

- Obrigado pela confiança, Ted! Pode contar conosco que daremos o nosso máximo na busca pela vitória.

O grande dia da estreia de George no comando da equipe dos Falcões da Colina, contou com um ginásio lotado, como já era de se esperar.

O adversário da noite, não era considerado um dos protagonistas ao título, pelos especialistas. Mas todo cuidado é pouco, pois surpresas podem acontecer com visitantes assim, alertara George, o seu time.

Mas ao final, prevaleceu o favoritismo e a técnica do time da casa. Uma vitória espetacular por 118 a 83. Nada mal para George dar à sua torcida, como seu "cartão de apresentação".

Depois daquele verdadeiro show, Ted apareceu no vestiário parabenizando e agradecendo a todos da equipe.

Pouco mais tarde, apenas George e Ted analisavam o que tinha sido o jogo da estreia.

- E aí, ficou surpreso com nossa atuação, Ted? – Quis saber George.

- Confesso que não! Eu sabia que estava contando com um grupo competente, sob o comando de alguém muito talentoso. – Respondeu Ted.

- Muito obrigado, Ted! Mais alguma coisa? – Perguntou o treinador.

- Não. Estou muito feliz. Espero que não lhe incomode minha presença nos vestiários. – Afirmou Ted.

- Certamente não. Se for para incentivar, tudo é válido. Por isso o fato de estar aqui hoje, e, eventualmente em outros, para nos apoiar, não nos incomoda, exceto por um detalhe.

- Qual? – Pergunta Ted, com espanto.

- Esse! – Responde George, apontando para a mão de Ted.

- Ah, desculpe-me! – Responde o executivo, apagando seu charuto que prazerosamente, tragava ali no vestiário, durante sua visita.

- Eu que peço desculpas pela forma Ted! Mas é que esse ambiente, embora esteja úmido e cheirando a suor, merece nosso respeito. O tabaco e a fumaça, podem além de incômodos pelo cheiro, causar alergias aos nossos atletas. – Falou George, de forma serena.

- Poxa! – Exclamou Ted, que completou – Sabe que nunca me preocupei com isso? Aliás, nem outros treinadores, nem outros atletas, alertaram-me anteriormente.

- Talvez por te respeitarem, eles jamais tenham dito. Mas eu me sinto na obrigação de ser franco contigo.

- Isso jamais acontecerá novamente. – Afirmou Ted.

- Obrigado! Espero que entenda não ser nada pessoal! – Disse George.

- Com certeza! – Concluiu Ted, apertando a mão de George e saindo do recinto.

George permaneceu só, ao lado somente de Luís, que juntava seus pertences ali próximo de onde estavam o treinador e o diretor, e que, tivera a oportunidade casual, de ouvir a conversa entre os dois.

- Que coragem meu rapaz! E que poder de convencimento! Na minha opinião, creio que Ted não se separa de seus charutos, nem quando sua mulher pede.

- Mas nós não somos a mulher dele, não é? – Brincou George.

- Certamente que não! – Respondeu Luís e ambos caíram na risada.

Importante Conquista

A temporada avançou e a equipe comandada por George, foi a cada jogo, justificando seu favoritismo. Na opinião da maior parte dos especialistas, ela era uma fortíssima candidata aos *play-offs* e até ao título.

Os resultados positivos em sequência, colaboravam para que inclusive, George transmitisse muito mais confiança a Ted. Cada vitória, funcionava para Ted, como uma verdadeira massagem em seu ego.

Essa confiança foi ficando tão forte a cada jogo vencido, que aos poucos, Ted foi reduzindo suas aparições, porém sem perder o contato, acompanhando a evolução do time mesmo à distância.

Um dia desses, inesperadamente, George recebe uma ligação de Augustus, cumprimentando-o, pelo sucesso até então.

- E aí meu jovem! Vejo que sua trajetória tem sido vitoriosa, meus parabéns! – Disse o velho amigo.

- Obrigado Augustus! – Agradeceu George, ao amigo. - Mas ainda temos muito a apresentar.

- Tenho a certeza de que irão muito longe. Mas aproveitando, sei que está muito dedicado como sempre aos seus compromissos, porém peço que não se esqueça dos amigos! – Disse Augustus.

- Poxa! Tem razão, desculpe-me! Eu devia ter te ligado antes. Porém pequenos detalhes, as vezes nos inibe. O fato de Ted saber que somos amigos, talvez por inveja, ele poderia querer misturar as coisas, se soubesse que mantenho contatos contigo de forma constante. Espero que entenda amigo! – Falou George

- Claro, lógico que eu entendo parceiro! – Disse Augustus, compreensivamente.

- De qualquer forma, eu preciso acostumar-me a lidar com ele e saber que de minha vida particular, quem cuida sou eu! – Falou George.

- Mas sei que você precisa concentrar-se e manter o foco no torneio! – Disse Augustus.

- Mesmo assim, peço desculpas Augustus. Afinal o que é um simples contato telefônico de vez em quando? – Tentou George se questionar pela ausência.

- Isso é verdade, George. Concordo que uma ligação telefônica, não irá atrapalhar em nada seu profissionalismo.

- Mas façamos assim: Qualquer dia desses eu te ligo para almoçarmos ou jantarmos juntos, o que acha? – Sugeriu George.

- Excelente ideia. – Respondeu Augustus - Vou esperar ansiosamente.

- Pode esperar que te ligarei sem falta. Um forte abraço e um beijo em Dory! – Falou George

- Será dado! Muito sucesso! – Respondeu Augustus, encerrando a ligação.

Após desligarem, George percebe o "furo" que dera com seu grande amigo e mentor. Afinal mesmo que a relação entre Ted e Augustus não fosse amistosa, isso jamais deveria impedi-lo de manter contatos mais frequentes com o antigo professor. Sem falar, que seu discernimento, teria que favorecer a separação daquilo que fosse profissional, do que fosse amizade.

A temporada continuou avançando, até aproximar-se da fase decisiva. George, com sua equipe, conseguiram algo inédito até então para o time dos Falcões: Chegar de forma invicta até os *play-offs*. Ao lado da equipe de George, classificaram três grandes concorrentes ao título.

Tendo feito a melhor campanha na fase classificatória, o time dos Falcões enfrentaria a equipe de pior campanha dentre as quatro classificadas. Se avançassem, enfrentariam o vencedor do duelo entre os com segunda e terceira melhor campanhas.

A equipe de George, comprovando seu brilhantismo, assegurou a vaga na final, ao passar de forma soberana na melhor de cinco, vencendo seu oponente, três vezes consecutivas. Do outro lado, quem avançou para encarar os Falcões na final, foi a fortíssima equipe dos Touros Selvagens, uma equipe que não estava ligada a qualquer universidade, porém muito poderosa financeiramente também.

Os Touros estavam entre os favoritos ao título desde o início, tendo perdido apenas dois confrontos antes de chegarem à final.

Após confronto que garantiu a chegada até às finais, com uma vitória apertada de 97 a 95, a alegria dos Falcões era imensa com a possibilidade de conquistarem o título de maneira invicta. Ted apareceu nos vestiários, cumprimentando a todos de forma muito empolgante. Afirmou que por ele, o título já estava garantido, condição que se fosse mesmo confirmada pela equipe, a premiação seria muitíssima especial.

Por outro lado, George, embora muito feliz com a conquista daquela merecida classificação, comemorou de forma discreta e buscou desde aquele momento, pedir foco nas partidas decisivas que iniciariam dali a cinco dias.

No outro dia, estando de folga, George resolvera ligar para Augustus, para marcar o almoço que prometera ao amigo.

Os dois amigos encontraram-se em uma cantina próxima à casa de Augustus, por indicação deste. O almoço poderia até ser na casa de Augustus, porém, ambos preferiram ficar mais isolados e livres para colocar em dia, diversos assuntos particulares. Certamente o assunto *"play-offs"*, não poderia ficar de fora da conversa.

- E então George, tranquilo para as finais? Acho que o título já está garantido, não? – Perguntou Augustus.

- Se dissesse a você que estou tranquilo, estaria mentindo. Mas percebo em cada um de meus atletas, a dedicação, a vontade e a entrega, no sentido de buscarmos essa conquista. Isso certamente me traz uma confiança enorme. – Disse George.

- Isso aí meu caro. Se o time está fechado contigo, as chances serão enormes, acredite! E quanto a Ted, não tem interferido muito? – Questionou Augustus.

- Até que não. – Respondeu George. – Talvez pelos constantes resultados positivos.

- Não restam dúvidas que é isso George. Ele realmente deve estar muito confiante em seu trabalho.

De repente, George pergunta para Augustus – E aí? Não vai me dar nenhuma dica para encarar as finais?

- Dica? – Disse Augustus sorrindo. – Com uma campanha desta que está fazendo, só me restam fazer duas coisas.

- Quais? – Perguntou George.

- A primeira é confiar em sua competência. A segunda, orar muito para que alcance seus objetivos. Ainda acrescentaria uma terceira: Prometer que estarei presente na finalíssima.

George percebera a discrição do amigo de evitar qualquer intromissão em seus trabalhos, desenvolvidos até ali, com a mais alta performance. Por outro lado, ouvir palavras de confiança, em um momento tão especial, vindas de alguém tão sincero e competente, valia muito mais que meras "dicas" ou palpites.

Terminado a descontraída refeição, despediram-se e depois George seguiu para casa, já pensando nos trabalhos preparativos que se iniciariam no dia seguinte, visando os confrontos decisivos.

Os trabalhos foram intensos e consequentemente, os resultados começaram a surgir. Os dois primeiros confrontos foram vencidos pelos Falcões, sendo inclusive o primeiro, na casa dos Touros Selvagens.

Chegou o dia que poderia ser a grande final, pois mais uma vitória dos Falcões, garantiria a conquista do torneio, consagrando-os como campeões.

A casa lotada, quase não oferecia espaços para a pequena torcida adversária que ali compareceu.

Numa noite espetacular, e com o desempenho brilhante de seu pivô Vincent, que inclusive, terminou como cestinha da competição, o resultado não poderia ser outro senão a vitória: 115 a 97.

Em meio a um som ensurdecedor, da festa que ocorria nas arquibancadas, George era carregado pelos jogadores em gritos incessantes de "É campeão!!". A festa da torcida, invadiu o vestiário e continuou por noite adentro.

Mais tarde, após tantas entrevistas e elogios, George se preparava para ir à uma casa de eventos, exclusivamente reservada pela TG Sports, onde comemoraria ao lado da equipe, a grande conquista.

Nesse momento, quem surge são Augustus e Dory, que "enlouquecidos" pela emoção, abraçavam e beijavam George, como se ele fosse um filho, conquistando um grande sonho.

Após tantos abraços, George, elegantemente convida os amigos – Venham comigo! Nosso time estará em numa casa de eventos, não longe daqui para comemorarmos.

De forma muito gentil, o casal agradece a George pelo convite, porém o refutou educadamente.

- Não, obrigados! – Disse Dory, que de forma muito charmosa, trajava roupas com as cores dos Falcões, acrescentando – A festa é sua! Ou melhor, de vocês!

- Vamos sim! Insistiu George. – Eu consideraria a presença de vocês, como se fossem meus pais, ou irmãos.

- Entendemos, meu amigo! Mas acredite, eu prometi que viríamos ao jogo da final e viemos, mas a festa de fato é de vocês! – Falou Augustus pausadamente, como se no fundo, quisesse ir com George.

Por sua vez, George entendeu as palavras dos amigos e os agradeceu. Também considerou que poderiam se sentir constrangidos num lugar com a presença de Ted. Ainda mais, em uma festa sob o seu patrocínio.

A noite festiva, parecia não findar. No salão de festas, George e sua equipe extravasavam suas alegrias. Alguns convidados, inclusive, estavam alegremente, alterados pelo vinho e cerveja, que ali eram servidos em abundância. Dentre pronunciamentos aleatórios e não preparados previamente, por aqueles poucos que se arriscavam chegar até um microfone ali do palco, Ted não poderia perder a chance de "vender seu peixe". Em seu pronunciamento, fez questão de afirmar que os resultados alcançados no torneio, advinham de seus altos investimentos. Também aproveitou para frisar que na próxima temporada, haveria muito mais.

George lembrou-se de conselhos dados por especialistas em liderança, nos diversos livros e publicações que costumava ler. Esses conselhos diziam que precisamos ter objetivos, estabelecer metas e cumpri-las. E quando atingirmos esses objetivos, não podemos esquecer de comemorar. Por isso, naquela noite, George comemorou muito! Muito mesmo.

Mais Uma Pausa Para Descanso

No outro dia, cansado da exaustiva comemoração, porém muito feliz, George acordou bem tarde. A primeira ligação que fez foi para seus pais que também se emocionaram muito por dois motivos: O primeiro, foi pela grande conquista do filho na noite anterior. O segundo, e talvez o mais especial particularmente, era que o filho voltaria para passar férias com eles.

Desta vez, embora tenha voltado para a casa de seus pais por uns dias, para matar saudades de seus amados, e poder degustar maravilhosos pratos e quitutes preparados por Rosy com tanto esmero, George conseguiu convencê-los, principalmente, seu pai, a saírem de casa por uns dias. Desta forma, eles poderiam também, tirar umas férias do sítio, que ficaria muito bem cuidado por Sebá e Glória.

George os levou a um dos mais aconchegantes *resorts* do país, situado em uma bela região de montanhas. Ali poderia deixá-los à vontade, sem os horários fixos que a rotina do sítio lhes impunha, quando estavam em seu lar.

Naquela hospedagem, haviam múltiplas atividades oferecidas aos hóspedes, independentemente de suas faixas etárias, ou condições de mobilidade.

George percebeu que aqueles dias ali no hotel, desfrutando de todo o conforto e cuidado oferecido, tornaram-se os melhores que seus pais tinham vivido nos últimos anos.

Em uma das tardes, enquanto sua mãe tinha sido convidada para participar de uma sessão de hidroginástica e massagens, George e seu pai, aproveitaram para irem pescar em um belo lago que fazia parte da estrutura local.

Sentados junto ao píer, sombreado parcialmente por gigantescas e frondosas árvores, que circundavam aquele belo lago, puderam trocar muitas conversas de temas que talvez, há muito não falavam sobre. Aliás, pescar juntos, era uma atividade que há anos não ocorria entre ambos.

George percebeu que apesar da notória redução na mobilidade de seu pai, devido à idade, este ainda possuía no "DNA", o verdadeiro gosto pela pesca. O sol prestes a se por, proporcionava um maravilhoso dourado sobre as águas, que se confundia com brilho nas montanhas. Parecia que a natureza pretendia criar um clima propício para aqueles dois conversarem.

Em determinado momento, João virou-se para George e disse – Filho, gostaria que me perdoasse se te magoei, pelo fato de não o apoiar, quando decidiu seguir sua atual carreira.

George, encarou aquele olhar tão sublime do pai, marejado por lágrimas, ofuscadas pelo brilho do sol.

- Ora, ora pai, o que é isso? Embora possamos ter divergido em nossas convicções, eu jamais entendi que o senhor agia contra minha pessoa. – Falou George, calmamente ao pai.

- É que isso veio me incomodando tanto todo esse tempo, que eu não via a hora de abrir-me com você. – Disse João, todo sentido.

- Perfeito! Já se abriu! Acredite, isso realmente não me incomoda mais. – Disse o filho, de forma sincera.

- Verdade mesmo? – Perguntou João, olhando firmemente os olhos do filho.

- Verdade pura pai! O que eu percebi é que o senhor defendia seu ponto de vista. Creio até, com certa razão. Mas jamais, ao fundo, eu senti que o senhor tenha deixado de apoiar-me como filho. E isso é o que realmente vale para mim.

George abraçou fortemente seu pai e depois acrescentou – Prometa-me uma coisa, que jamais irá se preocupar com isso novamente.

- Prometo sim, meu filho!

Os dois continuaram por ali, mais alguns minutos, depois recolheram seu material e voltaram para o hotel. Trouxeram uma pequena quantidade de peixes, porém suficiente para que um dos cozinheiros, lhes preparasse uma deliciosa porção de petiscos, qual saborearam, regada por algumas taças, do excelente vinho branco, produzido naquela região montanhosa.

Desta forma, pôde George, ali ao lado dos entes mais queridos de sua vida, passar pouco mais de uma semana, mas que lhe parecera meses, devido a maravilhosa acolhida que tiveram ali na pousada.

Antes de levar seus pais de volta ao lar, valendo-se do tempo que ainda restava em seu período de férias, George resolveu ligar para Augustus, sugerindo levá-los até lá, e assim, os apresentar para ele e Dory.

- Nossa George! Que satisfação será recebê-los! Dory certamente, ficará encantada também. – Disse Augustus muito feliz com a surpresa. E este então perguntou – Quando chegam?

- Deveremos sair do hotel amanhã, logo ao amanhecer. Assim, creio que chegaremos aí, ao final da tarde, se não os incomodar, é claro. – Respondeu George.

- Mas é claro que não incomoda. Cheguem a hora que acharem melhor! Estaremos aqui esperando-os. Tenham uma ótima viagem! – Desejou Augustus.

No outro dia, depois de um delicioso, porém leve desjejum, George e seus pais deixaram o hotel, rumo à capital. Não menos do que seis horas de estrada, os aguardavam. Entretanto, tudo correra normal, e com apenas uma parada, para um breve lanche e descanso parcial, chegaram enfim ao seu destino.

Quando o carro estacionou em frente à casa de Augustus, Dory de pronto, percebeu a chegada dos ilustres visitantes. Ela saiu em disparada, quase tropeçando nos móveis e gritando – "Augustus, eles chegaram!". E foi logo na busca de acolhê-los.

- Gente, eu não acredito que George trouxe vocês para nos visitar! Vamos entrar! Depois a gente busca a bagagem. Que delicia que vieram! – Falou Dory muito alegre, por vê-los ali em sua casa.

A habilidade de fisioterapeuta de Dory, aliada ao carinho da maravilhosa criatura que era, cativara de imediato os pais de George.

Augustus que vinha logo em seguida, para recepcioná-los, não deixou de observar a forma tão carinhosa com que sua esposa, recebera o casal. Ela os abraçava de maneira aconchegante e chegou até a carinhosamente, beliscar as rechonchudas e delicadas bochechas de Rosy.

Depois de uma calorosa recepção, já sentados diante de uma farta mesa de frutas e sucos, Dory pergunta – Vocês ficarão hospedados aqui, não?

- Na verdade, eu estava pensando em levá-los para o meu apartamento – Responde George, quando foi interrompido por Dory.

– Estou perguntando a eles e não a você, ouviu? – E depois ela soltou uma deliciosa gargalhada.

Todos sorriram com jeito fácil de Dory brincar com os amigos.

- Mas é verdade – Continuou Dory – Acho que aqui, eles se sentirão muito à vontade, com todo o respeito ao seu apartamento, George.

- Não nos incomodamos não, disse João. – Ficaremos onde George escolher, afinal não queremos atrapalhar.

- Que incomodo? Que nada. Está decidido. Vocês ficarão aqui. Se George quiser, ele que vá para o apartamento. – Falou Dory, enfaticamente.

- Bom, eu agradeço por acolherem tão bem meus pais. Apesar que eles só ficarão por aqui, neste final de semana.

- Por quê? – Perguntou Augustus.

- Nós temos uma casinha e muitos afazeres nos esperando. – Respondeu Rosy.

- Tem certeza mesmo, D. Rosy? – Insistiu Augustus.

- É verdade meu filho. – Disse Rosy a Augustus – Isso sem falar num casal maravilhoso que nos espera por lá.

- Quem são eles? – Perguntou Dory.

- Sebastian e Glória, os caseiros. Inclusive, já devem estar preocupados. Desde que saímos, não ligamos para eles ainda. – Disse Rosy.

- Pois então liguem agora! – Pediu Augustus.

- Obrigado! Quando estivermos saindo em direção de casa, nós ligaremos para eles. – Falou Rosy, agradecida.

- Bom, fiquem à vontade. Se precisarem estender sua estada, ficaremos ao total dispor. – Disse Augustus.

O casal agradeceu a acolhida. Depois, após ajeitarem parte da bagagem, nos aposentos especialmente preparados por Dory, tomam um reconfortante banho. Mais tarde, servem-se de uma sopa deliciosa, preparada pela dona da casa e a seguir, pedem licença para se dirigirem ao seu dormitório.

Rosy e João, não costumavam dormir tão tarde, exceto em dias de jogos do filho. Assim, também considerando a exaustão pela longa viagem, caíram no sono rapidamente.

No dia seguinte, após uma revigorante noite de descanso, Rosy é a primeira a acordar, seguida, dali a poucos minutos, por João. Embora não estivesse em sua casa, mas habilidosa que era dentro de uma cozinha, resolveu preparar o café.

Dali a pouco, era Dory que adentrava a cozinha, ainda envolvida por um confortável pijama.

- Mas eu não acredito! – Diz Dory, espantada com a visitante ali, preparando o café.

- Bom dia minha filha! Diz Rosy, da forma mais natural.

- Vocês vieram aqui para descansar e não para trabalhar! – Falou Dory, ainda um tanto espantada.

- Que isso? Já estou acostumada, minha filha. – Falou Rosy e prosseguiu – Achei que seria bom preparar um cafezinho. Espero que não se incomode com minha intromissão.

- Ah, mas é claro que não considero intromissão. Só me preocupo que fique aí trabalhando, sem necessidade. – Disse Dory.

Muitos dizem que as refeições preparadas por outras pessoas, sempre parecem mais apetitosas que as nossas. E foi isso o que Dory percebera, ao primeiro gole que deu, no café que Rosy lhe servira.

- Hum, mais que café delicioso! E que aroma! – Disse Dory, encantada.

- Obrigada! Que bom que não errei para o seu gosto. – Falou Rosy, toda feliz com os elogios.

- O café desta minha "velhinha", é o melhor do mundo. E olha que o tomo há muitos anos. – Falou João.

- Mas é muito delicioso! Acho que não vou deixá-la ir embora mais, heim! – Disse Dory, maravilhada e servindo-se de mais uma xícara.

- Por que vocês não aparecem lá em casa também, por uns dias? – Perguntou Rosy.

- Taí! Gostei da ideia. Vou falar com Augustus. – Disse Dory, feliz com o convite.

A conversa foi se alastrando pela casa e dali a pouco, todos já estavam acordados e sentados à mesa para o desjejum.

- Você gosta de flores Rosy? – Perguntou Dory.

- Nossa! Você disse a palavra mágica para ela – Afirmou João.

- Que ótimo! Vou levá-la a uma exposição que você vai amar. – Falou Dory.

- Quero ir sim Dory. Obrigada!

- Mas eu fiquei de levá-los para conhecer a cidade e a universidade, não lembram? – Disse George.

- Verdade meu filho. Já tinha esquecido. Essa minha cabeça! – Exclamou Rosy.

- Não tem problemas! – Falou Dory. – Vocês aproveitam a parte da manhã para o *tour* na cidade. Depois, na parte da tarde, se Rosy não estiver muito cansada, eu a levo à exposição. Assim vocês homens podem ficar mais à vontade por aqui.

- Pode acreditar que para ir ver as flores, não estarei cansada. – Falou Rosy toda entusiasmada.

Assim o final de semana foi passando deliciosamente. No domingo, mais um almoço esplêndido e mais uma rápida passagem por alguns pontos turísticos da cidade.

Mesmo sem que os pais de George, saíssem do carro, eles podiam ter uma bela visão, daquela enorme cidade, que acolhera seu querido filho.

Na segunda-feira, tendo em vista que suas férias já se aproximavam do final, George se prepara para os levar de volta para o sítio. Antes de partirem, Rosy e João, se despedem emocionados, de Augustus e Dory.

Agradeceram imensamente ao casal, pelo que fizeram por seu filho, desde que o mesmo chegara à capital. E depois, pegam a estrada rumo ao lar.

Durante o trajeto de volta, eles vão lembrando a todo instante, da acolhida tão especial e principalmente o carinho de Dory.

Naqueles três ou quatro dias que ainda passou, ao lado dos pais, George teve tempo de, em sua cidade natal, rever e encontrar-se com antigos colegas e amigos. Embora continuasse avesso aos glamoures exagerados, não negou algumas entrevistas à imprensa local, que exaltava o seu mais famoso cidadão.

Mas tudo acaba. George precisava retornar à capital e a tão costumeira cena, voltou à tona na hora de se despedir de seus queridos "velhinhos". Ele agora, já estava um pouco mais conformado com tal momento. O mesmo já não se podia dizer de seus pais, que com muita emoção, acompanharam mais uma vez o filho seguir, rumo a mais uma temporada.

Outro Desafio

E então George estava de volta à sua casa, na capital. A poucos dias dali, uma nova jornada o esperava, gerando expectativas em todos os envolvidos, principalmente agora que trazia a chancela de campeão da última temporada.

Estudioso como sempre, após arrumar seu apartamento, George inicia os preparativos. Separa todo o material, faz anotações, analisa a tabela da futura competição, cada confronto e o perfil desses adversários. Afinal, que maravilhoso seria a conquista do bicampeonato.

Um dia antes de iniciar os treinamentos, George reúne-se com sua equipe técnica, para juntos, traçarem o plano de trabalho. Neste dia também, uma breve reunião com todos da comissão, ocorre sob o comando de Ted. Nesta ocasião, ele apresenta suas perspectivas para a nova temporada e comenta sobre os investimentos de marketing.

Como era ótimo para George, trabalhar em ambiente organizado. Todos expunham seus pontos de vista, pautados na maior confiança possível. Mesmo sabendo que seus adversários também trabalhavam seriamente, planejando seus futuros na competição, todos ali, sem exceção, acreditavam em um ano extremamente positivo.

O reencontro com os atletas no dia seguinte, foi muito caloroso e cordial. Nos primeiros dias, o foco foi o recondicionamento físico. George acompanhava todo o trabalho. Lia ficha por ficha de cada um de seus comandados, para verificar as avaliações médicas e físicas.

Assim, os treinos avançaram intensamente por duas semanas, até então chegar o dia tão esperado, para a estreia no certame. Todos da equipe estavam em forma e condições físicas para atuarem os quatro períodos de uma partida. Tudo isso, graças ao talento, competência e dedicação do departamento físico, sob o comando de Luís.

A temporada se iniciou de forma muito boa para a equipe de George. Foram quatro vitórias inquestionáveis até o quinto confronto, no qual infelizmente, sofre a primeira derrota, após mais de um ano invicta, sob o comando do jovem treinador.

Se alguém esperasse que a surpreendente derrota pudesse abalar os ânimos do time ou provocar a interferência de Ted, que costumeiramente acompanhava a maioria dos jogos, enganou-se.

A equipe voltou a se reafirmar na competição, mostrando a força de campeã que detinha.

No decorrer de todos os jogos da fase classificatória, apenas mais uma apertada derrota. Porém nada que impedisse ao time comandado por George, avançar à fase dos *play-offs*. É certo que o fato de terminar a primeira fase em segundo lugar, não eliminou o favoritismo do time. Mesmo levando-se em conta que a melhor campanha no torneio, tivesse sido da equipe dos Touros Selvagens, o rival da última decisão.

Mas de forma arrasadora e soberana, o time dos Falcões da Colina, superou todos os rivais nas fases eliminatórias subsequentes. Assim, pôde se qualificar mais uma vez para outra decisão. Restava saber quem viria do outro lado da chave como adversário.

O esporte é algo maravilhoso, feito para grandes superações e também surpresas. Todos esperavam que o oponente mais uma vez seria a forte equipe dos Touros Selvagens, que foram os melhores da fase classificatória. Mas um surpreendente fato ocorrera. Uma das menos badaladas equipes antes do início da competição e que já tinha surpreendido a todos quando se qualificou para os *play-offs*, pertencia à Universidade San Jose. Eram chamados de Panteras, que acabaram eliminando a fortíssima equipe dos Touros Selvagens, dentro dos domínios desta. E assim, angariaram o direito de disputar o título contra os Falcões da Colina.

Parecia que o destino preparava tudo para o bicampeonato dos Falcões. Isso porque, tendo feito melhor campanha que os Panteras, gozavam da prerrogativa de decidirem em casa, caso houvesse o quinto jogo nos *play-offs*. Se pelo contrário, o adversário fosse a favorita equipe dos Touros, esta é quem teria essa vantagem.

Um clima de animação total, dominava os amantes do basquete da cidade, principalmente os torcedores dos Falcões, afinal um inédito bicampeonato estava prestes a acontecer.

Mais uma vez, George foi o foco das atenções da imprensa esportiva. Embora o jovem professor, fosse muito equilibrado, não conseguia esconder a satisfação por conquistar mais uma vez, a condição de postulante ao título, ainda mais de forma consecutiva.

Os elogios eram inúmeros. Os mais próximos ou íntimos como seus pais e Augustus, buscavam reforçar a confiança em George, que por seu lado, focava no objetivo principal, sem demonstrar euforia excessiva.

Os treinos preparatórios para as finais se iniciaram e foram se intensificando naqueles dias. A palavra de ordem para todos era "concentração". Em público, a equipe evitava se manifestar como favorita, mesmo que a opinião em geral, afirmasse que sim

Chegou o dia do primeiro confronto, que seria na casa do oponente. Lá as expectativas também eram enormes, e o ambiente animado. A cidade e o ginásio, eram uma festa só.

Os Panteras, o time da casa, sabia do grande desafio que tinha pela frente, considerando o favoritismo do adversário. Assim, o embate se deu de forma muito disputada, e ao final, de maneira surpreendente, os anfitriões venceram a equipe de George pelo placar apertado de 98 a 96.

George, após a partida, buscou não deixar sua equipe se abater pelo resultado negativo. Conversando rapidamente com seu time, lembrou que agora seriam duas partidas em seus domínios e que poderiam, certamente, reverter a vantagem. Buscou também nas entrevistas, não demonstrar abatimento e pelo contrário, mostrou estar confiante.

Dali a dois dias, como esperado, veio o segundo confronto, agora na casa dos Falcões. E foi um verdadeiro "passeio" a favor dos donos da casa, com uma vitória de 110 a 85. Parecia que tudo estava voltando ao seu normal, até porque em um par de dias adiante, no terceiro confronto da melhor de cinco, também em casa, e com outro "show", os Falcões venceram por 106 a 87.

A festa foi geral, pois com a vantagem revertida a favor dos Falcões, a torcida não falava em outra coisa, senão a conquista do título no quarto jogo da série, mesmo sendo na casa dos Panteras.

Só que mais uma vez o favoritismo ficou para trás. A equipe comandada por George, mostrou que embora quando jogava em seus domínios, era imbatível, fora de casa, pelo menos nesta temporada, o sucesso não era o mesmo. Desta forma, de novo, em um placar apertadíssimo de 93 a 89, amargaram outra derrota.

Isso provocou a realização da quinta e decisiva partida. Agora, embora a finalíssima fosse em casa, só restaria a equipe dos Falcões, como favorita, jogar o "jogo da vida", se quisesse confirmar o bicampeonato.

E para contribuir negativamente, o pivô Vincent, acabou torcendo seu pé, tornando-se dúvida para a final.

Desta vez, Ted não poupou tempo, e foi até o vestiário que estava tomado pelo abatimento. O "dono" do time, adentrara o local de forma tão estúpida, que quase atropelava os que porventura estivessem à sua frente. Ted pediu licença para reunir-se somente com a equipe e comissão técnica.

Numa mistura de destempero e ironia, Ted começou a dirigir palavras de exigência. – É inadmissível o que tenho presenciado por parte de vocês, nesses jogos decisivos. Sei que são capazes de muito mais e por isso, não aceitarei uma derrota em casa. Volto a repetir que meus altos investimentos, carecem de retorno e para tal, esse bicampeonato tem que vir a qualquer custo. – Depois de falar, Ted deixou rapidamente o recinto, sem ao menos ouvir qualquer posicionamento de seus atletas ou comissão técnica.

Já George, evitou ser contundente, e abordar o resultado do jogo de forma tão negativa. Pelo menos ali, o treinador se conteve e liberou todos o mais rápido possível, para que pudessem se recompor e se concentrarem para a grande final.

Que noite difícil para George! Há muito tempo que não passava uma noite sem dormir. Ele sabia que nesses momentos, Ted mais atrapalhava do que ajudava. Também entendia que o grande chefe, não reconheceria a campanha e os esforços, se não viessem coroados pelo título.

Foram quatro dias extremamente longos para George e sua equipe. Por outro lado, Vincent, no departamento médico, trabalhava intensamente para recuperar-se da lesão. O pivô nem conseguia imaginar, se ficasse fora desse tão importante encontro.

Embora o time dos Falcões continuasse mantendo o favoritismo, notava-se que o próprio clima na cidade, já não era tão eufórico como acontecera nos jogos anteriores. Desta forma, a equipe teria que reunir os maiores esforços para reconquistar boa parte da torcida, e também obter o título de campeã da temporada.

As pessoas que sempre confiaram na competência de George, continuavam mantendo-se assim. Alguns torcedores mais empolgados, compareciam em alguns treinos abertos para apoiar a equipe, e para estes, não havia outro objetivo, senão a vitória

No dia da grande final, pelo menos no ginásio que estava completamente tomado, a euforia voltou a predominar. Embora, uma pequena torcida do adversário comparecera para apoiar os visitantes, praticamente 99%, era da torcida dos Falcões.

A grande novidade, foi a recuperação de Vincent, que mesmo não estando 100%, fora liberado pela equipe médica. Certamente, a dedicação esforço do grande pivô, também tinham sido fundamentais para sua escalação. Escalação esta, que ao ser confirmada pelos autofalantes, citando seu nome, fez a torcida acreditar ainda mais, que tudo estava conspirando a favor naquela noite.

O jogo se iniciou disputadíssimo, sendo que os anfitriões, mantiveram-se na dianteira, nos primeiros três quartos da partida. A torcida com um barulho ensurdecedor e empolgante, mantinha a equipe acesa, em busca da vitória. Porém, o condicionamento de Vincent, não era o mesmo e este precisou ser substituído na última etapa.

Foi a partir daí que aos poucos, os visitantes começaram a se recuperar no jogo, encostando cada vez mais no placar. E nos últimos segundos, em um inesperado contra-ataque, veio o golpe fatal. Em uma bola de três pontos, aconteceu o que a maioria do público presente, não acreditava mais: Os visitantes, enfim, viraram o placar que terminou 93 a 91, ao seu favor.

Foi um banho de água fria que calou os torcedores dos Falcões, que assistiam perplexos a derrocada de seu time. Só não podia se afirmar, que tudo ficara em silêncio, porque mesmo com a derrota, raros e tímidos aplausos surgiam das arquibancadas, onde estava a entristecida torcida do time da casa. Já no pequeno canto destinado à torcida adversária, a festa dominou, acompanhada pela euforia dos atletas campeões, em quadra.

Mais uma vez, naquela temporada, a tristeza invadia as dependências do vestiário da equipe dos Falcões da Colina. George, tentava em vão, confortar seus comandados. Alguns inclusive, se entregavam aos prantos de maneira incontrolável. Realmente era muito triste. Até mesmo a cidade, parecia dormir num silêncio tão profundo que só era levemente rompido, pela gritaria oriunda do vestiário vizinho, onde o time visitante, ainda festejava muito, antes de retornar para sua cidade.

Chegava-se assim ao final de mais uma temporada. Só que desta vez, ao contrário da anterior, de forma melancólica para as cores dos Falcões. Para George, particularmente, também era uma experiência terrível. Afinal, depois de conquistar dois títulos consecutivos em dois anos, sendo o primeiro, com as garotas de Isla del Mar e o segundo, invicto com a equipe dos Falcões, hoje ele, conhecia o que era perder uma decisão, justo em casa e nos últimos instantes.

Às vezes pensamos, como é interessante o comportamento do ser humano, diante de alguns resultados esportivos. Para muitos, a medalha de prata, parece não significar uma conquista, mas sim um verdadeiro "fracasso". No caso, para alguns torcedores do time da casa naquela noite, a prata significou um infortúnio, ao virem escapar o ouro nos últimos segundos.

Sendo um dos últimos a deixar o entristecido vestiário, George dirigia-se para o estacionamento, quando antes, foi parado por uma voz rouca, em tom irônico, dizendo:

- E então, professor? Feliz?

O cheiro entorpecedor e inconfundível de charuto, fez George perceber que a noite poderia ficar pior, ao virar-se e notar a figura desolada e estarrecida de Ted.

- E por que deveria estar? – Perguntou George, entendendo a provocativa ironia de seu "comandante".

- Ora George, não seja ou se faça de ingênuo. Eu não acredito que deixou escapar um título, praticamente ganho, contra um time medíocre e dentro de nossos domínios. – Esbravejou Ted.

George sabia que bater de frente com uma figura arrogante e levemente alcoolizada, principalmente sendo seu superior, não seria recomendável, porém arriscou. – Para falar a verdade Ted, eu não gostei nada do resultado, porém enalteço o esforço e a campanha deste grupo.

- É mesmo? Você os enaltece? Então meus parabéns! – Gritou Ted, batendo palmas ironicamente e quase mordendo o charuto.

De imediato, George falou – Escute aqui Ted, respeito-o como meu superior, mas não posso aceitar essa afronta!

- Não pode mesmo? E por que não? – Insistiu Ted.

- Porque somos profissionais, temos o nosso valor e merecemos respeito! – Respondeu George.

- Que profissionais? Para mim não passam de um bando de incompetentes. E você, um "treinador meia-boca", que não serve nem para treinar aleijados, e ainda vem me pedir respeito?

George, como se mentalmente contasse até dez, conteve-se. Sua vontade era voar até o pescoço de Ted e o enforcá-lo. Mas como se uma força suprema, o fizesse manter a calma, permaneceu em silêncio por alguns instantes.

- Está bem! O que pretende com todo este escândalo? Dizer que estou demitido? – Perguntou George, agora já com os nervos um pouco exaltados.

- Não só você. Todos esses incompetentes! – Respondeu Ted.

- Está ok Ted! Aceito, estou fora! – Respondeu George, acatando aquela decisão, embora entendendo ser injusta.

- Isso mesmo! Depois de amanhã, pode acertar tudo com o departamento financeiro e aproveite para pegar todos os seus pertences. Não quero lembrar que você foi um de meus maiores erros na vida profissional! – Falou Ted enfurecidamente, jogando seu charuto contra uma das paredes. Depois virou-se rapidamente e desapareceu.

Em silêncio e muito combalido, George, quase sem entender a estupidez de Ted, seguiu seu caminho.

Que noite difícil mais uma vez, para o jovem treinador. Até mesmo seus pais, que sempre telefonavam após os jogos; até Augustus; todos entendiam que a melhor forma de se solidarizarem com o filho e amigo, seria permanecerem em silêncio. E assim o fizeram.

Novos Caminhos

Pelo sono ter chegado tão tardiamente, George acabou acordando quase ao meio dia. Após o banho e uma xícara de café sem açúcar, olhava distante junto à sacada de sua sala. Muito ao longe, avistava parte do ginásio de esportes, onde há algumas horas, seu time saíra derrotado. Que tristeza! Parecida enxergar e ouvir o pranto de cada um de seus comandados. Por outro lado, as palavras de Ted, ainda davam impressão de latejar em sua mente. De fato, o professor precisaria de muita força para restabelecer-se.

George pegou o telefone e ligou para seus pais. E como se do outro lado, alguém estivesse de plantão, a chamada foi prontamente atendida, antes mesmo do segundo toque. Era sua mãe, com uma voz soluçando levemente.

- Meu filho? Que bom que ligou. Passei uma noite angustiada, pensando em ti.

- Obrigado pela preocupação mamãe! Peço desculpas a você e papai, por não ter ligado ontem, também tive uma noite horrível. – Falou George.

- Você fez muito bem, meu filho! Tanto é que eu e seu pai prometemos não tocar em assuntos de esportes hoje. – Falou a mãe em tom de conforto e solidariedade.

- Muito obrigado pelo carinho, meu anjo! – Respondeu George, um pouco mais aliviado.

E de fato, George e os pais, ficaram ao telefone por um longo tempo, sem lembrarem de um sequer momento, do fatídico jogo.

Assim que a ligação terminara, não demorou muito para o telefone tocar novamente. Era Augustus, querendo falar com ele também.

- Olá meu amigo, estamos preocupados em saber como está, após a tristeza de ontem à noite. – Disse Augustus, demonstrando sentimentos pela derrota.

- Nem te falo Augustus. Que sensação horrível!

- Venha aqui para casa! Vamos falar pessoalmente! Já almoçou? – Perguntou Augustus.

- Não almocei ainda. Estou praticamente sem fome. – Respondeu George.

- Então venha! Aqui podemos conversar com maior tranquilidade. Dory também está ansiosa por vê-lo. – Insistiu Augustus, que com sua cordial habilidade, queria mesmo era trazer o amigo para próximo de si, sendo que com toda a experiência, o confortaria e não o deixaria cair num clima depressivo.

Em menos de uma hora, George chega à casa de Augustus. Ele é recebido com um abraço super carinhoso de Augustus. Dory também o abraça com muita ternura e também com muitas lágrimas, quase soluçando.

George, de imediato percebeu a solidariedade dos amigos. Certamente, era a primeira vez, desde que chegara à capital, que presenciava Augustus se entregar aos prantos. E foi em meio às lágrimas de Dory e Augustus, que George não resistiu e também chorou abraçado aos seus queridos.

Depois de alguns instantes, um pouco mais refeitos, George comentou sobre sua demissão e a forma como esta ocorrera.

Dory foi logo falando – Bem que eu nunca quis que você fosse trabalhar para aquele animal! Pode perguntar para Augustus se não é verdade.

Augustus, balançando a cabeça, em sinal de sim, abre os braços como se dissesse: "Vamos em frente"!

- É verdade. Desde que você assinou o contrato, na temporada passada, que Dory sempre me cobrou por não o ter impedido. – Falou Augustus cabisbaixo.

- Obrigado pela preocupação Dory. Sei do seu modo tão gentil em querer o melhor para seus entes queridos. Mas Augustus não teve culpa. Eu sim. – Falou George, assumindo sua responsabilidade, e continuou – Muito obrigado mesmo pela solidariedade! E também por terem sido fortes todo esse tempo, evitando se manifestar contra minha decisão. Estou muito seguro que nenhum de vocês tem culpa sobre os tristes acontecimentos.

- Nós estivemos no jogo ontem – Disse Dory e acrescentou – Mas no final, preferimos não o incomodar e viemos embora.

- E verdade, George. Ela até, confiante na conquista do título, havia comprado um lindo buquê de flores para lhe entregar. – Afirmou Augustus.

- Já o joguei fora, com raiva. Mas se quiser, compro outro mais bonito, para comemorar que finalmente ficou livre daquele crápula! – Falou Dory, agora um pouco mais sorridente, pois o fato de George deixar o time de Ted, lhe agradava e muito.

Todos riram com a piada de Dory, para variar. Em seguida, almoçam tranquilos. E assim, passaram horas conversando de forma descontraída, até que no meio da tarde, são interrompidos pelo barulho de automóveis estacionando em frente à casa de Augustus. Eram os atletas dos Falcões, que de forma surpreendente, vieram se despedir de George.

E esta surpresa, mais uma vez teve como idealizador, Augustus, que sugeriu esse encontro, através de um contato que fizera com Luís.

De fato, era um grande presente de Augustus e Luís, para não somente se despedirem do treinador, mas também uma singela homenagem a todo o grupo.

Em cada abraço que George recebia, ele sentia além do carinho, um grau elevadíssimo de lealdade e respeito.

- Que bom encontrá-lo novamente professor! – Falou Vincent, num tom misturado de comoção e alegria. E acrescentou – A ideia dos amigos foi excelente! Nós jogadores, achamos que não o veríamos mais, pois fomos avisados que não o procurasse, caso passasse por lá novamente.

- Agradeço a cada um de vocês por esse encontro que além de surpreendente, é muito gratificante. Só quero dizer que para mim, todos são "bicampeões" de fato! Afinal, foi um pequeno detalhe que lhes tirou a conquista. – Falou George.

- Se a conquista é nossa, então ela é sua também, professor! – Exclamou Vincent.

Aos poucos, o clima foi mudando de emoção para descontração, sendo que o grupo aproveitou aquele que seria de fato, o último momento, mesmo que informal, daquele elenco, propenso às alterações, que certamente Ted faria nos próximos dias.

Na mente de George, voltavam as imagens, quando ali naquele mesmo local, festejava com o time feminino que comandara dois anos antes. Quis o destino assim. George, por sua vez, mesmo que abatido pelos recentes acontecimentos, precisaria reunir forças para incentivar aqueles jovens, para seguirem trilhando por novos caminhos de sucesso. Afinal, juntos já haviam conquistado um título anteriormente, com muito orgulho.

Após todos terem se despedido do ex-comandante, já com o cair da noite, George vai agradecer a Augustus e Dory, por lhe proporcionarem mais um maravilhoso dia.

- Siga em paz e confiante meu amigo! Nós é que agradecemos sua presença e o parabenizamos por ser essa pessoa forte e competente. Isso nos deixa extremamente orgulhosos! – Diz Dory, toda emotiva.

- Com certeza! Só posso endossar as palavras de Dory e acrescento que independentemente do jogo de ontem, você foi um gigante ao lado de seus atletas, nas duas últimas temporadas. Diga-se de passagem, fantásticos atletas! – Falou Augustus com muito orgulho de seu treinador e ex-aluno.

- Obrigado! – Respondeu George muito agradecido – E continuou – Quero repetir que considero vocês, muito mais que amigos. São verdadeiros pais, irmãos, tudo! Serei eternamente grato por tudo que me fazem.

E assim, após novos abraços de despedida, George segue sem saber o que viria pela frente, um pouco abatido sim, mas com uma coragem imensa para encarar o que viesse.

Na manhã seguinte, George acorda bem cedo, faz sua corrida matinal e uma equilibrada refeição. Sabe que mais tarde, deverá voltar à universidade para os acertos finais.

As derrotas e quedas em nossas vidas, ocorrem para que encontremos novas oportunidades. Isso ficou muito claro, quando George chegou à universidade, para se despedir. Desde o porteiro, a recepcionista, e todos aqueles colegas e amigos profissionais que o encontram, o cumprimentam com respeito e dignidade. Reconhecem em sua pessoa, um dos maiores profissionais que por ali passou. Claudete, que por trabalhar muito próxima a Ted, procurou de forma muito discreta, porém sincera, agradecer ao ex-colega. Mesmo sabendo que o único que não o procuraria para cumprimentá-lo, seria Ted, George sente-se muito mais que agradecido, pelo dever ali prestado honrosamente.

George, após assinar a documentação rescisória, percebeu que ali havia um valor, que lhe garantiria sustento por bem mais de um ano ou dois. Assim, caso precisasse de um período sabático, estaria bem mais que coberto. Isso sem falar nas economias que detinha, tendo em vista os salários e premiações que recebera nos últimos anos. Por algum momento até pensou em dar um tempo às quadras, viajando pelo mundo ou passeando com seus pais.

Lentamente, George vai deixando o escritório, num silencio quase que total. Da janela do escritório que possuía ali na universidade, Ted assiste George se deslocar até o estacionamento. Entre uma tragada e outra, observa aos poucos, o carro do ex-comandado, desaparecer ao longo da estrada. E parecia que aquilo, nada incomodava aquela sua frieza.

George, por seu lado, seguia ali, calmo ao volante, como se estivesse partindo para mais um período de férias, só que desta vez, incerto sobre o seu retorno ao batente. Por mais que tentasse, era difícil esquecer todos os recentes acontecimentos.

Parou ao sinal vermelho de um semáforo, em uma movimentada avenida. Uma garota aproximou-se de seu carro com alguns folhetos, que ali, ao meio daquele trânsito infernal, entregava aos motoristas.

George abaixou lentamente o vidro de seu carro, quando a garota, uma jovem de quatorze ou quinze anos talvez, lhe entregou um panfleto. Mesmo sem lê-lo, seja pela atenção ao trânsito ou simplesmente pelo fato de estar muito abatido, George o coloca no banco do carona, onde estava toda a papelada que assinara no escritório, referente sua rescisão.

O sinal abre e George segue seu caminho, acelerando o carro. Pelo retrovisor, ele contempla a garota que ali permanece, sob o escaldante sol da tarde, cumprindo seu dever e arriscando-se em meio aos veículos.

Enfim em casa, George junta todos aqueles papéis, atirando-os sobre uma pequena mesa, no centro da sala. Naquele momento, ele não sentia a mínima disposição para retirar do porta-malas, os pertences que buscara em seu alojamento, poucas horas atrás.

Vai até a cozinha e prepara um suco de laranja. Retorna à sala e senta-se bocejando um pouco, talvez muito mais pela tensão que por sono natural. Mesmo assim, é vencido pelo forte cansaço que o afeta. Encosta sua cabeça numa confortável almofada e simplesmente "apaga".

As horas passam voando e quando George desperta, vê que já é noite. Esfregando as mãos no rosto, ele fita o relógio na parede e percebe que é realmente bem tarde. Assim, evitando despertar por completo, dirige-se até seu quarto e mesmo sem banho, atira-se sobre a cama. Mais uma vez, agora em local apropriado, cai em sono profundo.

O cantar dos pássaros no dia seguinte, além do brilho da janela, o despertam indicando ser hora de se levantar. Ele sai para a corrida matinal, o único compromisso que de fato teria como certo, naquele dia até então.

Ao retornar e após um banho, começa a organizar tudo em seu apartamento. Traz o material que remanescera no porta-malas do carro na noite anterior, separando aquilo que seria guardado, o que seria doado e o que seria descartado. Quando junta toda a papelada que deixara sobre a mesa da sala, algo lhe chama a atenção. Ali em meio aos documentos, estava o panfleto que recebera da garota em frente ao semáforo, no dia anterior.

Lendo o papel atenciosamente, percebe ser um apelo à população, para que através de doações de qualquer valor, pudesse contribuir, com a reforma de um antigo orfanato da cidade.

De repente, era como se algo lá no fundo do seu coração e mente, apontasse naquele panfleto, a primeira oportunidade de utilizar parte dos valores recebidos pela rescisão contratual.

Depois de terminar de arrumar todo o apartamento de um leve almoço, George resolve se aprontar e dirigir-se ao endereço constante naquele panfleto, no intuito de conhecer o referido orfanato.

Ao chegar em frente à instituição, instalada em uma parte bem arborizada da cidade, George nota de pronto, a real necessidade de recuperação daquele local. Ao observar uma precária placa que identificava o nome da instituição, como Lar São Francisco, confirmou estar mesmo, no local indicado no panfleto.

Quando se aproximou mais um pouco, concluiu que um lugar daquele, com suas instalações plenamente funcionando, poderia abrigar com conforto e segurança, muitos que necessitassem de seu amparo.

Ao chegar próximo da porta principal, uma voz feminina, vinda lá do jardim, o faz interromper sua caminhada.

- Boa tarde! Em que podemos ajudá-lo? – Disse alguém, lá em meio aos arbustos.

Surpreso pela abordagem, George volta-se rapidamente, respondendo à interlocutora – Olá! Desculpe-me, eu não a vi, é que...

- Não há de que se desculpar. – Disse ela, interrompendo-o. - Aliás se esse jardim estivesse melhor cuidado, talvez facilitasse me ver por aqui. Mas quem consegue enxergar alguém, com esses arbustos tão altos, não é?

George sorri com aquela gentil abordagem, cheia de humor. Ao ver a moça aproximar-se, percebe tratar-se uma jovem freira, que ali tentava recolher gravetos e folhas, que se acumulavam espalhados por aquele gramado, carente de aparos e outros cuidados.

- Olá! Sou Irmã Agnes, uma das responsáveis pelo orfanato. Veio visitar alguém?

Antes de responder, George, olhando aquele rosto suado, não deixou de notar os sinais de esforços da jovem missionária, contrastando com seus traços angelicais.

- Bem, na verdade, eu vim aqui para conhecer as instalações. É que me entregaram este panfleto na rua recentemente. – Respondeu George, mostrando o folheto à freira.

Ao ver e ouvir aquele recém-chegado, com o panfleto na mão, um leve sorriso estampou-se no rosto de Agnes. Era como se tivesse a certeza, de quem estava diante de um potencial colaborador.

- Sim, claro! Vou levá-lo até lá! – Respondeu Agnes, que rapidamente deixou o carrinho com gravetos e folhas, limpando as mãos parcialmente, esfregando-as contra o avental que usava sobre seu hábito, e aproximou-se do visitante.

- Desculpe-me não poder cumprimentá-lo adequadamente. Minhas mãos estão sujas de terra.

- Não por isso. – Respondeu George com um sorriso, estendendo sua mão à freira, dizendo – Muito prazer! Meu nome é George.

- Obrigada! – Disse Agnes, que correspondendo ao gesto tão gentil de George, apertou sua mão.

George ao segurar a mão de Agnes, percebera alguns pequenos calos. Isso o fez confirmar que realmente, ali estava alguém com dedicação e esforços incondicionais, junto aquele estabelecimento.

Irmã Agnes leva George até a recepção e após lavar suas mãos, ofereceu-lhe um copo de água e começou a falar sobre o orfanato.

- Então senhor George, agradecemos por sua gentil visita. Gostaria que pudesse conhecer melhor nossas instalações. Quem sabe assim, concorde que de fato estamos mesmo precisando de melhorar nosso pequeno espaço. – Disse Agnes.

- Claro, a agradeço! Estou sim ansioso por conhecer as dependências, se isso não a incomodar, pois notei que está muito atribuída.

- Se o senhor for esperar eu ficar sem atribuições, acho que esperaria uma eternidade! – Brincou Agnes. - Claro que não me incomoda, vou levá-lo imediatamente.

George sorriu mais uma vez com o bom humor da jovem, e a acompanhou.

De fato, não se tratava e um prédio muito grande. Porém, era suficiente para abrigar entre vinte a vinte e cinco pacientes internos.

Percorrendo as instalações ao lado de Irmã Agnes, algo chamou muito a atenção de George, pois ele notara que ali eram abrigados jovens com necessidades especiais, mais especificamente, cadeirantes.

Após percorrerem boa parte do trajeto, George pergunta à Agnes – Vejo que aqui são atendidos jovens cadeirantes, do sexo masculino, correto?

- Sim, o senhor está correto. Nosso orfanato é uma instituição com mais de cinquenta anos atendendo à população. Porém, infelizmente, viemos passando por algumas dificuldades que vão desde a estrutura predial, que está precária, até a falta de alguns profissionais, como camareiras, faxineiras, ...

- Jardineiro! – Complementou George, interrompendo-a e sorrindo, ao lembrar-se que ela, há pouco fazia as tarefas de jardinagem.

Sorrindo também, Agnes falou – Então, o senhor é testemunha, não é? Realmente, a gente colabora, fazendo um pouco de tudo.

- Mas me responda uma coisa, não é somente a senhora quem coordena as atividades por aqui, é? – Perguntou George.

- Não. Somos em duas. Aliás quem comanda a instituição é Madre Tonya. Ela precisou ir até o centro da cidade, resolver uns assuntos. Se não se importar, e puder esperar um tempinho, quem sabe poderá conhecê-la! – Disse Agnes.

- Sim, será um prazer esperar para conhecê-la! Mesmo assim, estou impressionado. Somente vocês duas tocam isso aqui?

- Não, não. Além da ajuda de Deus, contamos com voluntários da comunidade em geral e também com profissionais da área de educação e saúde, a baixo custo. – Respondeu a freira.

- Nossa! Que Deus continue as abençoando por um gesto tão glorificante!

- Ele com certeza nos tem abençoado! Mas me diga senhor George, vejo que o senhor gostou de nosso trabalho. Porém, sem ser inconveniente, estaria, por acaso, disposto a contribuir conosco? Fique à vontade, pode ser qualquer valor, nós entendemos que não é fácil para ninguém. – Falou a freira, meio constrangida pela sinceridade qual necessitava expor, considerando as dificuldades de seu orfanato.

- Claro que estou disposto! – Falou George e acrescentou – Me diga uma coisa irmã, também sem querer ser inconveniente ou atrevido, quanto está orçada a obra de recuperação?

- Ah, sim. Não está sendo inconveniente não, somos muito transparentes quanto a isso. Tenho tudo aqui em meus relatórios. Por favor, sente-se! – Falou Irmã Agnes, agora já em seu escritório.

Após anotar um breve resumo do escopo, com valores, ela apresenta a soma para George.

- Então, como o senhor pode constatar, todas essas etapas, nos custará esse total. – Disse Agnes, mostrando o resumo para George e continuou – Mas temos fé em Deus que com o auxílio da população, conseguiremos. Aliás, já arrecadamos até ontem, essa parte aqui, então podemos até deduzi-la do total.

George lê com calma, as anotações e os valores ali constantes. Após isso, responde – Está Ok, podem contar comigo!

- Ah, Deus seja louvado! – Disse a freira em gesto de agradecimento aos céus e depois perguntou – Já sabe o valor que poderá contribuir?

- Acho que posso contribuir com o total faltante. – Respondeu ele.

Como se não acreditasse no que acabara de escutar de George, arregalando seus belos olhos azuis, Agnes o questiona – Como? Eu ouvi bem? O senhor disse que contribuirá com esse total aqui?

- Sim. – Falou George. – A menos que haja algum limite ou seja proibido.

George notara que o valor necessário ao término da obra, seria suficientemente coberto pelo que recebera em sua rescisão, e ainda lhe sobraria um bom troco.

- Proibido?! Lógico que não! Ah, só pode ser Deus quem o enviou aqui, senhor George! – Disse a irmã, quase engasgando-se com um copo de água.

- Calma! Calma! – Falou George, percebendo que realmente havia mexido com a emoção da jovem religiosa.

- Mas tem um problema, senhor George. – Falou Agnes em seguida, um pouco em dúvida.

- Qual? – Indagou George.

- É que tenho que falar com madre primeiro. Ela precisa estar de acordo com uma contribuição desta ordem. Mas ela vai! Com certeza vai! – Dizia a freira como se falasse sozinha, com as paredes ou com algum anjo invisível.

- Ora, então vamos aguardá-la! – Disse George, em tom de muita tranquilidade.

Enquanto aguardam a chegada de Madre Tonya, Irmã Agnes, um pouco mais tranquila, começa a observar George fitando-o com mais atenção e de repente diz.

- O senhor está me lembrando alguém.

- Verdade? – Perguntou George.

- Ah, meu Deus! – Gritou Agnes repentinamente, assustando George.

- O que foi? – Perguntou ele, espantado.

- O senhor é o Professor George! O treinador de basquete! Não é?

- Sim. Sou eu! – Respondeu George, de forma natural, não entendendo o motivo de tanta surpresa por parte da freira.

- Me desculpe! Como eu não pude perceber? É que não acompanho muito esportes. Apesar de que algumas pessoas mais famosas, a gente acaba vendo, mesmo sem querer, nos jornais e TV. Mil desculpas, professor!

- Não há de que! – Disse George.

- E como vai o seu time? Tudo bem por lá?

- Vejo que a senhora realmente não acompanha mesmo os esportes – Disse George, sorrindo. – Não sou mais o treinador do time.

- Não? E por quê? O que houve? – Indagou a freira, levemente curiosa.

- Perdemos o campeonato e me mandaram embora. Simples assim! – Respondeu George, tranquilamente.

- Não diga! Desculpe! Sinto muito! – Disse Agnes, penalizada. – Olha, mas se o professor está desempregado, pode contribuir com menos, como disse antes, aceitamos qualquer valor – Falou a irmã, meio que embaraçosa.

- Hei! Hei! Calma irmã! Eu sei o que estou fazendo. Acredite! – Disse George, de forma serena.

Nesse instante, são interrompidos pela porta se abrindo. Era Madre Tonya que adentrara, carregando alguns pacotes de supermercado.

- Olá Irmã Agnes, desculpe o atraso, o mercado em que passei estava um pouco lotado. – Diz a madre, quase sem notar, a presença de George.

- Ah, sim. Não se preocupe! – Respondeu Agnes, que em seguida falou – Madre, temos visitas.

- Ó meu Deus! Me desculpe, meu senhor, por não o ter notado, como vai? – Disse madre, estendendo a mão para cumprimentar George.

George olhou firmemente para Madre Tonya, como se lembrasse de alguém familiar.

- Muito prazer madre! Meu nome é George. – Falou o treinador, respondendo ao cumprimento de Madre Tonya,

- Fique à vontade filho, tenho que guardar esses mantimentos e já volto para conversarmos. – Disse a madre, deslocando-se para os fundos do prédio.

- Não repare não, professor! Ela vive a mil por hora, porém é muito atenciosa! – Disse Agnes, tentando contornar a maneira com que a madre se portara diante de George.

- Absolutamente! Eu é que estou errado. Devia ter agendado primeiro, antes de vir. – Falou George, educadamente.

Dentro de alguns instantes, a madre retorna para onde estavam Agnes e George.

- Obrigado por aguardar-me filho, em que posso lhe ser útil?

- Madre! – Interrompe Agnes.

- Sim irmã! – Diz Madre Tonya.

- Não está reconhecendo-o? – Indagou Agnes, com um semblante de ansiedade e sorrindo.

Madre fita George, calmamente, e depois, como se estivesse vendo apenas um estranho, fala – Desculpe! Minha idade já não me ajuda mais. Porém creio que não nos conhecemos, conhecemos?

Antes da madre responder, Agnes intervém novamente – É ele, madre!

- Ele quem irmã? Será que pode ser mais objetiva? – Indagou a madre.

- Ele! O Professor George, técnico campeão pelas universidades de Isla del Mar e de Colina Dourada.

Agora então é que Madre Tonya entende menos ainda, olhando para George com leve espanto, sem ainda o reconhecer. Porém, mantendo a cordialidade, ela pergunta – Ah, sim. E então professor, em que posso lhe ser útil?

- Madre, Ele vai contribuir conosco! Ah, que maravilha! – Diz Agnes alegre e emocionada.

- Será que pode deixar a visita falar, irmã? – Disse a madre, em tom enfático.

George solta um leve sorriso. Percebe que ali, estão duas verdadeiras "pérolas". E que por sinal, deviam ser muito amigas.

- Então. – Responde George – Como Irmã Agnes lhe disse, estou aqui para contribuir com as obras.

Roendo as unhas, tentando conter a emoção, Agnes sussurra – Ah, meu Deus!

Ainda atenta à jovem freira, desta vez Madre Tonya, simplesmente a fita, de forma séria.

George continuou – Como eu dizia, vim até aqui pois me interessei em contribuir com as obras. Inclusive, Irmã Agnes até já me apresentou as dependências, rapidamente. Depois falou-me sobre a ação que está sendo promovida junto à comunidade, no intuito de realizarem as reformas.

- Muito obrigada, meu rapaz! Que Deus o abençoe por essa iniciativa! – Disse a madre, agradecida – Me diga uma coisa, o senhor e Irmã Agnes, conversaram sobre algum valor de contribuição?

- Sim. Ela inclusive, apresentou-me o orçamento. E eu, com sua permissão, gostaria de contribuir com o valor total que falta para a conclusão. – Disse George, de forma natural, porém atenciosa.

- Era isso que eu estava tentando lhe dizer, madre! – Exclamou Agnes, toda emocionada.

- Espera um pouco! – Disse a madre, levemente espantada. – O senhor está dizendo que irá contribuir com o valor total para concluirmos a obra?

- Sim! – Foi a resposta de George, do modo mais sincero.

Madre Tonya, habitualmente, não era tão espontânea em suas emoções, ao contrário de Agnes. Mas era impossível não perceber seu arregalar de olhos, somado ao leve tremor nos lábios. Era como alguém que tentasse em silêncio, agradecer em orações, aquela atitude de George.

- Meu filho, diga que não estou sonhando! – Exclamou a experiente religiosa e acrescentou – Até parece ser um anjo que nos visita neste momento.

Impossível até mesmo para George conter a emoção, ao perceber que seu gesto, por mais simples que achasse que fosse, era na verdade, um grande milagre para as duas missionárias.

Madre levanta-se e dá um abraço fraternal em George. Ele, recebendo aquele irradiante abraço de Madre Tonya, sente-se mais fortalecido ainda, para prosseguir com seu intuito de contribuir com o orfanato.

- Nossa! Não sabemos nem como tratar isso. Nos desculpe pela emoção! – Falou a madre, enxugando as lágrimas, e continuou - Sei lá! Perdi as palavras.

- Talvez Madre Tonya queira dizer que nunca lidamos com valores tão elevados e assim, não saberíamos tratar o assunto de imediato. – Falou Agnes.

- Não tem problema! – Diz George. – Posso voltar amanhã e tratarmos como será feita a contribuição. Mas lhes asseguro que podem contar comigo.

- E o senhor, foi apresentado aos garotos? Se não, vamos até lá! – Disse Madre Tonya – Pode ficar mais tempo, não quer jantar conosco?

- Agradeço a gentileza. Quanto a apresentação, prefiro deixar para amanhã ou algum momento mais oportuno. Creio que teremos muito tempo.

Então os três levantam-se, e George despede-se das freiras.

- Que Deus o ilumine! – Disse Madre Tonya.

- E que Deus o acompanhe! – Acrescentou Irmã Agnes.

- Amém! – Responde George, deixando o local.

As duas religiosas, enquanto observavam o carro de George partir, ficaram ali paradas e praticamente incrédulas, pela abençoada visita.

Aumentando os Relacionamentos

O dia começa bem cedo lá para os lados do orfanato, como de costume. Madre Tonya e Irmã Agnes, envolvidas com seus diversos afazeres, seguem atendendo os jovens, pelo dia que avança. Parecia que cada hora, demorasse séculos. Tentavam conter suas expectativas, sem compartilhar com quem fosse, sobre o iminente apoio financeiro, que o orfanato receberia.

George, seguindo a rotina, também acordara bem cedo, para sua corrida matinal. Ao voltar para casa, sentou-se na sacada contemplando o horizonte. Ele não conseguia tirar o orfanato e as duas religiosas, de seu pensamento. Nesse instante, um estalo em sua mente, o fez recordar de alguém que poderia ser Madre Tonya. Ele lembrou-se daquela feição em sua frente, em algum momento de sua vida. Mas poderia ser apenas um engano. Somente, num momento mais oportuno, perguntando a própria, para sanar a dúvida.

Após o almoço, George telefona para o orfanato para confirmar se poderia comparecer aquele local, para tratarem de todos os detalhes sobre a contribuição. Do outro lado, como alguém que de plantão, aguardasse aquela chamada, Irmã Agnes o atende.

- Mas é claro! Pode vir quando quiser! Estamos o aguardando ansiosas! – Disse a irmã, entusiasmada.

George dirigiu-se para o orfanato. Lá chegando, um simples, porém delicioso café com biscoitos, disponibilizado por Agnes, o esperava, sobre uma mesa de reuniões.

- Que biscoitos deliciosos! – Exclamou George.

- Foram preparados por nossa merendeira – Disse Agnes

- A mesma que preparou o jantar que eu não aceitei ontem? – Perguntou George, sorrindo.

- Sim, sim! – Respondeu Agnes, com outro sorriso.

- Poxa! Tenho que me cuidar para que não eu engorde, enquanto estiver por aqui. – Disse George, provocando risos nas freiras.

Quebrando a informalidade, Madre Tonya, questionou George.

- E então professor? Chegou a uma forma ideal para implementar seu gesto generoso?

- Bem, estive pensando numa forma que pode lhes ser interessante. – Falou George.

- Sim. – Disse Madre Tonya, na expectativa de que ele concluísse sua proposta.

- Como estou com tempo disponível, se concordarem, permanecerei por aqui durante as obras. Assim, poderei auxiliá-las nas negociações com os fornecedores de materiais e serviços. Paralelamente, à medida que as contas forem chegando, eu faço as transferências para o orfanato, de modo que este possa quitá-las. – Sugeriu George.

- Nossa! Se realmente puder implementar essa ideia, não sabe o tempo que irá nos poupar. – Disse Madre Tonya que acrescentou – Imagine só essas duas aqui tendo que negociar com todos eles. Ficaríamos caducas, mais do que já estou.

George sorri e em seguida também dá mais uma sugestão.

- Enquanto não encontramos um jardineiro, posso usar meus conhecimentos. Afinal venho da zona rural e aprendi um pouco com meu pai.

- Mas é muita gentileza sua! – Diz Madre Tonya – Acho que vai acabar nos acostumando mal, heim?

George e as freiras, conversam um pouco mais sobre todos os detalhes. Isso proporcionou ao professor, inteirar-se com o escopo e as etapas de todo o projeto da reforma.

Por fim, madre sugere que George seja apresentado aos seus garotos.

Um pouco encabulado, pois George não poderia imaginar como seria essa apresentação, mesmo porque tinha uma breve ideia de como deveria ser triste para aqueles garotos, viver todos os dias ali, de forma tão isolada.

- Antes de irmos até os garotos, madre, se não lhe incomodar, poderíamos falar sobre eles um pouco? – Sugeriu George.

- Falar sobre eles? – Perguntou madre, um pouco surpresa.

- Bem, na verdade seria apenas uma curiosidade de como eles chegam até aqui, quais as atividades que realizam, etc. – Disse George.

- Acho que posso esclarecer as dúvidas do professor George, madre. – Disse Agnes.

- Por favor irmã, esclareça! – Diz Madre Tonya.

- Então professor, hoje, temos capacidade para atender em torno de vinte pacientes, sob regime de internato, sendo que no momento, temos doze.

- E esses jovens que vêm para cá, possuem familiares? – Indaga George.

- Hum..., muito poucos! – Responde Agnes timidamente, e depois continua – Ao longo dos anos, percebemos que raramente, alguns contam com eventuais apoios de familiares ou conhecidos. Por isso que nos referimos a eles como órfãos, ou desamparados, como queiram.

- Dos atuais, algum possui familiar? – Perguntou George.

- Que saibamos, não – Disse Agnes e acrescentou – São encaminhados pela assistência social pública e nós lhes oferecemos abrigo, a medida do possível.

- E eles são menores? – Indaga George.

- Sim, na sua maioria. – Responde a irmã.

- E quanto à formação escolar? – Perguntou o professor.

- Como abordei brevemente em sua primeira visita, temos algumas parcerias profissionais, o que envolve hospitais e escolas. Eles recebem apoio médico e terapêutico, sendo que se precisarem de internação, eles os buscam aqui. Na parte educacional, temos convênio com algumas instituições, que concedem bolsas integrais, sendo que as aulas, são aplicadas em uma sala de nossas dependências.

- Que ótimo! – Disse George – Tudo isso praticamente sem custos para o orfanato, certo?

- Na realidade, assumimos algumas poucas despesas, através de recursos obtidos através de contribuintes voluntários. – Disse Agnes.

- Entendi. Que maravilhoso trabalho! – Disse George que perguntou em seguida – Me diga uma coisa, e quanto à formação profissional desses jovens, existe algum programa?

- Então, algumas dessas instituições de ensino, aplicam cursos que lhes proporcionam alguma formação. De modo que ao atingirem a maioridade, saiam daqui formados e colocados no mercado de trabalho, contratados na condição de PCD, através de empresas conveniadas com o município. – Diz Agnes

Conforme vai se informando sobre os garotos, George percebe a fundamental importância daquela entidade. Concluindo que os trabalhos ali não eram em vão, à medida que proporcionavam a inserção socioeconômica daqueles jovens.

Depois de sanadas as dúvidas do professor, eles se dirigem até uma sala, onde previamente avisados sobre a visita, os doze garotos aguardavam.

Madre Tonya e Irmã Agnes, abrem a apresentação dos doze garotos para George. No intuito de evitar longos pronunciamentos, que as vezes até constrangeria os meninos, se tivessem que falar de si, seja de um passado triste ou um futuro incerto, madre pediu para que apenas dissessem seus nomes. Os nomes dos garotos, em ordem alfabética, eram: Alex (Ale), Bernardo (Be), Christian (Chris), Denis (Dedé), Eduardo (Du), Francisco (Chico), Frederico (Fred), Manuel (Manu), Martin (Ruivo), Simão (Si), Thomas (Tó) e Yan (China). Todos os apelidos, eram criados por eles, como uma forma carinhosa de tratarem entre si.

George também, procurou ser breve na apresentação, resumindo-se a citar que estaria ali temporariamente, na condição de voluntário. Não mencionou por exemplo, sua carreira de treinador e muito menos os valores contributivos que faria, para a devida restauração do orfanato.

Após a apresentação e um pouco antes de partir, George aborda Madre Tonya.

- Madre, se isso não a incomodar, tenho uma pequena dúvida.

- Sim, o que seria professor?

- Talvez não tenha dito em minha apresentação, mas sou natural da cidade de Santo Antônio. – Disse George e perguntou em seguida – A senhora por acaso é de lá também?

- Filho, já andei por tantos cantos desse país, desde que me tornei freira, há quase trinta anos, que costumo dizer que sou "do mundo inteiro". Mas respondendo sua indagação, não sou de lá. Sou natural aqui mesmo de Santa Cruz. Já devo ter passado por sua cidade diversas vezes, inclusive digo que é uma bela cidadezinha! – Respondeu a madre.

- De qualquer forma, a menos que eu esteja enganado, creio que já tivemos a oportunidade de termos conversado, ou pelo menos nos visto, anteriormente. – Disse George.

- Nós? Tem certeza? – Responde madre, um tanto espantada.

- Não intencionalmente. Mas acredito que isso ocorreu na primeira viagem que fiz, quando decidi vir trabalhar, aqui em Santa Cruz, há três anos. Estou praticamente certo de que a senhora, estava sentada ao meu lado, naquele ônibus.

Agora, um pouco mais confusa, a freira fixou George com a intenção de lembrar-se dessa possível passagem. Embora Madre Tonya tivesse uma personalidade forte e dinâmica, sua serenidade cativava qualquer um que convivesse com ela. Com olhar calmo, franzindo sua testa de pele negra, e tão bela, a madre, por mais que tentou, não conseguira lembrar-se de nada.

- Me desculpe filho! Não sou uma boa fisionomista. Porém, fico feliz por se recordar. Espero que não o tenha incomodado durante a viagem. – Falou madre.

- De jeito algum. Lembro-me que quando conversamos, a senhora foi super incentivadora e encorajou-me muito também. – Disse George, e completou - Desculpe-me! Talvez na época, não a tenha agradecido adequadamente.

- Eu é que me sinto lisonjeada, por ter se lembrado, e por sua gratidão. – Disse a madre, tocada pela emoção, ao ver o rapaz se lembrar tão gentilmente daquele fato. Em seguida uma lágrima, quase imperceptível, rolou pela face da freira.

Conversaram mais um pouco, antes que George pedisse licença e se despedisse das duas. Ele seguiu um pouco mais aliviado, por ter sanado sua dúvida e tendo a certeza de que realmente era Madre Tonya, quem viajara ao seu lado naquele dia. O jovem treinador, ficara muito feliz por querer o destino, que seus caminhos cruzassem novamente, e de maneira tão singela.

Do outro lado madre, à noite, em seus aposentos, após suas orações e antes de pregar os olhos, não pode deixar de lembrar da conversa com George. Ela que tantas vezes, sentara ao lado de estranhos durante inúmeras viagens de ônibus, de avião, ou até mesmo em terminais, não esperava que alguém se lembrasse dela assim, depois de tanto tempo.

Às vezes, pessoas se cruzam em algum momento de suas vidas, quase que de forma involuntária. Porém, o destino lhes proporciona inesperados reencontros, sendo que muitos destes, podem se tornar mais importantes do que imaginam.

O caso de George e Madre Tonya, parecia ser um desses eventos, que de forma positiva, os colocou juntos em um momento tão significativo para ambos.

Uma Ideia Curiosa

As obras começaram a avançar e ganharam um ritmo muito acelerado, com a participação de George à frente de muitos serviços. Isso era bom, pois nada como cumprir etapas de forma ágil e segura, no sentido de entregar à população, um novo orfanato, com estrutura digna para qualquer pessoa, que precisasse de sua específica assistência.

Num desses dias de trabalho, George, logo após as atividades dos operários, fazia sua rotineira caminhada pelo canteiro de obras, antes de ir para casa. Ao passar por uma parte do imóvel, algo chamou sua atenção. Isso despertou-lhe uma ideia, qual se tivesse a permissão das freiras, poderia ser uma opção à vida e rotina daqueles garotos do orfanato.

George parou por alguns instantes, olhou bem o local e após algumas anotações, percebeu que era possível implementar sua ideia.

Ele passou pela sala de Irmã Agnes, no intuito de se despedir da mesma.

- Ainda por aqui professor? – Perguntou Agnes.

- Sim. Eu estava fazendo uma rotineira caminhada pelas obras. – Disse ele.

- Não sei o que seria de nós, sem a sua presença. Vejo que as obras estão bem avançadas. – Disse Madre Tonya, que estava ao lado de Agnes.

- Obrigado madre! – De qualquer forma, acho que não estou fazendo nada além do normal. Nada que possa me "matar"! – Disse George, sorrindo.

- Sei que não professor. Mas entendemos um pouco, de modo que podemos perceber sua eficiência. – Disse Agnes.

- Muito obrigado! – Agradeceu George, e em seguida pediu a atenção de Madre Tonya.

- Madre!

- Sim professor!

- Agora há pouco, tive uma ideia e gostaria de compartilhá-la com as senhoras, para ver se estão de acordo. – Falou George

- E qual seria essa ideia? – Perguntou a madre.

- Bom, se eu não for atrapalhá-las, posso expor, garanto que não tomarei muito do vosso tempo. – Falou o professor.

- Filho, eu sempre digo que nosso tempo aqui é eterno. – Falou Madre Tonya sorridente, e depois sugeriu – Vamos tomar um café e assim nos falamos!

- Está bem! Obrigado madre! – Disse George.

Após saborearem o delicioso cafezinho, George parte para sua exposição.

- Como eu queira dizer, percebi que lá no fundo, existe um pátio, cuja reforma será bem básica, segundo o projeto, correto?

- Ah, sim. – Responde Irmã Agnes – Ali é uma área de pouca utilização. Talvez no futuro, possa se tornar útil, mas atualmente é apenas um depósito.

- Depósito? – Perguntou George.

- Sim. Deixamos somente algumas coisas que não utilizamos. Aliás, eu costumo dizer que ali, se não cuidarmos, vira o salão de festa para os ratos.

- E por quê? – Quis saber George.

- Ali costumamos acumular objetos inservíveis, além de sucatas, as quais repassamos à uma empresa de reciclagem, mensalmente. – Falou Agnes.

- Bom, nesse caso, teremos que encontrar um novo local para o depósito, para que minha ideia dê certo. – Disse George.

- Com certeza encontraremos um local adequado para o depósito, caso essa sua ideia faça sentido, professor – Disse Madre Tonya.

- Bom, falando de uma forma mais direta, minha ideia é construirmos uma quadra naquele local. – Disse George

- Quadra?! – Perguntou ambas simultaneamente e muito espantadas.

- Sim. Uma quadra de basquetebol para ser mais exato. – Falou o professor.

- E poderia nos dizer qual sua pretensão com isso senhor George? – Indagou Madre Tonya, de forma séria.

- Certamente não serei eu e nem tampouco os colaboradores que utilizaria essa quadra. – Disse ele, que antes de prosseguir, foi interrompido por Irmã Agnes, que em tom de espanto, perguntou – Então quer dizer que seriam....

- Os garotos! – Respondeu George, sendo ele desta vez, a interromper Agnes.

- Espere aí professor! O senhor está dizendo que nossos garotos iriam treinar basquete? Mas como? – Indagou Madre Tonya.

- Eu poderia encarregar-me de auxiliá-los. Seria como um componente curricular a mais, só que voltado à recreação. – Falou o professor de maneira segura.

- Sabe que o que está nos propondo, é algo que além de estranho é muito difícil para decidirmos assim tão rápido, pois envolve detalhes que até desconhecemos. – Disse a madre.

- Eu sei. Por isso trouxe o tema, já contando que precisariam de um tempo para reflexões e discussões. Ficarei no aguardo e assim que tiverem a resposta, nos falaremos novamente. – Falou George.

- O senhor falou com os garotos sobre isso, professor? – Indagou Madre Tonya.

- Não. Jamais faria algo assim, sem sua permissão. – Disse George de forma segura.

- Pois bem professor, até amanhã na parte da tarde, lhe daremos nosso parecer para que esse assunto não fique aberto. – Disse madre, de forma séria.

- Muito obrigado pela atenção de ambas. E só mais um detalhe importante. – Falou George.

- Qual detalhe? – Perguntou madre.

- Caso aprovem, farei com que os custos referentes essa mudança, não acrescentem nada sobre o valor aprovado para o projeto. – Disse George, na tentativa de fortalecer sua ideia.

- Está bem professor! Consideraremos esse detalhe. – Falou Madre Tonya.

- Bom, então acho que já vou – Disse George, desejando um boa noite às freiras, antes de sair da sala.

- Boa noite! – Respondem ambas.

Enquanto andava pelos corredores em direção à saída, George ouve uma voz lhe chamar – Professor!

Virando-se, observa ser Agnes que o seguira. Ela, um tanto emocionada, diz – Muito obrigada por se preocupar tanto com nossos jovens!

- Não há de que irmã! Fico muito feliz em ajudar! – Fiquem com Deus! – Diz o professor, deixando o prédio.

Após George sair e ambas observarem pela janela, seu carro lentamente se afastar da propriedade, Madre Tonya vira-se para Irmã Agnes e meio atordoada, diz – Como se não bastassem tantos assuntos para eu me preocupar, agora vem mais um. Uma quadra de basquete! – Exclama a experiente freira.

- Mas madre, ele é um esportista e deu apenas uma sugestão. Não vejo tanto motivo para estar...., – Dizia Agnes, prontamente interrompida por Madre Tonya. – Basta Irmã Agnes! Eu disse que até amanhã decidiria. Portanto não quero mais falar nesse assunto hoje, por favor!

- Desculpe-me madre! – Responde Agnes, percebendo que o tema, realmente mexera com a sua superiora. Assim, ela pede licença e retira-se da sala.

Madre Tonya, servindo-se de um copo de água, parou com um olhar distante, como se tentasse buscar resposta para essa árdua decisão.

À noite em seu quarto, Irmã Agnes que tentava encontrar o sono, através de sua costumeira leitura, percebia que sempre voltava à sua mente, a conversa daquela tarde.

De repente, ela escuta um leve bater em sua porta. Era Madre Tonya que diz – Irmã, está acordada?

- Sim madre, pode entrar! – Responde Agnes, um pouco preocupada, por madre lhe procurar àquela hora.

- Desculpe-me incomodá-la irmã! – Diz Madre Tonya, ao adentrar o quarto de Agnes.

- Imagina! Fique à vontade, só estava lendo um pouco. – Diz a jovem freira, em tom gentil.

- Eu não poderia dormir, sem antes desculpar-me. Reconheço que fui deveras áspera contigo hoje. – Falou a madre.

- Madre, jamais me sentiria ofendida por uma apreensão sua. As vezes tento me colocar no lugar da senhora e sei que não é tarefa para qualquer um. – Responde Agnes, emocionada pela humilde retratação por parte de sua madre. Assim, com um gesto muito carinhoso, Agnes abraçou-a com seus olhos marejados.

Madre por seu lado, com um semblante tranquilo e um leve sorriso, entregou-se ao abraço de Agnes. Seus olhos, embora mostrassem ternura, também denunciavam alguém que há muito continha um oceano de lágrimas represado. Ela, porém, manteve-se firme, apenas agradecendo o carinho de Agnes. Depois despediu-se rapidamente, dirigindo-se aos seus aposentos.

Quem de fato não estava abatido, era George, que em seu apartamento, não teve dificuldades para pegar no sono. Tranquilo, ele adormeceu, alimentando esperanças de que as freiras, principalmente Madre Tonya, compreendessem sua boa intenção.

No outro dia, ainda não eram sete horas da manhã, quando Madre Tonya, adentrou o refeitório, onde costumeiramente fazia suas refeições, para realizar seu desjejum. Foi quando avistou Agnes, sentada à uma mesa, e diante dela, uma xícara de chá.

- Bom dia irmã! Caíste da cama? – Perguntou madre em tom carinhoso, pois normalmente era ela quem chegava primeiro ao refeitório.

- É, acho que sim! Responde Agnes, com um leve sorriso, levando à boca, a xícara de chá, com suas mãos um pouco trêmulas.

Madre Tonya, percebendo a inquietação de Agnes, segurou levemente suas mãos, perguntando – Irmã, o que te incomoda?

Irmã Agnes, contendo ao máximo as emoções, respondeu com uma voz e leve e calma. – Madre, jamais ousaria desafiar sua autoridade, mas é que existem pequenas coisas que acontecem e que eu fico tentando buscar explicações.

- Tais como? – Questionou madre, em tom gentil e mostrando-se atenciosa.

- Como lhe dizia antes – Continuou Agnes. – Não pretendo passar por insolente, ou influenciar suas decisões. Mas por sermos duas religiosas, com fé infinita, as vezes penso, o que levou Deus a nos enviar George? Isso só pode ser obra divina madre! Nós duas, em nossa missão, é até normal nos dedicarmos ao orfanato. Mas George, está indo além do que se esperaria de uma pessoa comum. E agora, com um gesto tão singelo, propõe dedicar-se aos nossos garotos, bem mais do que já o tem feito, nesses dias em que esteve por aqui. Por isso.... – Ela faz uma pequena pausa antes de prosseguir. Depois, emocionada e gaguejando um pouco, ela fala – Não acho justo.... – Antes que ela conclua, é interrompida por Madre Tonya.

- Irmã!

- Sim, madre. – Responde Agnes, ainda um pouco tremula.

- Vou concordar com a sugestão de George. – Afirma madre Tonya de forma natural.

- Verdade mesmo, madre? – Pergunta Agnes, agora com leve ar de alegria em seu rosto.

- Sim. – Responde Madre Tonya, dizendo em seguida, num tom firme e seguro – Ouça! Conversarei com ele em particular, ou seja, eu e ele, entendeu?

- Mas madre, por que eu não posso participar da conversa também? – Perguntou Agnes, levemente indignada.

- Filha, entenda uma coisa. Existem assuntos que precisam ser conduzidos pela razão e não pelo coração, entende? Esse é um deles.

Refletindo por alguns segundos e olhando para a Madre Tonya, Agnes responde – Está bem, madre!

No fundo mesmo, Agnes queria discordar da sua superiora. Isso porque não estava muito segura ainda. Agnes preocupava-se que dependendo de como a conversa evoluísse, madre pudesse voltar atrás.

Madre Tonya explicou – Faremos assim, quando ele chegar, eu o procurarei e conversaremos serenamente sobre o assunto.

- Que bom! Que Deus a abençoe sempre, madre! – Falou a jovem freira.

- Amém! – Respondeu Madre Tonya.

Eram aproximadamente 8h30, quando Madre Tonya observou que o carro de George, já se encontrava no estacionamento. Então ela se dirigiu ao encontro do professor, que caminhava entre as obras, algumas inclusive, em fase de acabamento.

Ao vê-la aproximar-se, George foi logo cumprimentá-la.

- Bom dia madre! Vistoriando as obras também? Espero que não tenha encontrado nenhuma divergência! – Disse George em tom de humor.

- Bom dia Professor George! Incomodaria se pudéssemos conversar agora? – Perguntou a freira.

- De maneira alguma, madre! – Estou disponível! – Disse ele.

- Que ótimo! Então vá até minha sala daqui uns quinze minutos. – Disse ela.

- Com certeza, madre. – Respondeu George.

George estranhara madre querer conversar logo cedo. Ele certamente, acreditava que o assunto era a sua sugestão, porém esperava que a conversa se desse ao final da tarde, como fizeram no dia anterior.

George sabia que Madre Tonya apreciava muito a pontualidade, e como isso para ele, também era um requisito fundamental, apressou-se para chegar ao encontro, na hora estabelecida por ela.

Ao chegar à sala da madre, observou que a porta estava aberta. Ao avistá-lo, madre fez sinal para que ele entrasse e fechasse a porta.

- Sente-se, por favor! Aceita água ou café? – Perguntou madre.

- Água, por gentileza! – Respondeu George, em tom de gratidão.

Madre colocou o copo de água sobre um pires à frente de George, depois, sentando-se diante deste, foi diretamente aos fatos.

- Bem professor, como conversamos ontem, fiquei de lhe dar uma resposta sobre sua sugestão.

- Sim, foi isso. – Respondeu George, concordando.

- Confesso que não foi algo fácil para eu decidir, da mesma forma que não foi para Irmã Agnes. Porém, ... - Madre faz uma pausa para encarar George bem ao fundo dos olhos. – Nós estamos de acordo!

- Que maravilha! Obrigado madre! – Respondeu George, com um largo sorriso no rosto.

- Mas, não posso ainda garantir que implementaremos sua ideia. – Disse ela.

- E por que não madre? – Perguntou George.

- Porque ainda temos que conversar com os garotos. E somente a opinião de todos, em unanimidade, é que nos dará a certeza de que seu projeto será implementado.

- Ah, sim. Entendi. Não restam dúvidas que dependemos deste acordo. – Respondeu George.

- Bom, então é isso professor. E como eu tenho um compromisso externo, deixaremos a reunião com os garotos, para as 16h00, pode ser?

- Com certeza! – Respondeu George.

- Ótimo! Falarei com Irmã Agnes para que organize o encontro com os meninos. – Concluiu Madre Tonya, levantando-se e despedindo-se de George.

George deixou a sala de Madre Tonya, contendo sua emoção, por ter ouvido um "sim", por parte desta. Ele acreditava que com os garotos, seria menos difícil de se obter um acordo.

Enquanto dirigia-se de volta às obras, ao passar pelos corredores, George encontrou Irmã Agnes que ansiosa o aguardava, para assegurar-se de que tudo havia dado certo.

- Bom dia, Professor George!

- Olá irmã, bom dia! – Responde ele.

- E então? – Pergunta Agnes, com um ar de expectativa.

- Ela falou que está de acordo, mas eu achei que a senhora soubesse. – Disse George

- Na verdade sabia sim. Mas estava preocupada que ela pudesse voltar atrás. – Falou Agnes.

- Não. A conversa foi tranquila. Mas de qualquer forma, ela disse que isso dependerá da concordância por parte dos garotos. – Falou George.

- Ah, isso é o de menos. – Disse Agnes – É claro que eles vão adorar a ideia.

- Irmã, deixa eu pedir um favor para a senhora. Não fale nada com eles, antes de conversar com madre primeiro! – Recomendou George.

- Confie em mim professor. Com certeza não falarei! – Disse Agnes.

- Obrigado! Agora, se a senhora me der licença, preciso voltar às obras. – Falou George.

- Claro! Só apenas um detalhe professor! – Falou a irmã.

- Sim. – Disse George, atenciosamente.

- É querer demais, pedir para o senhor parar de me chamar de "senhora"? Pode me chamar de "você"! – Falou Agnes.

- Ah, sim. É que as senhoras, ..., aliás, você e Madre Tonya, também me chamam de "senhor". – Falou George, sorrindo e depois acrescentou – Está bem. Eu a chamarei por "você", mas quero a mesma reciprocidade de sua parte, pode ser?

- Claro, pode ser. – Respondeu ela.

- Pelo menos para a madre, eu vou manter a "senhora" – Disse George, sorrindo.

- Ah, recomendo que sim. – Respondeu Agnes, também com um sorriso.

Eles se despedem e quando Irmã Agnes se dirigia para sua sala, Madre Tonya a intercepta pelo caminho. – Poderia vir até aqui por favor, irmã?

- Pois não! – Diz Agnes, aproximando-se.

- Acabei de conversar com George, quando anunciei que concordamos com sua sugestão. – Falou Madre Tonya.

- É mesmo? Já conversaram? – Perguntou Agnes, como se estivesse surpresa.

- Sim, conversamos há pouco. E se eu estiver correta, vocês já se conversaram também! – Falou a madre, sobriamente.

Admitindo sua gafe, ante à superiora, Agnes tenta se explicar – Nós apenas...

- Isso não importa! – Interrompeu Madre Tonya e continuou – Gostaria que me fizesse o seguinte favor: Estou saindo para um compromisso e quando retornar, quero que reúna os garotos no refeitório, por volta das 16h00. Nesse horário, faremos o anúncio a eles.

- Sim, claro. Pode deixar que irei reuni-los pontualmente. – Falou Agnes, respeitosamente.

- Mas irmã, nada de adiantar o assunto! – Disse madre, em tom de muita seriedade.

- Logicamente! Jamais faria isso! – Disse a jovem freira.

Olhando firmemente para Agnes, a madre fala – Tenho a certeza de que não fará. Até mais tarde irmã! – E madre sai do prédio, apressada.

Por volta das 15h00, Irmã Agnes foi até os meninos, para avisá-los antecipadamente sobre o encontro. Ao anunciar a repentina reunião, nem todos aceitaram de pronto. Alguns até ficaram espantados por madre querer marcar uma reunião, antecipadamente.

- E tinha que ser no final do dia mesmo, irmã? – Perguntou Fred.

- Sim. Madre tinha um compromisso externo e por isso pediu esse horário.

- Será que vão nos mandar para outro orfanato? Perguntou Chris.

- Verdade! Alguém já imaginou se esta "coisa" fechar? – Falou Thomas (Tó).

- Basta meninos! Mas que coisa feia! Não é nada disso! – Disse Agnes, em tom sério e acrescentou – Parem com essas especulações! Ela apenas determinou o encontro. Assim, estejam prontos e preparados nesse horário!

Ao ouvirem o tom de voz firme e notarem o semblante sério da irmã, todos silenciaram-se, obedecendo e acatando o recado.

Faltavam ainda, em torno de quarenta minutos para o horário em que Madre Tonya solicitara o encontro com os garotos, quando já podia se ouvir seus leves, porém apressados passos, adentrando as dependências do orfanato.

Era simplesmente fantástica e notória, a garra de Madre Tonya com relação aos seus compromissos e afazeres. Naquele momento, ela acabara de chegar de uma reunião com a gerência do banco onde o orfanato mantinha sua conta corrente. Os últimos meses, não tinham sido fáceis para a nobre missionária, que precisou usar toda a sua habilidade e caráter, ao negociar a regularização das finanças da instituição. Esse encontro, de onde ela acabara de retornar, apesar de desgastante, foi o melhor de todos os anteriores, pois afinal, conseguira apresentar garantias de que a saúde financeira da entidade, estaria sanada e sob controle, o mais breve possível. Isso graças ao apoio e contribuição de George.

Ao entrar, madre percebera que Irmã Agnes e George, já a aguardavam em uma pequena recepção, anexa à sua sala.

- Podem ficar à vontade em minha sala! Eu já volto. – Disse Madre Tonya, enquanto se dirigia ao sanitário, para enxugar o suor, da suave pele de seu rosto. Ao retornar, serviu-se de um refrescante copo de água, oferecendo também aos colegas ali presentes, que embora rejeitando sua cortesia, a agradeceram.

- Meu Deus! Que dia! – Exclamou Madre Tonya, sentando-se e dizendo em seguida – Porém foi muito positivo, Graças a Deus!

- Que ótimo! Disse George, com um sorriso.

- A senhora teve tempo para almoçar madre? – Perguntou Irmã Agnes.

- E eu sou louca de deixar de me alimentar? Claro que almocei! – Disse a madre.

Na verdade, ela mal teve tempo para uma xícara de café com leite e um pequeno pão com queijo fresco, consumidos em uma panificadora no centro da cidade. Só que ela não queria incomodá-los com algo insignificante, até mesmo porque raramente fazia algo assim, exceto em situações que valessem a pena, como fora naquele dia.

E de fato, quem olhasse para Madre Tonya, jamais enxergaria uma senhora com mais de cinquenta anos. Pelo contrário, talvez pelo rigor com relação à saúde, ou quem sabe pela genética daquele corpo de descendência afro, cuja constituição, lhe conferia um porte físico avantajado, muitos arriscariam dizer que ela tinha uns dez anos menos.

- Então vamos lá! – Disse Madre Tonya, iniciando a conversa. – Estimo que já devam ter preparado os garotos para o encontro, certo?

- Sim madre. Já estão por lá, como pediu. – Respondeu Agnes.

- Está ok. – Disse a madre que em seguida comentou – Professor George, enquanto eu retornava, uma dúvida importante surgiu e acho importante saná-la antes de abordarmos os garotos.

- Qual dúvida, madre? – Perguntou George.

- É com relação ao cronograma. Quanto levaria para a construção desta quadra? – Perguntou a madre.

- Desculpe-me madre! Foi uma falha minha realmente, pois já dispunha desta informação e não lhe passei. Não levará mais do que quatro ou cinco semanas.

- Tem certeza disso, professor? – Insistiu Madre Tonya.

- Absoluta! Conheço empresas especializadas neste tipo de empreita. Posso assegurar-lhe que mesmo quatro semanas, é um tempo muito seguro.

- Então, posso ficar segura quanto a isso, professor?

- Totalmente madre. Nosso projeto é muito simples e já temos o espaço adequado. Praticamente trabalhariam o piso, a colocação das tabelas, algumas proteções e a iluminação. Sem falar que nossa iluminação natural, é muito eficiente naquele local.

- Bom, se é assim, creio que podemos ir ao encontro dos garotos – Concluiu a madre, levantando-se.

- Vamos sim. – Disse Agnes.

Notava-se pela expressão de Irmã Agnes, que ela demonstrava muito mais ansiedade do que o professor.

Ao chegarem ao refeitório, todos os garotos já estavam ali, fazia alguns minutos. Percebendo a notória ansiedade de Agnes, Madre Tonya havia designado àquela, a incumbência de transmitir o recado aos meninos, durante o encontro.

Madre Tonya abriu a reunião desejando uma boa tarde a todos e em seguida falou – Obrigada a todos pelo comparecimento e pela pontualidade. Este encontro deverá ser breve, mas espero que seja positivo para todos. Assim, passo a palavra à Irmã Agnes, que deverá explicar o real motivo para estarmos aqui neste momento. Por favor irmã, fique à vontade.

- Obrigada, madre! –Boa tarde a todos, quer dizer, de novo, nós já nos vimos! – Disse a irmã com um sorriso e levemente tremula, porém continuou.

- Como já sabem, de alguns dias para cá, tivemos a graça e a sorte de poder contar com o apoio de nosso querido Professor George. Então, hoje nós nos reunimos no intuito de oferecer-lhes daqui a alguns dias, uma novidade que deverá agradar a todos. Alguém adivinha o que é?

Os garotos se entreolharam num breve silencio, até que Yan (China), em tom de humor disse – Um remédio para nos curar!

Todos soltaram risos.

- Não. Não é Yan. – Disse Agnes com um sorriso discreto. – Adoraria, quem sabe um dia, trazer uma notícia desta. Mas não é.

- E o que é então? Retrucou Yan, agora em um tom mais sério?

- Nossa proposta será oferecer a todos, atividades de recreação.

- O quê? – Perguntou Chris. – A senhora não deve estar falando sério, está? – Complementou ele.

Um breve alvoroço, quase se iniciou.

- Pessoal, deixem a irmã falar, por favor! – Disse Martin (Ruivo). Ele era considerado o mais sensato do Grupo.

- Então, sendo mais objetiva, nós ofereceremos como recreação, atividades de basquetebol a todos. – Concluiu a freira, na expectativa que os garotos vibrassem de alegria, afinal até hoje, nenhum tipo de atividade desse tipo, tinha sido oferecida, por questões óbvias.

Mas o que se viu naquele momento, foi um leve ar de espanto. Até que o silêncio foi quebrado por Chris, que falou – Não acredito no que estou ouvindo. Ficamos aqui até agora, para ouvirmos isso?

Chris era considerado o mais difícil de se lidar. Pelo histórico de vida tão sofrida, era uma pessoa cabisbaixa e desmotivada.

- Eu gostei da ideia! – Gritou Alex (Ale).

Iniciou-se uma leve confusão. Isso porque alguns eram a favor, outros contra, e outros mais contidos, sequer manifestaram-se.

Diante do leve tumulto, Madre Tonya interferiu de pronto, dizendo – Silêncio!

De repente, todos quietaram-se. Se o amor que tinham pela madre era algo admirável, o respeito era bem mais.

Então Madre Tonya continuou – Como irmã disse, isso é apenas uma oferta, ou proposta, como queiram. Peço que conversem entre si, dentro da mais ampla condição de respeito.

Daqui a dois dias, eu e Irmã Agnes, voltaremos a nos reunir com vocês para ver o que foi decidido, sendo que depois, comunicaremos o professor.

Mas madre, por que não decidimos hoje? Seria tão bom! – Tentou Ale, convencer Madre Tonya, em vão.

- Eu disse dois dias, Alex! E assim será! Peço que até lá, ninguém importune o professor com esse tema! Certamente ele, por seu lado, também evitará abordá-los. – Disse a madre enfaticamente.

George balançou sua cabeça silenciosamente, concordando com Madre Tonya. Apesar de sua forma simples e humilde de lidar com diversos temas, a madre era também dotada de uma personalidade firme, segura e soberana. Assim, dificilmente os garotos ousariam desafiar sua autoridade.

- Quero antes de encerrar, dar a oportunidade ao professor para comentar algo, se assim desejar. – Disse a madre.

George aproveitou a abertura, e com o olhar sereno, encarou-os calmamente falando – Primeiramente, agradeço a todos por comparecerem ao encontro. Agradeço a Madre Tonya e Irmã Agnes, por trazerem até vocês esta proposta. Não quero jamais influenciar a decisão de ninguém. Assim, aguardarei a resposta, qualquer que ela seja. Meu intuito desde que cheguei, é o de apoiar em tudo que puder. Para tal, sempre saberei compreender aquilo que posso fazer e aquilo que não devo. Obrigado mais uma vez!

Após as palavras de George, evitando que outros questionamentos ou dúvidas, emergissem da pequena plateia, Madre Tonya deu por encerrado o encontro.

Enquanto dispersavam-se e seguiam na direção de seus aposentos, percebia-se que os garotos já iniciavam discussões a respeito do tema.

Madre Tonya e Irmã Agnes, caminhavam lentamente afastando-se dali, enquanto George, pedindo licença às duas, apressava-se, pois naquele dia, necessitava sair mais cedo. Era aproximadamente 17h30, sendo que ele, normalmente não saia antes das 18h.

Surpreendente Revelação

A intenção de George, era de chegar em casa o mais breve possível, pois queria ligar para Augustus, o seu magnifico conselheiro, para comentar sobre essa ideia e quem sabe até conseguir apoio, embora soubesse que tudo dependeria da decisão dos meninos, dali a dois dias.

Depois de chegar em casa e de banho tomado, George apanhou o telefone e ligou para a casa de Augustus. Do outro lado da linha quem atendeu foi Dory.

- Olá Dory, tudo bem, minha querida? Como vai? – Disse George.

- Estou ótima! A que devo a honra de uma ligação tão importante? Tudo bem contigo também? – Perguntou Dory.

- Sim, tudo bem Graças a Deus. É que eu tinha um assunto para falar com Augustus. Ele está em casa? – Indagou George.

- Infelizmente não, meu bem. Ele está em viagem e só voltará na sexta-feira. Algo importante ou urgente? Posso fazer contato com ele, se precisar. – Disse Dory, solicitamente.

- Não. Não é nada urgente, posso esperar! – Disse George.

- Será que posso ajudá-lo? – Insistiu Dory.

- Não. Não se preocupe – disse ele.

- Olhe lá heim! Será que não posso mesmo? Ou é algo que somente os "homens" podem resolver? – Disse ela sorrindo.

Uma das características extremamente positivas em Dory, era sua facilidade em sempre tratar as pessoas de forma bem-humorada.

- Não se preocupe mesmo, Dory! Apenas diga a ele por favor, que ligarei no sábado. Creio que neste dia, ele já estará descansado da viagem.

- Então está bem. Eu o avisarei. – Falou Dory

- Muito obrigado, Dory. Tenha uma boa noite!

- Uma boa noite para você também George. Um beijo!

- Outro! – Disse George, desligando.

Por alguns instantes, George ficou pensativo e achou uma pena não poder conversar com o amigo, de tantos conselhos. Por outro lado, também achou bom, pelo fato de nada estar decidido ainda.

Bom, pelo menos duas pessoas ele sabia que estariam em casa à espera de sua ligação. Seus pais, evidentemente. Assim, apanhou o telefone novamente e ligou para seus queridos amores, conversando com ambos por um longo tempo. Mais tarde, após uma leve refeição e uma agradável leitura, caiu no sono.

Pela manhã, dirigiu-se para o orfanato e lá chegando, foi tratando de se envolver com os afazeres, mantendo o trato de não procurar ninguém a respeito do tema.

Já pelo lado dos garotos, o dia não foi menos agitado. Entre eles, buscavam se convencer de que a ideia das atividades recreativas, seriam algo positivo. Inclusive, a maioria estava propensa a aceitar.

Os meninos combinaram um encontro no jardim, após o almoço, sob a sombra de um frondoso e quase centenário carvalho existente ali.

Da sua sala, passivamente, Madre Tonya observava os garotos que aos poucos, iam se aproximando para a reunião. Por um lado, ela via como algo extraordinário, as conquistas relativas às reformas, após a chegada de George ao orfanato. Por outro, refletia muito sobre mudanças radicais, na relação com seus "clientes". De fato, inserir as atividades recreativas, seria algo inédito na história daquela instituição, onde estava à frente por mais de vinte anos.

Ale, o mais entusiasmado com a iminente introdução de atividades esportivas, apressava os colegas que aos poucos se juntavam. – E aí pessoal, quem ainda falta? – Perguntou ele.

Chris e Manuel (Manu), eram os únicos que faltavam para completar o grupo de doze meninos. Eles vinham lentamente, mostrando-se cabisbaixos.

Com o grupo todo reunido, Ale e Martin (Ruivo), deram início a reunião falando sobre suas opiniões, afirmando serem a favor das atividades, porém em caso de votos vencidos, respeitariam a decisão do grupo. Outros cinco, em seguida, também se mostraram favoráveis, que foram: Yan (China), Frederico (Fred), Bernardo (Be), Eduardo (Du) e Francisco (Chico). Outros três: Denis (Dedé), Simão (Si) e Thomas (Tó), votaram de forma abstinente, admitindo qualquer decisão.

Por outro lado, Manuel (Manu), iniciou seus comentários, dizendo que no início, era favorável, porém após conversar muito com Chris, o único que foi resistente desde o início, ele mudara de opinião, pelo menos momentaneamente. Sugeriu inclusive ao grupo que pudessem ouvir Chris, para entenderem os motivos pelos quais, ele era contrário às atividades esportivas.

- Pode falar Chris! – Disse Ale, de forma direta. – Fique à vontade!

- Ele é sempre contra a maioria das coisas! – Gritou Yan.

- Calado China! – Interveio Martin, em tom áspero.

Então Chris, timidamente, começou a falar.

- Sei que muitos aqui acham que sou um problema na vida de vocês. Sei também dos esforços que Madre Tonya e Irmã Agnes estão fazendo para melhorar nosso orfanato. Por outro lado, também reconheço e respeito a dedicação do Professor George junto a todos nós. Inclusive, o que ele faz, é coisa que muitos milionários desta cidade nunca fizeram e nunca farão. Isso sem citar aqueles que nem sabem que o nosso orfanato existe. Mas por que temos que aceitar essa sugestão do professor? Aliás, por que eu tenho que aceitar? Só porque ele é um treinador de basquetebol famoso? E se eu não gostasse de basquetebol? E se nenhum esporte me atraísse?

- Acontece que nada atrai você! – Falou Fred.

- Gente, vamos respeitar! Deixem-no continuar! – Falou Ale.

Chris tremia muito e evitava olhar diretamente nos colegas. Parecia esconder algo que não convinha dizer a todos. Ele permaneceu em silêncio por alguns instantes, depois falou

– Em respeito ao grupo, estou pensando em votar a favor, porém pedirei para ficar fora das atividades.

Alguns que desde o início eram a favor, vibraram gritando um estrondoso *"yes!"*. Porém a maioria permaneceu quieta, observando Chris.

- Então, é isso! – Disse Chris, levantando a cabeça e olhando para o grupo.

Martin, olhou para Chris de forma bastante introspectiva, balançando a cabeça em silêncio, concordando com a decisão e sugestão. Em seguida ele falou – Pessoal, então nossa resposta amanhã será a favor. Porém, pediremos à madre, que deixe Chris de fora dessas atividades.

Manuel em seguida falou – Pelo fato da ausência dele resultar em número ímpar, eu também posso ficar de fora, se precisar.

- Creio que não será necessário – Disse Martin.

Todos foram se dispersando aos poucos. Parecia que embora a decisão tomada pudesse favorecer a maioria, as palavras de Chris, causavam reflexões em alguns deles.

Madre Tonya que agora os observava se dispersando, não conseguia estimar qualquer que fosse a decisão ali tomada.

George que se envolvera com diversas atribuições naquele dia, evitou inclusive manter contato com Irmã Agnes ou Madre Tonya, embora o tema não saísse de sua cabeça a todo momento. Para evitar qualquer possibilidade de contato, procurou ir para casa uma hora mais cedo.

No final da tarde, antes de se dirigir para os seus aposentos, Chris cruzara com Irmã Agnes pelo corredor e pediu para conversarem. Antevendo que o tema pudesse ser sobre as atividades esportivas, a irmã elegantemente sugeriu que conversassem no outro dia, após a reunião. Entristecido, porém de forma respeitosa, Chris concordara com o adiamento.

O fato é que aquela noite não seria muito confortável a nenhum dos envolvidos nessa decisão. George demorou para pegar no sono, despertando-se por diversas vezes durante a madrugada. Era realmente difícil para ele, pois embora enxergasse com bons olhos a reforma geral do orfanato, projeto qual tivera uma ativa participação sua, a implementação de atividades esportivas, por outro lado, era algo difícil de se decidir. Implementação que George entendia, pudesse trazer algo realmente novo para aquele ambiente e para aqueles meninos. Mesmo que por um período experimental, mesmo que não obtivesse o sucesso que almejava, ele contava com a aprovação.

Amanhece, e George, para despertar melhor, toma uma ducha bem forte. Apenas um copo de suco e uma fruta, compuseram seu desjejum, sendo que apressadamente se aprontou para ir até o orfanato. Ao deixar seu apartamento, fechou a porta sem perceber que o telefone estava tocando.

Enquanto isso, lá para os lados do orfanato, Madre Tonya solicitou à Irmã Agnes que deixasse os garotos preparados. Ela queria o encontro no primeiro horário, tendo em vista que depois, outros temas pudessem surgir com prioridade e isso a atrapalhasse.

Ao aguardar a iminente chegada de George, aproveitando estar ao lado de Madre Tonya que fazia algumas anotações em sua agenda, Agnes disse calmamente – Madre!

- Sim! Respondeu a superiora, sem tirar os olhos de suas anotações.

Agnes continuou – Ontem ao final do dia, fui interceptada brevemente por Chris nos corredores, sendo que este demonstrava muita ansiedade em conversar comigo, e... – Agnes fez uma pequena pausa para certificar-se que Madre Tonya estava realmente prestando atenção.

- E....? – Indagou a madre, levantando a cabeça e olhando para Agnes.

- Como a senhora solicitou evitarmos qualquer conversa com eles, pedi para que adiássemos, porém isso me deixou muito angustiada e inquieta.

- Eu não disse qualquer conversa. Disse apenas sobre o referido tema! – Falou a madre seriamente.

Nesse instante, olhando pela janela, perceberam que o carro de George estava adentrando o estacionamento. Madre disse à Irmã Agnes – Assim que terminar a reunião, procure por Chris e tente entender se é algo que possamos ajudar. Depois, venha até mim, e conversaremos a respeito disso. – Sugeriu Madre Tonya.

- Está bem, madre! – Respondeu Agnes

Então as duas dirigem-se até a porta principal, quando George aparece bem em frente de ambas.

- Olá bom dia! Não estou atrasado, estou? – Disse o professor em tom gentil.

- Certamente que não. – Respondeu Madre Tonya. – Os garotos já devem estar nos esperando.

- Estão sim, madre. Eu os vi ali reunidos, há pouco. – Disse Agnes.

- Creio que podemos ir até lá, então. – Disse Madre Tonya.

Ao chegarem ao refeitório, observaram um clima de leve euforia entre os meninos, exceto Chris, que como era de esperar, mantinha-se cabisbaixo.

- Bom dia a todos! – Abriu madre, a conversa. – Conforme combinamos, estaríamos aqui hoje para ouvir qual a decisão que tomaram. Se aceitam ou não a sugestão do Professor George.

Martin, tomando a frente, até porque fora nomeado pelos demais como o principal interlocutor do grupo, cumprimentou a todos e com um largo sorriso no rosto, respondeu que a decisão era "sim".

Notoriamente, o rosto de George expos um relaxante sorriso. Não muito diferente, era o de Irmã Agnes que demonstrava uma satisfação incontida, por aquela aceitação. Somente Madre Tonya, que de forma sensata e calma, apenas balançou a cabeça com o acordo, e na sequencia manifestou-se.

- Bom, entendendo isso como um acordo, passo doravante esse tema para que seja conduzido por Irmã Agnes, considerando que me envolverei com outros temas, não menos importantes. Estou convicta de que ela, apoiada pela experiência e competência do Professor George, que por sinal é um apaixonado pelos esportes, certamente lhes darão todo o respaldo necessário.

- Obrigado pela confiança, madre! Pode acreditar que assumirei essa incumbência com muita dedicação. – Respondeu Agnes, com um olhar sereno.

George também agradeceu a confiança de Madre Tonya, que em seguida falou – Agora, com a vossa licença, preciso me retirar.

Todos a agradeceram e deram uma salva de palmas.

Enquanto os garotos se dispersavam, Irmã Agnes seguia ao lado de George pelos corredores, quando algo lhe ocorreu.

- Desculpe-me George! Lembrei-me de um compromisso. Tem algo qual precisará de mim nesse momento? – Perguntou a freira.

- Absolutamente, irmã! – Respondeu George. – Fique à vontade.

- Obrigada! Se precisar, sabe onde me encontrar.

- Eu que agradeço irmã!

Irmã Agnes partiu em direção por onde os garotos seguiam e chamou por Chris.

Chris virou-se para trás, quando ouviu Irmã Agnes chamando-o.

- Você esqueceu que tínhamos agendado uma conversa? Estou indo para minha sala e te aguardo lá. – Falou a irmã, de forma atenciosa.

Chris virou sua cadeira lentamente no intuito de ir até a sala de Agnes. Ele era observado por outros garotos que ali estavam próximos a ele, mas não sabiam o "porque" de Irmã Agnes tê-lo procurado.

Enquanto Chris se dirigia para a sala de Agnes, Fred comentou com Yan – O que será que houve? O que será que ele está tramando?

- Relaxa! Não deve ser nada importante – Respondeu Yan.

- Sei lá! – Falou Fred. – Não confio muito nessas coisas. Pode ser que ele queira atrapalhar tudo.

- Não acredito! Disse Yan. – Até porque a irmã não decide nada e nós já tivemos o acordo com Madre Tonya. Esta sim, pode alterar as coisas, mas duvido que vá.

- É, você está certo! Não vamos sofrer por antecipação! – Falou Fred.

- Isso mesmo! – Concordou Yan.

Chris chegou à sala de Irmã Agnes, sendo que esta já o aguardava.

- Entre Chris, por favor! – Disse ela.

- Com licença irmã! – Falou o jovem.

- À vontade! Está tudo bem? Viu só? Eu não me esqueci que queria falar comigo. – Disse Agnes, tentando dar um tom amistoso à conversa.

- Obrigado irmã! Pensei que não ia conseguir falar contigo. – Disse Chris, aparentemente confortado pela acolhida.

- Imagine! É meu dever dar atenção a todos, mas infelizmente a correria é tanta, que nem sempre é possível atendê-los de imediato.

- Agradeço muito sua atenção e carinho, irmã!

- Não há de que. – Respondeu Agnes – Mas então, em que posso lhe servi-lo? Aceita um copo de água?

- Não obrigado – disse Chris. – O assunto é rápido e achei que pudesse ouvir-me.

- Sim, lógico. – Respondeu ela, observando os olhos de Chris levemente entristecerem e fixarem o chão.

Então Chris, de forma extremamente melancólica, tirou o boné e iniciou a conversa. Calmo e educadamente, ele buscou justificar seu comportamento, não só no tocante ao projeto esportivo, mas também em outros momentos, que costumava-se aborrecer-se com muito mais frequência que os demais internos.

A conversa que a priori, Chris esperava que não levasse mais do que uns vinte ou trinta minutos, estendeu-se por mais de uma hora e meia.

Chris abriu-se e entregou-se aos ouvidos de Irmã Agnes, como não o fizera com ninguém, durante anos.

Perplexa e com os olhos marejados, Irmã Agnes o ouvia atentamente.

Ele falou sobre sua infância, sobre os seus pais e também como se tornara órfão, vindo a ser acolhido pelo Orfanato São Francisco.

Após aquele longo relato sobre si, Chris finalizou de forma muito emocionada, e ainda falou – Irmã, tudo o que eu peço é que diante do que eu te contei, não me obriguem a participar desse projeto. Eu respeito a decisão de meus companheiros, mas simplesmente não quero participar.

Irmã Agnes, fazendo uma pausa e olhando para aquele jovem, com uma mistura de dó e compreensão, falou – Lógico que o apoiarei Chris. Jamais exigiríamos que fizesse algo que não deseja.

- Então posso mesmo contar contigo, irmã?

- Sempre Chris! Em tudo que for possível, estarei te apoiando.

- Obrigado irmã! Somente mais um pedido, por gentileza.

- Sim. O que seria? Perguntou Agnes.

- Que não contasse aos meus colegas sobre o que falamos nessa conversa. – Falou Chris.

- Com certeza! Nem precisa me pedir. – Falou Agnes, que em seguida perguntou – Algo mais?

- Não irmã, era só isso. – Respondeu Chris.

Abraçando-o carinhosamente, Irmã Agnes mais uma vez fixou os olhos naquele rosto triste e sofrido de Chris, dizendo – Vá com Deus! Que ele te acompanhe! Estarei orando por ti.

- Obrigado! – Disse Chris, afastando-se lentamente pelos corredores.

Irmã Agnes, ainda meio atordoada, serviu-se de um copo com água e parou por alguns instantes, tentando se recompor. Foi quando se lembrou que deveria levar o assunto discutido naquela conversa com Chris, para madre, como haviam combinado.

Nem foi necessário ir até ela. Madre Tonya, após observar de longe, Chris deixando a sala de Agnes, resolveu ir lá pessoalmente para falar com ela. Ao perceber que Agnes encontrava-se distraída em sua mesa, bateu levemente na porta, que se encontrava aberta.

- Madre! Eu já ia procurá-la. – Disse Agnes, levantando-se.

- É que eu estava passando por aqui e observei Chris saindo entristecido. Então resolvi vir falar contigo. Como foi a conversa? – Perguntou a madre.

Agnes olhou fixamente para Madre Tonya e caiu em soluços.

Madre serviu-lhe mais um pouco de água, pediu que se acalmasse e que se preferisse, poderiam conversar mais tarde.

Irmã Agnes, ainda um pouco abalada, conseguiu recompor-se e pediu à Madre Tonya que ficasse.

Madre Tonya encostou a porta levemente e sentando-se à frente de Agnes, esperou a amiga se acalmar.

- Madre! – Falou Agnes.

- Sim! – Respondeu a madre, em tom calmo e concentrado.

- Desculpe-me! É que eu acabei perdendo o controle emocional. Realmente não estava preparada para ouvir o que Chris confessou-me.

- Entendo! E então? – Questionou Madre Tonya.

- Ele falou-me de quando e como veio parar aqui em nosso orfanato. Falou-me de seus pais e tantos outros problemas. Enfim, tudo isso acabou abalando-me muito.

- Sei. Estou entendendo. – Disse Madre Tonya.

- Nossa! Eu fiquei tão preocupada, madre. Será que isso poderá ser um problema para nós? – Disse Agnes, ainda abalada.

Madre Tonya, mostrando-se calma e muito segura, falou – Irmã, responda-me por gentileza, há quanto tempo está aqui em nosso orfanato?

Não entendendo muito o porquê da indagação, Irmã Agnes respondeu gentilmente – Daqui a três meses, fará dois anos que cheguei aqui.

- Dois anos! – Exclamou madre, levantando-se e caminhando lentamente até próximo à janela. Depois, voltou-se à Irmã Agnes dizendo – Pois então irmã, eu estou aqui há mais de vinte. Certamente um tempo bem maior que a idade de Chris. A maior parte de minha vida como missionária.

- Sim madre, entendo. – Disse Agnes, levemente espantada e não entendendo muito onde madre queria chegar com sua explanação.

- E então irmã, – Continuou Madre Tonya – Ao longo de todos esses anos, ouvi tristes histórias de muita gente, tanto aqui como por esse mundo afora. Eu conheço bem a história de Chris e sei que realmente é muito triste. Mas posso lhe garantir também, que já ouvi piores.

Os olhos de Irmã Agnes se arregalaram ao ouvir isso. Mas madre continuou – Talvez, deste grupo atual de garotos, Chris é quem possui a mais comovente história, mas não pense que as de seus colegas, sejam muito diferentes.

- Estou entendendo. – Falou Agnes.

E Madre Tonya continuou compartilhando mais informações com a jovem freira – O que posso afirmar, é que muitos dos garotos que por aqui passam, chegam se sentido não como pessoas desamparadas, mas as vezes, como "objetos", sem valor. Pelo menos, em muitos casos, foi essa a minha percepção.

Concluindo irmã, temos uma missão juntas. Não sei se é exigir demais, mas conto com sua força e dedicação para tal.

- Claro, madre! Pode contar sempre comigo! – Disse Agnes, interrompendo a madre momentaneamente.

- Obrigado irmã! Conte comigo também! Sei que somos humanas, temos os nossos limites, porém não podemos nos esquecer da força divina que nos conduz. Pois quando nos depararmos com momentos tão difíceis como agora, o que nos restará, será a nossa fé em Deus e as nossas orações. – Falou Madre Tonya.

- Graças a Deus, madre! Que ele nos continue dando essa força! – Disse Agnes.

- Sim irmã, que ele continue nos abençoando! – Diz Madre Tonya e em seguida, preparando-se para se retirar, ela fala – Bom, acho que falei demais. Se não se importa.... – Nesse momento ela é interrompida por Agnes.

- Madre!

- Sim! – Responde a madre.

- Só uma dúvida, Chris não é obrigado a participar do projeto de basquetebol, é? – Perguntou Agnes.

- Nenhum deles é irmã. A senhora sabe disso! – Falou a madre em tom calmo e delicado. Depois, despediu-se de Agnes, retirou-se.

Depois de sair e fechar a porta, Madre Tonya parou bruscamente, contemplando a linda visão que se podia ter dos campos, através das vidraças dos corredores. Era como se estivesse refletindo, como se buscasse forças para suportar tanta aflição e conseguir represar um enorme mar de lágrimas, que certamente, continha dentro de si.

Irmã Agnes, em sua sala, ainda com lágrimas no rosto, tentava refletir sobre o relato de Chris e tentar conectá-lo às palavras de Madre Tonya.

De fato, a noite não seria tão confortável para ambas. Somente a força divina para reconfortá-las e as deixarem mais fortalecidas para a tão nobre missão que tinham escolhido.

Encontrando Novos Apoios

George abriu a porta de seu apartamento, ainda trazendo consigo a alegria de saber que seu projeto poderia enfim, dar certo. Após a reunião, não tivera contato com nenhuma das duas freiras, o que lhe permitiu não ser influenciado, pela dor vivida por ambas, durante aquele dia. Observou que havia uma chamada de Augustus, registrada no seu telefone. Ao conferir o horário da ligação, percebeu que foi logo quando saíra de manhã. Como não havia recado, resolveu ligar para o amigo.

Do outro lado, como se estivesse esperando a ligação de George, Augustus atende de pronto, logo ao primeiro toque. – Alô!

- Augustus? – Perguntou George.

- Sim meu amigo. Tentei te ligar hoje pela manhã, mas já tinha saído. Tudo bem contigo?

- Sim. Graças a Deus! Pensei que só fosse retornar amanhã, pelo que Dory me disse. – Falou George.

- Ela realmente falou a verdade. Eu só estaria de volta, amanhã, mas consegui antecipar e cheguei ontem à noite. – Disse Augustus – Achei que era tarde para te ligar, por isso só o fiz hoje pela manhã.

- Poxa! Obrigado pelo pronto retorno! – Falou George.

- Não há de que. Mas me diga amigo, em que posso lhe ser útil?

- Como vê, eu sempre te incomodando com minhas dúvidas. – Disse George.

- Eu ficarei incomodado o dia em que você não me procurar por algo que possa contribuir. – Falou Augustus.

- Obrigado Augustus. Você é um grande irmão. É que preciso de uma informação e você certamente deverá saber como me auxiliar.

- Claro. Por que não? O que seria, George? – Perguntou Augustus.

- Na realidade seria um apoio prático que necessito. – Falou George.

- Me diga o que é, se eu não souber, eu invento. Não quer vir para cá? Podemos jantar juntos. – Convidou Augustus.

- Nossa! Agradeço sua gentileza, mas está tarde. – Falou George.

- Que tarde? – Disse Augustus – Amanhã será sábado, e.... – Dory o interrompe dizendo algo em seu ouvido.

- Você ouviu o que Dory disse? – Perguntou Augustus.

- Não. O que foi? Perguntou George, em tom de sorriso.

- Ela disse que você vai perder uma massa super especial que ela está preparando. – Disse Augustus

- Que doçura! – Falou George – Porém, agradeça ela também, mas ficará para outra ocasião.

- Ok. Então me diga qual é sua dúvida. - Disse Augustus.

George falou para Augustus, detalhadamente sobre o projeto de basquetebol. Falou também sobre o perfil e condições dos garotos. Também falou sobre o orfanato e seu papel junto às missionárias, responsáveis pela instituição. Enfim, procurou esclarecer ao máximo, o seu intuito de fazer muito mais do que simplesmente apoiar financeiramente o orfanato. Por fim, disse que o que mais lhe incomodava no projeto, era não possuir experiência com paratletas. Quem sabe nesse ponto, Augustus pudesse ajudá-lo.

- Que maravilha de projeto, George! Parabéns – Falou Augustus. – Deus te abençoe! Tem tudo para dar certo. Só é uma pena, eu não possuir experiência, de modo que pudesse auxiliá-lo diretamente nesta tarefa.

- Entendo – Disse George.

- Mas como todo problema tem solução, conheço um amigo muito experiente nesse tipo de trabalho e acho posso tentar contato com ele. – Disse Augustus

- Verdade mesmo Augustus? Sabia que estava falando com o homem certo. – Falou George.

- Deixe-me ver uma coisa. – Disse Augustus – Não é tão tarde. Talvez possa ligar para ele agora, e te retornar em seguida.

- Façamos o seguinte – Disse George. – Estou todo suado. Vou tomar um banho e dentro de uma hora no máximo, te ligo, pode ser?

- Claro! Vá lá tomar seu banho, ficarei no aguardo e quem sabe com boas notícias. – Disse Augustus.

- Obrigado Augustus! Vou ficar torcendo.

George rapidamente abriu algumas correspondências e em seguida foi para um relaxante banho.

Ao sair, conforme combinado, ligou para a casa de Augustus.

Do outro lado, adivinhando que era George quem ligava, foi Dory quem o atendeu.

- Dory? Aqui é George, tudo bem contigo?

- Graças a Deus tudo bem! Olha Augustus pediu para atender a ligação e anotar que horas você chegará para o jantar.

Com uma gostosa gargalhada, George responde – Sua bobinha! Você sabe como sou fã de seus pratos e principalmente como adoro ficar aí com vocês. Agradeço imensamente, mas terá que ficar para outra oportunidade.

Também rindo bastante, Dory responde – Augustus disse sim que você não viria. Espere um só pouco que já estou passando o telefone para ele. Um beijo!

- Outro! – Disse George.

- Olá George! – Disse Augustus, ao pegar o telefone das mãos de Dory.

- Olá Augustus! E então, conseguiu?

- Rapaz, pior que não! – Respondeu Augustus – Você acredita que ele mudou para outro país?

- É mesmo? – Disse George, em tom de desaponto.

- Brincadeira! – Disse Augustus, gargalhando. – Queria te deixar preocupado. Mas falei com Pierre sim. E este disse que será um prazer, colaborar com seu projeto.

- Quer me matar do coração? – Brincou George – E como faremos? O que preciso fazer para encontrar-me com ele?

- Bom adiantei o tema de acordo com o que me falou e marquei um encontro aqui em casa amanhã, pode ser? – Perguntou Augustus.

- Mas claro que sim. – Disse George. – Que horário você marcou?

- Você é quem determina. – Falou Augustus – Já que é sábado, prefere almoçar ou jantar juntos amanhã?

- Pode ser à noite? – Perguntou George.

- Claro! – Respondeu Augustus. – Então amanhã jantaremos todos juntos. Te esperamos! Pierre trará sua esposa também.

- Que legal Augustus! Muito obrigado! – Disse George. - Te devo mais esta. Agradeço antecipadamente Pierre, a quem terei o prazer de cumprimentar pessoalmente amanhã.

- Não há de que! Até amanhã – Disse Augustus.

-Até! – Respondeu George.

Ao desligar, George em tom de alívio, pensava sobre como Augustus era tão importante para ele. Também indagava se um dia seria capaz de retribuir tanta presteza do amigo.

No sábado, George acordou bem cedo e como neste dia, costumeiramente não ia ao orfanato, aproveitou para atualizar algumas anotações, que faziam parte de seu novo projeto.

Ao cair da tarde, arrumou-se e logo no início da noite já estava a caminho da casa de Augustus. Antes, porém, passou por uma floricultura e adquiriu um belo buquê, qual seria entregue à Dory, sua anfitriã naquela noite.

Ao desembarcar em frente à casa de Augustus, era impossível não sentir o delicioso aroma que provinha da cozinha.

- Boa noite meus amigos! Gritou George, ao ver o nobre casal que o aguardava, próximo ao alpendre.

- Que satisfação! Vamos entrar! Disse Dory, convidando e abraçando-o.

- Isso aqui é especialmente para você! – Disse George, entregando o buquê à Dory. – Espero que Augustus não fique com ciúmes.

- Que lindas! – Exclamou Dory, surpresa e emocionada pelo gesto tão carinhoso. E com um gostoso sorriso, acrescentou – Se ele ficar, não vai adiantar nada, pois já são minhas!

- Se fosse de outro, ficaria com ciúmes. Mas de você jamais! – Completou Augustus, puxando o jovem amigo pelo braço e conduzindo-o para a residência.

- Nossa! Que aroma delicioso! Me aguçou a fome! O que preparas? Indagou George de forma elogiosa, ao adentrar a casa.

- Surpresa! Se gostou do aroma, espero que também goste do sabor. – Disse Dory com um sorriso.

- Você não perde por esperar! – Disse Augustus. – Pierre já deve estar chegando. Enquanto isso, preparei um aperitivo para nós.

Nem demorou muito, para ouvirem outro carro estacionando em frente à casa. De fato, eram Pierre e sua esposa Vitória, que chegavam. Vitória também trazia um buque para Dory, com flores não menos belas, do que as entregues por George.

- Nossa! Vocês vão me matar de emoção assim! – Disse Dory agradecida e encantada, à amiga.

- Estamos atrasados? – Indagou Pierre.

- Absolutamente que não! – Respondeu Dory.

- Vamos entrar! – Completou Augustus, dizendo – George acabou de chegar também.

Ao adentrarem à sala, George cumprimentou Pierre e Vitória com um leve sorriso. Ele notara se tratar de um simpático casal.

Pierre que era dois ou três anos mais velho que Augustus, embora parecesse um pouco mais, apresentava um semblante levemente sério, porém amistoso. Vitória, uma mulher de traços delicados e um corpo miúdo, também mostrava um sorriso largo e receptivo.

Enfim, após todas as formais apresentações, sentaram-se para saborear o delicioso jantar preparado por Dory. Além do maravilhoso antepasto e de uma linda e colorida salada, todos saborearam apetitosamente, como prato principal, um espetacular filé de robalo ao molho de camarões. Isso sem falar, dos deliciosos vinhos selecionados por Augustus e das saborosíssimas sobremesas.

Durante a refeição, que se alongou por mais de duas horas, todos procuraram conversar de assuntos diversos, principalmente os dois casais, que aproveitaram para colocar seus assuntos particulares em dia. Eram de fato, amigos por muitos anos. George, que por seu lado, era mais ouvinte, considerando ser a amizade mais nova naquele pequeno rol, não ficou tão fora assim daquela deliciosa conversa.

Percebendo que era o momento de abordarem o tema formal da reunião, entre os amigos George e Pierre, Augustus sugeriu que dirigissem até uma outra mesa ao lado, enquanto Dory e Vitória, permaneceriam finalizando a sobremesa e colocando muito mais assuntos em dia.

Augustus abriu a conversa. – Como lhe comentei Pierre, George é praticamente um filho, que devido às suas qualificações na época de universidade, fiz de tudo para que pudesse trazê-lo para cá. E aqui hoje, posso dizer com muito orgulho, que se tornou um fantástico treinador de basquetebol.

- Por minha vez, posso dizer que sem Augustus, hoje praticamente, seria nada. – Completou George.

- Não exagere, George! – Disse Augustus!

- Percebo existir uma forte ligação entre vocês! – Disse Pierre, com um sorriso.

- Então como lhe falei – Disse Augustus – George tem um projeto que…, bom acho melhor que ele te explique.

George, começou a falar sobre seu projeto. Falou brevemente sobre sua carreira, e começou a explicar para Pierre, como foi que chegou até o orfanato. Disse como surgiu aquele seu projeto das atividades de basquetebol, porém o que mais lhe desafiava, era a sua inexperiência com atletas cadeirantes.

- Entendo – Disse Pierre, que continuou – De fato já trabalhei com alguns paratletas, inclusive disputando torneios e até conquistando alguns. Você visa a disputa de torneios com eles?

- Jamais! – Respondeu George - Como disse, quero apenas proporcionar a eles, uma atividade complementar recreativa, diferente daquilo que o orfanato, por si só, já oferece.

- Então é fácil. Pode contar comigo George! – Falou Pierre.

- Poxa, obrigado Pierre! E obrigado mais uma vez a você também, Augustus.

- Não há de que – Disse Pierre – Quando pretende contar com meu apoio? De imediato?

Na verdade, o projeto foi aprovado nesta semana. Pelas minhas estimativas, dentro de dez dias ou no máximo quinze, creio que estarei com tudo organizado e assim contarei com sua colaboração.

- Ótimo! – Disse Pierre. – Pergunto apenas para que possa me organizar também. Apesar da aposentadoria, apresento palestras e presto algumas consultorias.

- Compreendo perfeitamente. – Falou George. – Farei de tudo para que nada prejudique sua agenda. Inclusive seus custos, faço questão de acertar.

- Custos? – Indagou Pierre. – Que custo, meu amigo? Faço questão de servir um projeto tão louvável.

- Tem certeza? – Questionou George.

- Certamente! – Disse Pierre – Receba isso como um presente meu para o orfanato.

Os olhos de George brilharam de emoção e agradecimento.

- Bom sendo assim, acho que estamos muito vem entendidos. – Disse Augustus, abraçando os dois amigos.

Após a reunião, os três voltaram a se juntar às duas esposas, onde assim permaneceram até o início da madrugada, quando Vitória e Pierre, anunciaram que precisavam partir.

Enquanto Augustus, após todos se despedirem, acompanhava o casal até o carro, Dory e George permaneceram ali no alpendre, observando os amigos que partiam. Foi quando Dory quebrou o silêncio – Você está simplesmente de parabéns, meu caro! Não é qualquer um que se dedica tanto, a um projeto tão audacioso assim e porque não dizer, maravilhoso também.

- Obrigado pela força Dory! Nem eu mesmo acredito se dará certo. Porém foi algo que surgiu repentinamente e eu o levei adiante.

- Vai dar certo, George! Acredite! Você é uma pessoa iluminada e só por isso, tem tudo para dar certo.

- Mais uma vez obrigado! – Disse George.

Nesse momento, Augustus retornou e dirigindo-se para onde estava George, colocou a mão sobre seus ombros e disse – Tinha certeza de que daria certo George, parabéns!

- Eu reitero meus agradecimentos Augustus. Estava aqui conversando com Dory, e nem eu mesmo acredito que as coisas estão fluindo.

- Tenho certeza de que tudo dará certo! – Falou Augustus. – E te digo mais meu amigo, Pierre não costuma entrar em projetos furados. Certamente viu em você, alguém altamente comprometido.

- Eu também fiquei muito seguro em lidar com ele. – Disse George – Não sei como agradecer vocês.

- Então não agradeça! – Disse Augustus, sorrindo.

- Vamos entrar! Estou ficando com frio! – Disse Dory.

- Poxa! Bem que gostaria muito, porém se não se importam, preciso ir também.

- Fique mais um pouco! – Insistiu Augustus.

- Obrigado mesmo! Mas já passam de duas horas da manhã! – Respondeu George.

- Ah, então tenha uma boa noite! – Falou Augustus.

- Uma boa noite para vocês também! E Dory, o jantar estava incrivelmente maravilhoso!

- Fico feliz por ter gostado. Que não faltem mais oportunidades! – Disse Dory.

Eles enfim se despedem e George segue para casa, muito satisfeito pelo positivo encontro. Sua noite realmente tinha sido ótima.

Ótimas Notícias

Na segunda-feira pela manhã, ao chegar ao orfanato, George foi procurar Madre Tonya e Irmã Agnes para lhes comunicar sobre o projeto que agora contaria com a assessoria de Pierre. A alegria de George era de fato notória, pois percebia que seu projeto tinha tudo para colher ótimos resultados.

Madre Tonya, não estava em sua sala, mas como esse tema estava centralizado com Agnes, George foi direto até ela.

- Olá, bom dia! – Disse ele, batendo em sua porta que se encontrava semiaberta.

- Oi, bom dia, George! Como foi o seu final de semana?

- Não poderia ser melhor! – Disse George.

- Que ótimo! Falou Agnes.

- E você, como passou? – Perguntou George.

- Bem também! – Respondeu Agnes em tom não tão alegre como respondera George. Era como se sua resposta fosse superficial, com palavras presas em sua voz.

- Que maravilha! Disse George. – Assim sendo, quero lhe dar uma ótima notícia.

- Verdade? O que é? – Perguntou Agnes, agora com um semblante um pouco mais alegre.

- Consegui um especialista em paratletas.

- Que bênção George! Verdade mesmo?

- Sim. Na realidade foi Augustus quem me ajudou nesta busca. Trata-se de um grande amigo dele. – Falou George.

- Poxa! Como Augustus tem contribuído! Você realmente encontrou um anjo em sua vida! – Disse Agnes.

- Concordo contigo irmã. Desde a minha vinda que foi a convite dele, sempre me tratou como um filho. Ele e Dory, na realidade.

- Dory deve ser sua esposa? – Perguntou Agnes.

- Sim. Uma mulher incrível também! – Disse George.

- E quem é essa pessoa que irá te apoiar? Indagou a freira.

- Seu nome é Pierre. Como lhe falei, além de grande amigo de Augustus, trata-se de um experiente treinador nessa categoria e modalidade. Pelo que pude conversar com ele, estaremos muito bem servidos. – Respondeu George.

- Que ótimo George! A cada dia, eu e madre percebemos o quanto ficamos cada vez mais "endividadas" contigo.

- Não diga isso irmã! Você sabe que....

- Digo sim! – Interrompeu Agnes – Temos experiência suficiente para afirmar que você é um dos maiores benfeitores do Orfanato São Francisco, em toda a sua história.

- Bom, então vou aceitar o que afirmam! – Disse ele, com um largo sorriso de gratidão.

- Acredite mesmo, professor! – Falou a irmã de forma muito agradecida.

- Bom, se me dá licença, deixe-me ir aos trabalhos. Daqui a pouco estarei com a equipe de engenharia, para os detalhes finais de nossa reforma. – Falou George.

- Vai sim George! E tenha um ótimo dia!

- Não vi Madre Tonya por aqui. – Disse George – Está tudo bem com ela?

- Sim. – Respondeu Agnes. - Hoje antes das 7h00, em plena segunda-feira, ela já estava se preparando para ir a uma reunião externa. Queria eu, ter a disposição dela!

- E eu, idem. – Completou George com um sorriso. E depois ele disse – Bom, já que vocês estão bem, com licença!

- Toda, George! Vá em paz!

- Obrigado!

George era uma pessoa sensível. Por isso, mesmo com o esforço de Agnes, em comportar-se alegre e descontraída diante dele, ele percebera em seus olhos, que algo a estava incomodando. Só torcia para que não fosse nada específico aos seus trabalhos e às suas ideias.

Enquanto ele se dirigia para a reunião com a engenharia, ia pensando consigo. Como deve ser difícil para essas pessoas envolvidas com a vida missionária, pois além dos assuntos pertinentes às suas atribuições, devem possuir paralelamente, seus próprios problemas pessoais. No caso específico de Madre Tonya e Irmã Agnes, que embora não tenham filhos, acabaram por adotar outros. Sem falar que por outro lado, também devem possuir pais, irmãos, tios, sobrinhos, etc. George concluiu que por essas razões, nem sempre estarão muito alegres. Talvez fosse isso, pensou George, ou seja, que algum problema familiar no final de semana, pudesse ter afetado as emoções de Agnes.

Por seu lado, Agnes também sentiu que George percebera sua instabilidade emocional, fruto da história relatada por Chris. Por isso que ela, fortemente resistiu, sendo fiel ao compromisso junto à Madre Tonya, de não misturar assuntos internos com outros.

Então, ela rapidamente folheou sua agenda, fez algumas anotações e partiu para os seus afazeres de rotina. Naquele dia, havia agendado cuidar do jardim.

Ao sair, notou que nas roseiras, muitas ali, plantadas por ela, rosas brancas floresciam e disputavam espaços com alguns arbustos, carentes de poda. De fato, pensou Agnes, teria muito serviço por ali naquele dia.

George conversou com a equipe de engenharia e projetos, deixando claro que não queria atrasos.

Todos ali reunidos, apresentavam o *status* de cada etapa e garantiram que em quinze dias, os trabalhos estariam finalizados. Isso também deu novos ânimos a George, pois assim sendo, ele poderia a partir de agora, voltar-se quase que exclusivamente aos planos do projeto esportivo.

Ao final do dia, George passou na sala de Agnes para dar a notícia sobre a data de finalização das obras. Ela que voltava do almoxarifado, onde fora guardar os ferramentais utilizados no jardim, ficou levemente surpresa ao vê-lo plantado em frente sua sala, aguardando-a.

- Olá George! Algum problema? – Indagou Agnes.

- Não. Absolutamente. Apenas passei para lhe dar mais uma boa notícia. – Disse George.

- Nossa! Hoje está sendo um grande dia! Você só está me trazendo boas notícias. Qual é a boa nova? – Perguntou Agnes.

- Então, como disse antes, passaria o dia todo reunido com a equipe técnica. E agora posso lhe afirmar com toda a certeza, de que em quinze dias teremos tudo liberado, já com todas as inspeções necessárias.

- Que bênção, George! Muito me apraz ouvir tal notícia! – Disse Agnes.

- Eu também estou muito feliz, irmã! – Falou George.

- Quero só ver a alegria de Madre Tonya! – Disse Agnes.

- Então vamos lá dar a notícia a ela. – Falou George.

- Que pena! – Disse Agnes. – Ela ainda não voltou. Deverá chegar somente após às 19h00.

- Bom, então ficará contigo a incumbência de dar a ela, a boa notícia. – Falou George.

- Será um prazer fazer isso, George.

- E agora, peço licença, pois tenho que ir. – Disse o professor.

- Ah, George! Me esqueci de lhe falar algo importante. – Disse Agnes.

George voltou-se rapidamente para Agnes. Sua expectativa era que ela fosse lhe abrir sobre algo que estivesse lhe incomodando desde o período da manhã. Poderia até parecer uma mera curiosidade de George, mas ele entendia que se ela dissesse o motivo de seu abatimento, mesmo que fosse algo difícil de se resolver, só o fato de compartilhar com alguém próximo, poderia lhe trazer algum alívio.

- Sim. O que é? – Perguntou George.

- Madre mandou avisá-lo que quando fossemos reinaugurar o orfanato, pós-reformas, algumas autoridades estariam presentes. – Disse Agnes.

- Autoridades? – Perguntou George.

- Sim. O prefeito, secretários, etc. – Falou a freira.

- Ok. Sem Problemas! Isso é normal mesmo, sei que eles vêm nessas horas. – Disse George.

- Então, para você não há qualquer objeção? – Perguntou Agnes.

- Jamais! Respondeu George, de forma natural.

- Então está bem! – Disse Agnes – Era esse o recado.

- Ótimo! Até amanhã, irmã!

- Até amanhã, George!

A quinzena passou rapidamente e enfim chegou o dia da inauguração. Embora Madre Tonya tivesse concordado com a solenidade, que contaria com a presença das autoridades e da imprensa, ela exigiu apenas que fosse algo simples. Na realidade ela sabia que precisava abrir essa "visibilidade" aos políticos, principalmente porque se não fizesse, poderia enfrentar dificuldades com alguma demanda futura, que dependesse dessas pessoas.

Muitas autoridades locais estiveram presentes naquela cerimônia que marcava a reinauguração do Orfanato São Francisco. A prefeitura ofereceu um coquetel especial, farto de salgados, doces e refrigerantes. Também houve a cobertura da imprensa local. Previamente orientados sobre o evento, os garotos estavam ali presentes também, mesmo que não se sentindo tão confortáveis com tanta gente amontoada. E exceto pela comilança ali disponível, que lhes permitia ao menos, de uma forma divertida, satisfazer seus apetites, esforçavam-se para não demonstrar qualquer aborrecimento com aquele evento de caráter político.

George, por sua vez, também combinou com as duas religiosas, que se tivessem que fazer alguma referência ao seu trabalho voluntário, dedicado ao orfanato, que o fizessem com muita discrição. Afinal, ser discreto, sempre foi algo evidente na personalidade de George.

Embora Madre Tonya e Irmã Agnes, na realidade, quisessem mesmo poder tornar público, tudo que George fizera para o orfanato, ao contrário de muitos que por ali estavam, elas de forma contida, seguiram o protocolo acertado com George e apenas citaram seu nome, junto com o de outros benfeitores da instituição. Evitaram inclusive, levar os visitantes, à área onde seria instalada a quadra de basquete, para fugirem explicações desnecessárias.

A cerimônia, seguiu por aproximadamente umas três horas, onde o prefeito e outros políticos, também aproveitaram a oportunidade para darem sua palavra ao público presente.

E assim, após tantos esforços, sob as bênçãos de Deus, estava reinaugurado e entregue oficialmente, o "novo" Orfanato São Francisco.

Surge Um Desafio Bem Maior

Passada a "ressaca" do dia inaugural, as coisas enfim, voltaram à normalidade no orfanato, exceto apenas, que já não havia por ali, o tão longevo canteiro de obras e melhor ainda, havia um lugar praticamente repleto de novos ambientes, bem mais confortáveis.

George pedira um dia de folga, para os preparativos inerentes à sua nova etapa ali na instituição. Certamente, a partir de agora, um novo momento, na trajetória da vida esportiva do professor, teria início.

Seriam grandes desafios num "terreno" desconhecido. Porém, nada que pudesse colocar dúvidas ou receios no jovem treinador. Mesmo porque este, com seu talento, arrojo e o apoio consultivo de Pierre, tinha tudo para seu projeto desse certo.

Após a programada folga, a semana estava efetivamente se iniciando em uma plena quinta-feira. Neste dia, houve apenas algumas formalidades, onde George apresentou Pierre à Madre Tonya e Irmã Agnes.

Depois, George, ainda acompanhando de ambas as freiras, levou Pierre para conhecer as dependências do orfanato. Ao final, foram se encontrar com o grupo, onde George expos sobre a importância de contarem com os conhecimentos e a experiência de Pierre no projeto.

Do seu lado, Pierre também, buscou apresentar-se de uma forma bem amistosa. Levemente, deixou transparecer sua metodologia de trabalho, falando de sua carreira e vivência de muito sucesso, trabalhando com paratletas.

Todos os garotos estiveram presentes e também tiveram a oportunidade não só de se apresentarem a Pierre, mas também falar de suas expectativas relacionadas às novas atividades.

Como já era esperado por Irmã Agnes, o único que embora tenha se entregue às formalidades do encontro, não demonstrou interesse ao projeto, foi Christian.

George também notou a indiferença estampada no rosto de Chris. Já Pierre, se notou algo, procurou ser discreto e proferiu algumas palavras de congratulação.

- Eu gostaria de primeiramente agradecer a todos vocês pelo interesse aqui demonstrado e dizer que podem contar comigo em tudo que eu puder acrescentar de bom a esse projeto. Parabenizo Madre Tonya e Irmã Agnes pela dedicação e esforços, quais pude constatar, que destinam à essa instituição. E por fim, agradecer a George por proporcionar-me a oportunidade, de acrescentar um pouco mais de experiência, a estre velho aqui que vos fala. Muito obrigado!

Irmã Agnes, tomou a palavra e também agradeceu aos dois eminentes filantropos, que ali estavam.

- Quero em nome de Madre Tonya e de todos do orfanato, externar nossa eterna gratidão por tantos esforços de George e agora, também de Pierre, trazendo algo tão nobre para incrementar as atividades de nossa instituição. Sabemos que isso irá proporcionar aos nossos internos, uma experiência muito especial.

George também aproveitou para externar sua satisfação, em ver algo idealizado por ele, caminhar para a realidade.

- Também não quero perder essa oportunidade de agradecer a madre e a irmã, pela confiança desde o início. Agradecer aos nossos jovens, por estarem dispostos a participar deste projeto. E a Pierre, por nos trazer sua contribuição e experiência. De fato, este é um dia muito feliz para mim, podem acreditar. Quero aproveitar o ensejo, para acrescentar que minha intenção, é de trabalharmos às segundas, quartas e sextas, em horário que definirei em conjunto com Irmã Agnes e esta os informará. Assim sendo, como amanhã é sexta-feira, já teremos nosso primeiro encontro.

Os garotos, em sua maioria, vibraram alegremente com a notícia, afinal, chegou o tão esperado dia, no qual poderiam contar com uma atividade diferente. Algo que embora exigisse de todos, uma dedicação muito diferenciada, valeria a pena.

Ficou acertado entre Irmã Agnes e George que as atividades esportivas, ocorreriam no período vespertino, mais precisamente entre 15h00 e 17h00.

Na sexta-feira, Pierre chegou um pouco antes de George e já foi logo se encarregando dos preparos. Separou materiais e verificou detalhes da quadra, que por sinal havia ficado simplesmente maravilhosa.

- Isso que é um profissional dedicado! - Gritou George, de longe, ao ver o colega tão envolvido com os preparativos.

- Olá George, como está? Realmente eu gosto de chegar um pouco antes, para organizar o ambiente.

Irmã Agnes também compareceu ao primeiro dia dos trabalhos, no sentido de apoio. Em seguida, os garotos foram se aproximando. Ale, o mais entusiasmado desde o início, foi o primeiro a chegar. Apenas Chris, como já esperava Irmã Agnes, não compareceu ao encontro.

Por isso, antes dos profissionais darem início aos seus trabalhos, Irmã Agnes antecipou-se e chamou os dois treinadores para um local a parte e lhes falou sobre a ausência de Chris.

- Me desculpem! Deveria ter abordado isso com vocês ontem. – Disse a freira, continuando – É que temos um garoto, seu nome é Christian, que me pediu para não ser inserido no programa. No intuito de não causar algum mal-estar ao ambiente, acabei concordando.

- Fez muito bem, irmã! – Disse Pierre, com toda tranquilidade.

- O senhor acha mesmo? – Perguntou Agnes.

- Acho não, tenho certeza! – Falou Pierre. - Posso afirmar por experiência própria, que não devemos forçar situações assim.

- Que bom! Pensei que dizer isso em cima da hora, pudesse atrapalhar os trabalhos. – Disse ela.

- Tenho uma sensibilidade razoável, irmã. – Falou Pierre. – Desde ontem, notei que o garoto estava demonstrando pouco interesse, e até aversão ao assunto. Mas vejo, independentemente disso, que temos um plantel suficiente para desenvolvermos o nosso trabalho, não é George?

– Com toda a certeza, Pierre! – Respondeu George.

- Que bom! Então deixarei vocês à vontade com eles. – Disse Irmã Agnes, e que pedindo licença, se retirou.

Após Agnes sair, George olhou para Pierre e sorrindo falou – Viu só onde fui te enfiar?

- Relaxa! Já estou bem vivido, e essas situações já não me surpreendem mais.

Então seguiram para o centro da quadra, onde os garotos se reuniram em círculo.

Pierre abriu a conversa. – Bom, como já fui apresentado oficialmente, quero apenas reforçar sobre minha missão aqui que é colaborar e auxiliá-los em detalhes técnicos de movimentação da cadeira, condução de bola, posicionamento, sem que percam o sentido de segurança. Se não se atentarem a isso, nosso trabalho não terá sucesso. Uma pergunta que faço é se alguém aqui, antes de se tornar cadeirante ou até mesmo depois, já praticou basquetebol?

Nenhum deles respondeu que sim. Apenas Martin, afirmou que já tinha assistido alguns jogos paraolímpicos pela TV.

- Muito bem! Isso não será problema. – Falou Pierre. – Digo, porém, que os primeiros dias, parecerão chatos, mas por outro lado, serão importantíssimos para os detalhes básicos.

- E tem mais amigos – Continuou Pierre. – Vamos deixar claro que ninguém aqui está se preparando par ser profissional ou atleta paraolímpico. O meu intuito, juntamente com George, é trazer uma opção de lazer a todos.

- Professor! – Gritou Fred.

- Sim. – Respondeu Pierre.

- E aquecimento, temos que fazer? – Perguntou Fred, em tom de piada.

Todos caíram na gargalhada.

- Ele quer aquecimento, George! – Gritou Pierre para o colega.

E assim, subitamente, Pierre agarrou a cadeira de Fred e saiu empurrando-a, em correria pela quadra.

Alguém gritou – Eu também quero!

George aderiu a brincadeira e saiu empurrando a cadeira do Ruivo, que era o mais próximo dele. Ao final de alguns minutos, em meio a tantas gargalhadas, todos ou quase, tiveram sua oportunidade de se "aquecer" ao estilo Pierre.

George e Pierre, ficaram exaustos. Por isso pararam por alguns instantes para secarem os rostos e também se reidratarem. Em seguida, começaram a trabalhar, teoricamente sobre as técnicas e também as regras adaptadas para a modalidade em questão.

Pierre comentou que aquelas cadeiras não eram apropriadas para competição, porém, como estavam ali aprendendo detalhes básicos e também não estavam se preparando para competições, ele disse que trabalhariam assim. E se um dia, com apoio de colaboradores, quem sabe, pudessem adquirir as cadeiras especificas.

Foram duas horas muito intensas de trabalho. Mais tarde, após liberarem os garotos, e lhes desejarem um ótimo final de semana, George e Pierre se aprontaram para ir embora.

George que ficou por último, ia deixando as dependências, quando notou ao longe, que Chris estava por ali, e talvez, tivesse acompanhado os treinos.

O professor dirigiu-se até onde Chris estava e perguntou - Boa tarde Chris, por que não quis participar das atividades?

- Simplesmente porque essas coisas não me atraem! – Respondeu Chris, com o semblante fechado.

Tentando manter a conversa, George conteve-se diante daquela ríspida resposta. – Entendi, fique tranquilo! Ninguém irá incomodá-lo por isso.

- Será que não mesmo? – Perguntou Chris, em tom de provocação.

- Entendo que não. Quem iria te incomodar? – Perguntou George.

- Todo mundo! – Respondeu Chris.

- Como assim, todo mundo? – Quis entender George.

- O senhor deveria saber melhor do que eu, professor! – Disse Chris.

- Não. Não sei. Não sou adivinho! E por que eu deveria saber?

- Por que o senhor também é negro! – Disse o entristecido garoto, virando as costas para George, e deixando o local.

George sentiu vontade de segui-lo, mas lembrou-se das palavras de Pierre.

Isso, porém, o incomodou, de modo que antes de sair, foi a procura de Irmã Agnes. Quem sabe ela soubesse de algo a respeito de Chris e compartilhasse com ele, de modo que pudessem apoiá-lo.

Agnes já estava por fechar sua sala, quando George chegou bateu levemente à sua porta.

- Olá irmã, ainda pode me atender ou já encerrou o expediente? – Perguntou ele.

- Oi George, ainda por aqui? Entre por gentileza! – Disse a freira, educadamente.

- Me desculpe por chegar essa hora irmã! É que acabou de surgir um tema preocupante, que eu não queria deixar para segunda-feira. – Falou o professor.

- Absolutamente! O que houve? – Perguntou Agnes, meio preocupada.

- Encontrei-me há pouco com Chris, e... – George faz uma pausa.

- E....? Questionou Agnes.

- Acontece que ao vê-lo próximo de onde estávamos treinando, logo após que encerramos os trabalhos, fui até ele, e de modo gentil, perguntei o porquê de não querer participar das atividades recreativas. – Disse George.

- Por acaso ele te desrespeitou, professor? – Perguntou Agnes.

- Não, de forma alguma. – Disse George. – Mas ele agiu de uma maneira estranha, como se quisesse fugir do assunto, ou esconder algo que lhe incomodava.

- Entendo professor. – Disse Agnes – Como lhe disse, realmente teremos que considerá-lo fora das atividades. É uma pena, mas temos.

- Até aí, tudo bem! Só que o que mais me preocupou, foi que ele se manifestou como se estivesse sofrendo com atitudes racistas.

O rosto de Agnes, de pele tão clara, mais pálido ficou.

- Como assim? Aqui dentro? Ele citou alguém? – Perguntou a freira, espantada.

- Não! Na realidade fugiu de mim e disse que eu deveria entender ou saber mais sobre ele, justamente por eu ser negro também. Isso me deixou em dúvidas e por isso achei que deveria compartilhar contigo. – Disse George.

- Fez bem! Muito bem! – Falou Agnes, que completou – Isso me deixa preocupada também. Nunca admitimos ou incentivamos comportamentos assim. Inclusive, Chris não é o único negro dentre os internos. A própria Madre Tonya é negra também.

- De qualquer forma, como lhe disse, ele não citou ninguém. – Falou George.

- Mas eu quero investigar isso a fundo. – Disse Agnes.

- Irmã, precisamos agir com cautela. – Falou George.

- Não me diga como agir professor! Sei muito como lidar com todos por aqui. - Disse Agnes, muito alterada.

George ficou espantado e emudecido. Era provavelmente a primeira vez que via Agnes se exaltar.

- Desculpe-me professor! Não quis ofendê-lo. Mas isso deixou-me atordoada. Prometo investigar se há algum problema desse tipo aqui em nosso orfanato. Sem que Chris saiba, é claro.

- Obrigado irmã! E desculpe por trazer-lhe um problema desses às vésperas de seu final de semana. Num dia que inclusive, tinha tudo para ser maravilhoso. – Disse George.

- E foi, professor. Pode acreditar! Apenas acho que é diante de momentos assim, que Deus nos dá forças para enfrentá-los. E é com essa fé divina, que conseguiremos superar a situação. – Disse Agnes.

Muito obrigado mais uma vez, Irmã!

- Não há de que, George. Tenha um ótimo final de semana!

- Igualmente, irmã!

Após George deixar a sala, irmã fixou o olhar pensativa, como se tentasse encontrar um modo mais adequado para agir.

Do outro lado, George, enquanto voltava para casa, a todo momento vinha à sua mente, a conversa com Chris.

De qualquer forma, o que lhe ajudou muito, foi que nesse final de semana, ele programara visitar seus pais. E mesmo que por apenas dois dias, foi suficiente para saborear os deliciosos pratos de Rosy. E por que não dizer, ganhar um pouco de colo também.

Na segunda-feira pela manhã, portanto, antes da chegada de George para os treinos, Irmã Agnes, que não tivera um final de semana tranquilo, convocou todos os rapazes para uma conversa, exceto Chris, evidentemente. Como ela disse aos garotos que o assunto seria sobre as atividades de basquete, isso não despertou qualquer desconfiança por parte de Chris.

Quando todos chegaram ao local e reuniram-se no centro da quadra, Agnes foi logo abrindo a conversa, não sem antes, questioná-los sobre a nova experiência de atividade esportiva.

O retorno positivo foi unânime. Todos revelaram estar satisfeitos e confiantes com o programa. Inclusive, não economizando elogios a George e principalmente Pierre, que chegou e se encaixou tão bem ao grupo.

Agradecida pela devolutiva, Irmã Agnes mudou o tom na sequência, quando entrou no assunto que de fato, era o principal motivo daquele encontro.

- Que bom que todos estão satisfeitos com as atividades de basquetebol. – Disse Agnes. – Mas meu intuito aqui, é tocar em assunto não menos relevante, porém que me magoou muito.

Todos ficaram estarrecidos ao ouvir aquilo. Pensavam no que de fato, teria deixado a tão meiga freira, deveras magoada.

- Chegou aos meus conhecimentos a possibilidade de estar acontecendo algo muito grave aqui dentro. – Disse ela.

À medida que Agnes falava, todos ficavam cada vez mais espantados.

- Para ser mais direta, soube da possibilidade de existir alguém com atitudes racistas em nosso orfanato.

Ao ouvirem aquilo, além do espanto, iniciou-se uma leve discussão entre os garotos, como se estivessem se questionado, entre si.

- Silêncio! – Gritou Agnes.

- Quem foi que reclamou disso para a senhora, irmã? – Perguntou o Ruivo.

- Isso é assunto interno, Martin – Respondeu Agnes.

- Eu até já sei quem foi que reclamou! Só pode ter sido Chris. Só pode! – Disse Fred.

- Cale-se Fred! Eu não lhe dei a palavra e nem o direito de agir com essas especulações.

- Quem mais seria, irmã? – Continuou Fred, que acrescentou – Ele é o único que sempre quer atrapalhar tudo.

Irmã Agnes, novamente exigiu silêncio e depois disse – Como eu estava falando, até agora, é somente uma possibilidade de estar acontecendo. Mas como não tenho costume de caçar culpados, preferi reunir todos aqui e passar o recado, pois considero o tema muito sério. E faço isso com endosso de Madre Tonya. Nós não compactuamos, não incentivamos, e acima de tudo, repudiamos, atos de racismo, intolerância e de violência. Isso inclusive, é crime em nosso país. Também quero pedir que não andem por aí como investigadores. Somente deixo cada um à vontade, para que por qualquer motivo que tenham, contra nossa forma de conduzir o orfanato, que me procurem em particular, ou até mesmo, falem diretamente com madre. Nós não mediremos esforços para auxiliar a quem quer que seja, para se transferir para outra instituição, caso eventualmente, alguém entenda que essa outra, seja melhor que do que a nossa. Para encerrar, daqui a pouco no período da tarde, haverá treino normalmente, onde os informo que nenhum dos professores, sabem desta reunião. Portanto, não os incomode com esse assunto. Isso estará centralizado comigo e Madre Tonya. Entendido?

- Entendido!! – Todos responderam.

Ao se serem dispensados, todos se afastam, discutindo, embora de forma harmoniosa, mas muito preocupados.

Ao chegar um pouco mais cedo para os treinamentos, George passou pela sala de Irmã Agnes. Ele queria além de cumprimenta-la, saber sobre o final de semana. Afinal, a conversa de sexta-feira, não fora nada agradável.

- Olá Irmã! Como passou!

- Oi George, boa tarde! Já está por aqui?

- Sim. Queria vê-la antes de ir para os treinos. Andei preocupado com o que conversamos na sexta-feira e por isso passei por aqui. – Disse George.

Irmã contou que analisou a situação junto com Madre Tonya. Também comentou sobre a reunião com os garotos naquela manhã. Enfim, deixou George bem ao par das ações tomadas até ali.

- Que bom, irmã! Conte comigo no que precisar também – Disse ele.

- Obrigada, professor!

- Se me dá licença, estou indo para a quadra. Pierre já deve estar chegando. – Disse George.

- Professor! Só mais um detalhe, por gentileza – Pediu Agnes

- Sim.

- Gostaria que esse assunto ficasse entre nós. Sei que Pierre é uma pessoa confiável, porém não queira incomodá-lo com isso.

- Pode deixar irmã. Evitarei que ele seja envolvido por esse tema.

Então George deixa a sala de Agnes e vai encontrar-se com Pierre na quadra. Os garotos também já estavam por ali.

O treino foi muito bom. Aos poucos, notava-se o empenho dos garotos, na assimilação das técnicas passadas por Pierre e George.

No final do treino, George evitou passar na sala de Irmã Agnes. Ele pensou que já havia a incomodado demasiadamente nos últimos dias. Desta forma, acabou indo embora com Pierre.

Quando tudo se acalmou, Agnes fazia uma ronda rotineira pelas dependências do orfanato, quando repentinamente avistou Chris passeando por ali. Rapidamente ela se aproximou e puxou conversa.

- Olá Chris! Está sumido, meu amigo! – Disse ela.

- Sumido por que? Nunca saí deste orfanato! – Respondeu o jovem, secamente.

- Ah, garoto! Não tem sendo de humor, não? É só um modo de falar. Estou muito triste com você, sabia? – Disse Agnes

- Por que? – Perguntou Chris.

- Ora, é que gostaria muito de vê-lo se divertindo com os demais.

- Divertir? Me poupem! – Disse o rapaz, com o semblante ainda fechado.

- Nossa! Mas que chatice, menino! Levanta essa cabeça! – Disse a freira, tentando animar Chris.

- Falar é fácil! – Disse ele.

Vendo que ele estava muito resistente, Agnes perguntou – O que está havendo, menino? Tem algo que queira me contar?

- Como assim? Perguntou Chris.

- Sei lá! Algo que talvez tenha acontecido e não quer se abrir com outras pessoas. Eu estou aqui para isso também. Pode se abrir comigo!

Chris olha um pouco pensativo, e depois responde – Está tudo bem comigo, irmã!

- Entendi. – Disse Agnes. - Mas se precisar, estarei por perto. Ou se preferir, pode procurar por Madre Tonya também, está ok?

Chris, ainda triste, apenas balançou a cabeça calmamente, como se dissesse "sim". Depois, virou sua cadeira e dirigiu-se para os seus aposentos, observado por Agnes.

Quando Chris chegou ao seu dormitório, encontrou Manuel (Manu), que era seu companheiro de quarto.

- E aí Chris, tudo bem?

- Tudo bem, Manu!

- Se eu fosse você, eu aderiria aos treinos cara! Está sendo muito bom! – Disse Manu

- Eu não quero, Manu! Já te disse isso!

- Você está perdendo! – Insistiu Manu. - Eu acho que deveria....

- Já te disse que não quero! – Disse Chris, em voz alta, interrompendo o amigo.

- Ok! Não está aqui quem falou! – Respondeu Manuel, de forma pacífica, pois já conhecia muito bem Chris, principalmente, quando este ficava irritado.

Depois, eles permaneceram em silêncio por um longo tempo, até que a noite chegou para descansarem.

E assim, os dias foram se passando e ao longo do tempo, tanto Irmã Agnes como George, não encontraram motivos para suspeitar de qualquer garoto que pudesse ter ofendido Chris. Começaram inclusive, a pensar que o problema dele, poderia ser outro.

Uma Nova Surpresa

Mais de duas semanas havia se passado, com os treinamentos a todo vapor. As coisas tinham evoluído de tal forma, que até as cadeiras específicas para a prática de basquetebol, o orfanato tinha conseguido obter. Num dia desses após o treino, George foi surpreendido ao ser abordado por Chris.

- Professor!

- Sim. – Respondeu George, um pouco espantado, pois não esperava encontrar Chris por ali. – Posso te ajudar em alguma coisa, Chris?

- Queria perguntar algo, se não o incomodar. – Disse Chris.

- Claro que não incomoda. O que é?

- Eu queria saber, do que preciso para começar a treinar.

Isso pegou George desconsertado. Por mais que há alguns dias, alimentasse o sonho de poder contar com todos os garotos no projeto, naquele momento, ele já estava praticamente convencido, de que Chris jamais estaria entre eles. Mas mesmo assim, ele buscou parecer seguro com a surpreendente abordagem.

- Poxa Chris! Fico feliz! Pelo que estou entendendo, você quer se juntar a nós, correto?

- É isso mesmo! – Disse Chris.

- Bom, embora estejamos trabalhando há mais de duas semanas, creio que com empenho, não será difícil sua adaptação às regras e à cadeira especial. – Disse George.

- Algumas vezes tenho assistido vocês. Por isso creio que alguma coisa, já assimilei mesmo sem treinar. - Falou Chris

- Lógico! Isso é bom mesmo! Basta juntar sua pré-disposição, com as orientações de Pierre e as minhas, que tem tudo para dar certo.

- E quanto a Pierre, ele não irá ficar contrariado? – Perguntou Chris.

- Jamais! Pierre é muito experiente e sabe lidar com situações assim. Creio que vai depender muito mais de você. E quanto aos seus colegas, também não deverá ter problemas. – Disse George

- Tomara! – Falou Chris.

- Pode ficar tranquilo! Façamos o seguinte: Nosso próximo treino será depois de amanhã. Você pensa melhor, enquanto eu, falarei com Pierre e irmã, sobre seu intuito. Antes do próximo treino, chegarei meia hora antes. Se de fato mantiver seu desejo, seguiremos junto até a quadra. Agora se não mudar de ideia, fica tudo como está, ok? – Disse George.

- Combinado! – Respondeu Chris, meio cabisbaixo, e talvez, um pouco inseguro sobre seu pedido.

Ambos se despediram e enquanto Chris seguia vagarosamente pelo corredor adentro, George tentava conter-se. Internamente, torcia muito para que desse certo a integração de Chris.

De qualquer forma, George não podia ir embora, sem antes falar com Irmã Agnes. Foi o que ele fez e saiu em direção à sala da freira.

Chegando lá, a porta estava fechada. Bateu duas vezes e aguardou. Como ninguém respondera, foi abrindo levemente a fechadura. Ao abrir totalmente a porta, viu que Irmã Agnes não se encontrava. Aguardou por alguns instantes para ver se ela chegava. Como não houve sucesso, dirigiu-se para a saída, pensando que somente no outro dia, ou talvez mais tarde por telefone, pudesse falar com irmã.

Porém, quando já se aproximava da porta de saída, uma suave voz foi ouvida a alguns metros atrás dele.

- Até amanhã, George! – Era irmã Agnes, que ao vê-lo saindo, lhe cumprimentava.

- Irmã! – Exclamou George, com um leve sorriso e também surpreso. – Pensei que não estivesse por aqui, pois passei em sua sala há pouco.

- Me desculpe! Estava em reunião com madre. – Disse Agnes, que completou – Algum problema?

- Pelo contrário! – Respondeu George, com um sorriso e disse – Se tiver uns minutos, posso te explicar.

- Claro, vamos até minha sala – Disse Agnes.

Ao chegarem à sala de Agnes, esta pediu para que George se sentasse.

- E então, o que há de novidade? – Perguntou a freira.

- Você nem imagina! – Disse George, que continuou – Chris abordou-me há pouco e acredite! Pediu-me para integrar-se ao grupo de basquete.

- Como? Ele agora quer treinar também? – Perguntou Agnes, com um semblante que misturava espanto e sorriso.

- Sim. - Respondeu George – Ele me pediu exatamente isso. Nem eu mesmo estou acreditando, irmã.

Agnes mordera os lábios, contendo a emoção, elevou as mãos em sinal de graças e depois, olhando para George, falou – Realmente a notícia é maravilhosa, George. Isso já está definido, ou ele apenas te consultou aleatoriamente?

- Posso afirmar que sim irmã. Eu disse a ele que conversaria contigo e com Pierre, primeiro, mas que certamente concordariam.

- Mas é claro que concordo! – Disse ela, ainda um pouco trêmula, pela agradável surpresa.

- Assim que conversar com Pierre, voltarei a falar com Chris, para confirmar sua intenção. Inclusive, fiquei de chegar meia hora mais cedo na sexta-feira, justamente para falarmos disso. Quanto aos demais garotos, podemos informá-los assim que estiver tudo certo. Creio que aceitarão de forma tranquila. – Disse George.

- Mas é certo que os colegas o aceitarão! Ai daquele que for contra! – Disse Agnes, em tom de brincadeira.

Como era bom para George, ver a irmã sorrindo de novo. Ultimamente ela vinha se demonstrando muito abatida.

- Bom irmã, era essa a notícia. E eu não queria ir embora sem antes dá-la a você. – Disse George.

- E fez muito bem! – Disse Agnes, sorrindo. – Acho que minhas orações deram certo!

- Suas orações sempre darão certo irmã! – Falou George, olhando para a freira com um olhar muito gentil.

Ela soltou uma leve gargalhada e disse – Concordo!

- Até Sexta! – Disse George e saiu.

- Até professor! Respondeu ela, antes dele deixar a sala.

Após George sair, Agnes não se conteve e sorria sozinha. Era como se fosse a única forma que encontrara para agradecer tal bênção.

Quando chegou em casa, tendo em vista que não era tão tarde, George resolveu ligar para Pierre.

Do outro lado, o amigo, sempre cordial, mostrou-se surpreso com a ligação, inclusive de modo preocupado, questionou George se havia algum problema?

George o acalmou e em seguida, explicou o motivo daquele inesperado contato.

Pierre ficou muito satisfeito com a notícia que George lhe deu sobre a intenção de Chris, e disse – Confesso que nesses dias, eu também não me sentia confortável em trabalhar com "menos um".

- Eu tinha certeza de que ficaria feliz com a novidade, Pierre. Minha única dúvida, está relacionada à adaptação dele. Será que conseguirá acompanhar os demais?

- Isso é tarefa minha! – Disse Pierre, sorrindo e acrescentou – Pode acreditar que em três treinos, ele estará melhor que o seu "melhor" jogador!

Agora foi George que soltou uma deliciosa gargalhada.

- Obrigado Pierre! Realmente entendo porque é tão competente.

- Não há de que agradecer-me, George.

- Uma boa noite para você e até sexta-feira, Pierre!

- Até sexta amigo! Boa noite! – Respondeu Pierre.

A manhã de sexta-feira chegou maravilhosa. Um sol brilhante, parecia cumprimentar George e anunciar que as coisas seriam ótimas naquele dia.

Como ficara combinado, George chegou meia hora antes do treino e foi ao encontro de Chris. No fundo, ele torcia muito para que a decisão deste fosse afirmativa.

A alguns metros antes da quadra, Chris aguardava por George.

Quando George se aproximou, procurou cumprimentar Chris de forma cordial, e este, embora um pouco acanhado, mostrou-se muito atencioso.

- Boa tarde, Chris! Passou bem?

- Sim! Respondeu Chris, de forma levemente seca.

Antes que George continuasse a conversa, Chris perguntou prontamente – Falou com Pierre?

- Sim, claro. – Disse George. – Falei com ele e com Irmã Agnes. Ambos estão muito felizes com sua iniciativa.

- Que bom! – Disse Chris.

- E você, pensou? Está mesmo decidido em participar? – Perguntou o professor.

Chris balançou a cabeça positivamente e olhando por baixo da aba de seu boné, que o permitia evitar um contato direto com o olhar de George. Isso inclusive, fez George observar esse pequeno detalhe, de que Chris, sempre ou quase sempre, estava com um boné na cabeça.

- Então, para que esse ar de tristeza, meu jovem? – Perguntou George, estendendo a palma da mão para Chris e dizendo – Levante a cabeça e toque aqui!

George tentava de modo muito alegre, animar o jovem.

Chris aos poucos, soltou um sorriso de alivio e estendeu a mão para cumprimentar George.

George ao apertar a mão de Chris com firmeza, como sempre fazia com qualquer um que cumprimentasse, percebeu que a mesma estava trêmula e suada.

- Chris, olhe para mim! – Disse George, e acrescentou – Quero que desse momento em diante, sinta-se seguro, como se já estivesse treinando com seus colegas, há tempo. Daqui a pouco, reunirei o grupo no centro da quadra e anunciarei sua decisão. Depois pedirei à Irmã Agnes que o conduza até nós. Mas reitero, seja firme e muito confiante! Tudo isso irá contribuir para sua integração.

- Está ok, professor! Obrigado! – Disse o jovem.

- Não há de que! – Respondeu George e dirigiu-se para a quadra.

Chris permaneceu ali por alguns instantes, até que Irmã Agnes, aproximou-se dele e já conhecedora de sua decisão, chegou muito feliz até sua presença.

- Olá Chris! – Disse Agnes. – Estou muito orgulhosa por sua coragem! Pode acreditar, isso me deixou demasiadamente feliz.

- Obrigado irmã! Só que ainda tenho minhas dúvidas se conseguirei me adaptar. – Disse Chris.

- Vai sim! Acredite! Os professores são ótimos, os colegas te conhecem bem. E eu, além de madre, lhe daremos o maior apoio.

- Justamente por eles me conhecerem, é o que me assusta, irmã. – Disse Chris.

- Confiança, Chris! Tudo vai dar certo! Acredite! – Falou a entusiasta feira.

Enquanto Agnes e Chris permaneciam ali conversando, George reunia-se com o Pierre e o grupo, para dar a notícia sobre a decisão de Chris.

Ao receberem a notícia, as reações foram distintas. Martin foi o primeiro a manifestar-se, como satisfeito. Mas nem todos os garotos, sentiram-se confiantes.

- Por que só agora ele decidiu? – Gritou Fred.

- Verdade! Sempre foi contra e agora que percebeu que o negócio é bom, quer participar! – Disse Yan.

- Se eu fosse o senhor, não deixava, professor! – Acrescentou Fred.

- Hei, hei, hei! – Gritou George, tentando restabelecer a ordem e continuou – Minha intenção, quando tive a ideia de instituir este programa, foi a integração de todos, indistintamente. Creio que a intenção de Pierre, é a mesma.

- Apoiado! – Confirmou Pierre.

- Por isso, - Continuou George – Confesso que no fundo, sempre esperei que Chris, em algum momento, pudesse voltar atrás e tomar essa decisão, a qual, acho importantíssima. Mas o que vejo aqui, entristece-me, pois parece que os próprios amigos dele, são contra.

- Não é questão de ser contra. É que o cara está se achando uma estrela da NBA! – Disse Yan.

- Claro que não, China! – Respondeu George, com muita ênfase.

- Na realidade, esta reunião aqui é para confirmar a integração dele. Não é para pedir autorização para os senhores. – Disse George de forma soberana.

Um breve silêncio, pairou sobre o ambiente. Em seguida, George falou – Vou lá buscá-lo. E quero que todos o recebam com muito carinho e respeito.

- Deixe que eu vou lá busca-lo. – Disse Pierre.

- Obrigado amigo! Ele está ali próximo ao jardim com Irmã Agnes. – Disse George.

Todos mantiveram o silêncio, principalmente, quando Chris aproximava-se, acompanhado de Irmã Agnes e Pierre.

Quando ele de fato chegou ao local, onde o grupo se reunia, George tomou a palavra. – Seja bem-vindo Chris! Reafirmo minha satisfação em tê-lo conosco. Conversei com seus amigos e estes também demonstraram alegria por sua decisão.

- Parabéns! – Gritou Martin.

- Estamos felizes por você! – Disse Alê.

- Eu também estou feliz por você Chris! – Falou o seu colega de quarto, Manu.

- Bom uma vez "reapresentado" ao grupo, vamos nos organizar de modo que Chris, possa integrar-se o mais rápido. Inclusive, eu tenho uma sugestão – Disse Pierre.

- Qual? – Perguntou George.

- Proponho nesses dois ou três primeiros dias, que eu me dedique exclusivamente a Chris. Favorecendo sua adaptação à cadeira, às movimentações e outros detalhes mais específicos das regras. Enquanto você George, assumiria o restante do grupo.

- Está combinado! – Disse George, que em seguida, perguntou – Irmã, gostaria de acrescentar algo?

- Não quero tomar o tempo de vocês, apenas registrar minha felicidade pela integração geral do grupo e desejar-lhes um ótimo treino! – Disse Agnes de forma rápida.

- Obrigado irmã! – Disse George, agradecido.

Após Agnes deixar o recinto, George assumiu o grupo com as atividades rotineiras, enquanto Pierre, passava as primeiras instruções a Chris. Também mostrava ao novo integrante, como deveria adaptar-se à cadeira e a seus movimentos específicos.

A tarde foi muito proveitosa para todos. Ao encerrar as atividades, George pediu para falar com Chris em particular. Ele queria certificar-se de que as expectativas deste, tivessem sido atendidas.

- E então Chris, como se sentiu? – Perguntou George.

- Foi bom! Gostei! – Respondeu Chris. – Não vejo a hora de poder treinar com todos.

- Com certeza! Mas nesse primeiro momento, aproveite para retirar o máximo de conhecimento técnico com Pierre. Isso o fará angariar condições para integrar-se rapidamente com seus colegas.

- Pode deixar, irei me esforçar! – Disse Chris.

Após conversarem, George aprontou-se para seguir para casa. Pierre já tinha saído também. Mas antes que deixasse as dependências do orfanato, ele foi interceptado por Irmã Agnes e Madre Tonya, que o aguardavam.

- Olá Professor George, queria muito cumprimenta-lo e agradecer por mais uma "conquista", se é que posso entender assim. – Disse Madre Tonya, que acrescentou – Irmã Agnes me falou sobre Chris. Isso me deixou muito feliz por ele e por todo o grupo.

- Obrigado madre! – Disse George. – Acredite! Estou indo para casa, mil vezes mais leve.

- Que bom George! Vou acompanha-lo até o estacionamento. – Disse Agnes.

- E eu, voltar aos meus afazeres, tenha um ótimo final de semana! – Desejou Madre Tonya.

- A senhora também, madre! – Respondeu George.

Enquanto se dirigiam até o estacionamento, Irmã Agnes perguntou como fora a integração de Chris, para saber se de fato, tudo correra bem.

- Posso afirmar que tudo caminha para o sucesso, irmã. – Falou George.

- Que ótimo ouvir isso! Se precisarem, contem comigo também. – Disse a irmã.

- Claro! – Falou George

- Então, um excelente final de semana professor!

- Igualmente irmã! Até segunda-feira!

Aquele foi um dos dias dos quais George voltou mais aliviado para casa. A música que tocava no aparelho de seu carro, o distraía e o confortava muito.

Para irmã Agnes, não foi muito diferente. Afinal, há alguns meses, ela e madre, quebravam a cabeça no intuito de encontrarem meios de subsistência para o orfanato. E hoje, além de toda a restauração almejada, contavam também com algo até inusitado, que era aquela atividade recreativa para os seus garotos. Mas tudo isso, certamente não seria possível se não fosse o abençoado surgimento de George em suas vidas.

Um Detalhe Interessante

Na segunda-feira, antes dos treinos se iniciarem, sendo Pierre com Chris, e George com os demais, Pierre resolveu abordar Chris sobre o uso constante de seu boné. – Chris, se não se incomodar, gostaria de sugerir-lhe algo.

- Sim, claro professor, o que é? – Falou Chris.

- Não que isso possa me incomodar, mas como orientação, existe um detalhe que quero comentar contigo. Quando for iniciar as atividades em grupo, esse seu boné poderá lhe atrapalhar. Assim, minha sugestão é que você venha para os treinos sem ele.

Ao ouvir aquilo, o semblante de Chris entristeceu-se de repente, como algo o ferisse.

- Mas o senhor acha mesmo que isso irá me atrapalhar? – Perguntou Chris.

- Com certeza pode interferir no seu campo visual. Mas também, por outro lado, se a ausência do mesmo, lhe causar algum incomodo, sugiro que ao menos vire a aba para trás e quem sabe com isso, não interfira.

- Ok. Então farei isso. Inclusive a partir de agora. – Disse Chris.

E assim, ele o fez. Segurando tremula e vagarosamente seu boné, Chris o virou, deixando a aba para trás.

Por alguns instantes, Pierre notou uma leve inquietação em Chris, com algo que para o treinador, era um mero detalhe, mas para o jovem, não parecia ser.

Em seguida, Pierre retornou as orientações técnicas para o seu aprendiz. O curioso, foi que Pierre, de imediato percebera que somente pelo fato Chris ter aberto seu campo visual, sua movimentação e seus reflexos, melhoraram muito.

Ao término dos treinos, Pierre evitou comentar sobre o fato observado, porém elogiou muito a evolução de Chris, afinal era apenas o segundo dia de orientações, apesar de terem sido treinos de forma individual, o que dava uma vantagem a Chris sobre os demais, que tiveram orientações coletivamente.

- Você está de parabéns, meu jovem! – Disse Pierre.

- Obrigado! – Disse Chris. – O senhor acha que eu demorarei muito para me integrar ao grupo?

- Pelo contrário. Se continuar assim, após os treinos de quarta e de sexta-feira, possivelmente te liberarei para que a partir de segunda-feira, George possa integrá-lo aos demais.

Ao ouvir isso, o rosto de Chris, apresentou um leve sorriso.

Depois que todos os garotos foram liberados, George e Pierre sentaram-se ao lado da quadra para uma breve conversa.

- E o que me diz de Chris? – Perguntou George.

- Estou muito surpreso com sua evolução. – Respondeu Pierre.

- Não diga! Que ótimo, Pierre!

- De fato! Tanto é que há pouco conversei com ele, que se permanecer nesta evolução, na próxima semana estará liberado para juntar-se ao grupo. – Falou Pierre.

- Que ótimo! Não vejo a hora! – Disse George.

- Eu também. – Disse Pierre, acrescentando - A propósito, falando em ver, notei algo que me chamou a atenção e que gostaria de conversar contigo um pouco, pois quem sabe, possa saber alguma coisa a respeito.

Pierre tocou na questão do boné de Chris. Falou que ao sugerir sua não utilização, isso provocara um incomodo no rapaz. Por outro lado, comentou sobre a evolução de movimentos e reflexos, após o simples reposicionamento da referida peça, com a aba para trás.

- Para ser franco Pierre, eu sempre notei esse detalhe em Chris. Todas as vezes que o vi, sempre foi com o boné na cabeça. Claro que nem sempre foi o mesmo, mas somente de boné.

- Não queria que me levasse a mal George, perguntei apenas por curiosidade mesmo.

- Entendi Pierre. Se quiser, posso perguntar à Irmã Agnes se ela sabe algo a respeito.

- Não. Não há necessidade. – Disse Pierre.

- E por que não? – Perguntou George. – É bom termos o máximo de informação sobre os garotos. E seja lá o que for, ficará entre nós.

- Está bem, confio em você George. Até porque o garoto está evoluindo e eu não quero atrapalhá-lo.

- Fique tranquilo amigo! – Disse George.

Após Pierre sair, George foi ao encontro de Irma Agnes.

Chegando lá, comentou com a irmã, a respeito do fato relatado por Pierre. Queria saber se ela sabia algo a respeito desse hábito do garoto.

- Bom George, você sabe que trabalhamos com garotos especiais e cada um tem sua história. Assim como nós, temos as nossas.

- Entendo, irmã.

- Assim, existem detalhes particulares de cada um deles, cuja obrigação nossa é manter sigilo, de modo que....

- Desculpe-me irmã, eu não quis ser inconveniente ou indelicado contigo. – Disse George, interrompendo-a.

- Não. Não está sendo indelicado. Mas sendo sincera contigo, desconheço qualquer problema que possa estar relacionado a isso. Porém, se eu descobrir....

- Não! Por gentileza, irmã! – Disse George, interrompendo-a mais uma vez. – Não está mais aqui quem perguntou! Apenas se fosse algo que merecesse chegar ao conhecimento meu e de Pierre, tendo em vista os aspectos emocionais que envolvem o grupo, gostaríamos de saber. Assim, vou considerar que morreu o assunto.

Irmã Agnes ficou em silêncio por alguns instantes, fixando o olhar sobre George e depois falou – Está bem então, professor!

- Ótimo irmã. Desculpe incomodá-la!

- Não foi incômodo George. Acredite!

- Bom, antes de ir, - Disse George. – Somente para tranquilizá-la, a evolução técnica de Chris está sendo ótima, segundo Pierre.

- Que ótimo George! Me alegra muito ouvir isso.

George foi para casa e, embora tranquilo e satisfeito pelo dia de uma maneira geral, sabia que algo especial, precisaria ser considerado com relação a Chris.

Irmã Agnes, do mesmo modo, tentava lembrar-se de algum fato ou relato especial por parte de Chris, que estivesse relacionado ao tema trazido por George. Porém, nada vinha à sua mente. Por outro lado, não queria incomodar madre sobre esse assunto.

A semana passou rápido e como era expectativa de George, já na segunda-feira, Chris chegou, liberado por Pierre para treinar junto com o grupo.

George fez o comunicado aos demais garotos de que Chris a partir dali, estaria treinando com eles, e em seguida deu início à recreação esportiva.

Pierre e George notavam com satisfação, como Chris se comportava junto ao grupo. Parecia ser o mais dedicado de todos, agindo de forma muito participativa. Era como se quisesse mostrar alguma autoafirmação, para provar que realmente estava interessado nas atividades.

O tempo passou e, em um dia desses, Pierre procurou George para informa-lo de que precisaria tratar de alguns assuntos particulares, e por isso, se ausentar por uma semana ou dez dias.

- Fique à vontade, Pierre! Pode confiar que conseguirei trabalhar sozinho com nossos garotos durante sua ausência. Talvez não com a mesma competência, mas dedicarei muito esforço. – Disse George.

Com um sorriso, Pierre respondeu – Acho que será melhor do que eu!

- Sabe Pierre, as vezes me preocupa, se não estamos tomando seu tempo demasiadamente. Quero que seja sincero e se precisar encerrar seus trabalhos aqui para se dedicar a outras atividades, fique à vontade. – Disse George.

- Enlouqueceu, amigo? Que outras atividades? – Perguntou Pierre, com um largo sorriso e depois acrescentou – isso aqui para mim, tem sido uma verdadeira terapia.

George ficou olhando em silêncio para Pierre.

- Verdade mesmo! Não acredita? Então ligue para Vitória, foi ela que observou isso em mim! – Disse Pierre, agora um pouco mais sério.

- Cara, você é realmente fantástico! Pode ir cuidar de seus assuntos e deixe o resto comigo! – Disse George, apertando Pierre com um forte abraço.

- Com certeza, irei sim! Só que hoje ainda não. Temos um treino, onde aproveitarei para dar o recado aos garotos pessoalmente.

E assim, fizeram. Foram para a quadra e comentaram com os garotos sobre a ausência de Pierre por dez dias aproximadamente.

- Até quando vocês ficarão com a gente aqui no orfanato? – Perguntou Martin, de forma repentina e surpreendente.

- É mesmo. – Disse Alê, que acrescentou – Quando forem embora, quem ficará nos treinando? Será que o programa poderá acabar?

George e Pierre entreolharam-se em silêncio. Estava aí uma pergunta, qual não haviam preparado qualquer reposta.

- Vocês podem ser francos conosco! Já estamos acostumados com abandono. – Disse Chris.

George rompeu o silencio, dizendo – Jamais diga isso novamente, Chris!

- Mas ele tem razão, professor! – Disse Manu.

- O que eu peço a todos, é que continuem levando a sério essas atividades, da forma como já vêm fazendo. O futuro a Deus pertence e tenho fé que ele nos dará força para continuarmos o nosso trabalho. Tanto eu, e acredito Pierre também, não pouparemos esforços para estarmos aqui por muito tempo, podem acreditar! – Disse George.

- Com certeza! – Completou Pierre.

- E por esse motivo, - Continuou George – Não gostaríamos que se preocupassem com isso.

- Mas podem surgir propostas para os senhores. – Disse Fred.

- Para mim, acho difícil. Já me aposentei! – Falou Pierre com um sorriso.

George, percebendo a insistência dos garotos, pensou por alguns segundos, respirou fundo e depois falou – Seria muito, pedir para que não continuassem com esse assunto?

Todos ficaram em silêncio. Silêncio este, que foi entendido por George como um "sim".

Desta forma, tendo os garotos acatado o pedido de George, as atividades do dia, tiveram início.

Pouco mais tarde, após uma parada para reidratação, uma nova pergunta surpreendeu os professores. Era Alê, que repentinamente perguntou – É difícil, nos inscrevermos em alguma competição oficial?

- Está aí algo que não faço ideia, Alex. – Respondeu George.

- Sei de um torneio que normalmente tem início no começo do ano e dura poucos meses. – Disse Pierre.

- Será que nós temos chances? – Perguntou Fred.

- Depende! – Respondeu Pierre. – Posso me informar a respeito das inscrições e também obter maiores informações.

- Mas Pierre, se for no início do ano, teremos pouco mais de dois meses para nos prepararmos. – Falou George.

- Vou aproveitar que estarei ausente nesses dias e reservarei um tempo para obter essas informações. – Disse Pierre.

- Não se preocupe com isso, Pierre! Já terá seus compromissos particulares. – Falou George, tentando evitar que o amigo fosse atrás de algo praticamente impossível.

- Não me atrapalhará em nada! – Disse Pierre. – Além do mais, por conhecer muitas pessoas deste ramo, isso poderá facilitar que eu obtenha todos os detalhes a respeito. Deixem comigo!

Todos os garotos praticamente, vibraram de alegria com essa possibilidade.

- Deve haver regulamentos específicos, além de outras burocracias, não? – Perguntou George.

- Sim. – Respondeu Pierre. – Mas não quero antecipar nada que não seja oficial.

- Também não podemos esquecer que precisaremos do aval de Madre Tonya. – Lembrou George.

- Certamente. – Disse Pierre. – Mas vamos aguardar. Prometo que ao meu retorno, trarei todas as informações que poderão sanar nossas dúvidas.

Após a pausa para reidratação, o treino continuou. Inclusive até mais animado do que na primeira etapa. Quiçá, pela expectativa gerada nos garotos, de enfim verem a possibilidade, de colocarem em prática aqueles ensinamentos, em um torneio oficial.

Quando o treino encerrou e os garotos foram dispensados, George e Pierre, se reuniram.

George puxou a conversa. – Agora a sós, me diga Pierre, você acredita mesmo que esses garotos com tão pouco tempo de aprendizado e treino, teriam condições para participar de um torneio?

- Não só creio, como farei de tudo para que participem desse torneio, por dois motivos. – Falou Pierre.

- Quais? – Perguntou George.

- O primeiro, é por esses guerreiros e seu orfanato. O pouco tempo que estou aqui, acho que fez me apegar a eles, de forma muito especial.

- Entendi – Disse George. – E o outro?

- Você, George! Você! – Respondeu Pierre, de uma forma muito calorosa, e também surpreendente para George.

- Como assim? – Perguntou George, meio sem entender.

- George, o que você vem fazendo para esta instituição, é simplesmente glorificante. Não sei se haverá outra pessoa assim, algum dia. E, ... – Pierre hesitou por alguns instantes.

- E o quê? – Indagou George.

- Que você é um talento que não pode se perder George! Eu tenho a esperança de um dia voltar a vê-lo dirigindo grandes equipes.

George sentiu-se muito emocionado, ao ouvir tão sincera declaração. Desta forma, respondeu - Agradeço imensamente suas palavras Pierre, mas em chances!

- Eu sei o que você passou antes de vir para cá, dedicar seus esforços para este orfanato. Conversei muito com Augustus a respeito de sua trajetória e seu talento. – Falou Pierre.

- Realmente, Augustus é mais que um pai para mim. – Disse George.

- Eu sei. Por isso mesmo que eu e ele, desejamos arduamente que você retorne para onde sempre mereceu estar. Aquele explorador invejoso e arrogante que tentou te destruir, não é nada. Ele não possui nada mais do que dinheiro, por isso é mais pobre que muita gente. – Falou Pierre.

- Obrigado Pierre! Não sei se mereço tantos elogios e apoio assim.

- Merece! Acredite! – Disse Pierre. – Por isso que precisa voltar, seja treinando atletas de renome ou esses garotos esplêndidos. Tenho certeza de que você ainda dará grandes contribuições para o nosso esporte.

Em sinal de agradecimento por Pierre reconhecer seu talento, George apenas sorriu em silêncio e fitando-o diretamente nos olhos, apertou fortemente a mão do amigo e depois deu-lhe um caloroso abraço. Em seguida falou – Prometo pensar no que disse e quando você retornar, com a certeza de que podem se inscrever para as disputas, aí poderá contar comigo para ser o treinador da equipe.

Depois de se despedirem, George ficou sozinho, pensando nas palavras do amigo. Realmente era muito bom ser reconhecido assim.

Mesmo em sua casa, George continuou refletindo e tentando projetar se de fato algum dia, voltaria às quadras como treinador.

Isso lamentavelmente, o fez recordar por alguns instantes da última reunião que teve com Ted, e das palavras deste. No fundo, Pierre tinha razão sobre seu ex-comandante. A demissão naquelas circunstâncias, abalou muito George, e sua vinda para o orfanato, embora algo divino em sua vida, também teve uma gota de fuga. George teria que ser muito forte para superar sua mágoa e também recuperar sua autoestima.

Superando Outros Desafios

Chegou a segunda-feira, primeiro dia de treino sem a presença de Pierre. George sabia que as tarefas seriam em dobro, porém a experiência dos jovens depois de diversos treinos, aliados ao ânimo gerado pela possibilidade de disputarem um torneio, poderiam contribuir para o sucesso dos trabalhos, sem o auxiliar.

Os garotos por sua vez, fizeram valer os esforços de George, trabalhando sem Pierre. E o treino da segunda-feira, foi de fato divertido e proveitoso.

Na quarta-feira, porém, como nem tudo é maravilhoso, um fato inesperado ocorreu e que colocou em xeque todo aquele trabalho realizado até ali.

Acontece que no decorrer de uma jogada, Fred efetuou um passe para Chris. Só que na sequência, durante o movimento de Chris tentando devolver a bola para Fred, esta resvalou na aba do seu boné. Isso fez com que ela tomasse outra direção e caísse nas mãos de Ale, que atuava na outra equipe. Consequentemente, isso resultou em conversão de pontos a favor do adversário.

Fred não perdoou a falha, e de forma estúpida, dirigiu-se a Chris gritando. – Veja só no que dá, você ficar jogando com essa "porcaria" na cabeça!

- Calma Fred! – Gritou George, tentando evitar o atrito.

- Que calma, professor? – Pede para ele tirar essa coisa ridícula da cabeça! – Gritou Fred.

Em resposta à provocação, Chris, transtornado, arremessou com veemência seu boné contra Fred. Porém acabou errando o alvo, e a peça, de forma indevida, foi em direção ao rosto de George, que o segurou em tempo, antes que pudesse feri-lo.

Agora foi o sangue de George que subiu, de modo que em seguida, berrou com os dois rebeldes.

- O que pensam que estão fazendo? Que falta de respeito! E você? – Dirigindo-se a Chris. – Nem deveria estar usando isso nos treinos. Poderia ter me ferido rapaz! – Devolvendo em seguida, o boné para Chris.

Chris pegou o boné e o atirou com toda a força no chão.

George pegou o boné novamente e o colocou bem próximo ao rosto de Chris e mostrando a peça para o jovem, falou – Sabe o que quero que faça com isto? Engula-o! – Colocando depois o boné com veemência no colo do garoto.

- Agora suma da minha frente! – Disse o enfurecido professor para Chris e em seguida, voltou-se para Fred e também falou – Segue seu rumo! Você também está expulso!

Os dois garotos, embora distantes um do outro, obedeceram e vagarosamente deixaram o local. O semblante de Chris era firme e fechado, como se segurasse um turbilhão de lágrimas. Já Fred, não se conteve e era visível o pranto em seu rosto.

Atônitos, os demais garotos assistiram uma cena que jamais esperavam. Um desentendimento ocasionado por uma simples jogada, onde até seria aceitável uma leve discussão, mas jamais tanta estupidez que causasse tanto estrago. Desentendimento que por outro lado, também pudesse gerar a ira, no tão gentil treinador.

George, ainda abatido com tudo aquilo, pegou sua garrafa de água e sua toalha. Em seguida, voltou-se aos demais, dizendo que o treino tinha se encerrado e que estavam dispensados.

Irmã Agnes, as vezes costumava dar uma espiada nos treinos, quando possível. Porém naquele dia, estava em sua sala, quando fora surpreendida pelos berros provenientes da quadra. Dirigindo-se rapidamente para o local, não pode testemunhar o desentendimento no seu início, mas sim, quando George expulsava os dois responsáveis pela confusão.

Após os meninos se retirarem, George permaneceu por alguns minutos dentro do vestiário, tentando se acalmar, jogando muita água em seu rosto.

Muito preocupada, do lado de fora, Agnes aguardava a saída do professor. Queria ansiosamente entender o que causara tamanho desentendimento.

Quando enfim, George saiu, Agnes tentou em vão, abordá-lo.

- George, o que houve? Estou preocupada! – Disse a freira, trêmula e levemente nervosa.

- Desculpe, irmã! – Disse ele. – Realmente não estou bem! – E continuou caminhando em direção à saída.

Agnes veio atrás, implorando – Espere! Por favor, acalme-se! Vamos até minha sala para conversar!

- Amanhã eu te ligo, irmã! Desculpe-me! – E saiu bruscamente, deixando a pobre freira sem entender nada. Em tempo, ele ainda pediu para Agnes avisar os garotos que na sexta-feira, não haveria treino.

Irmã Agnes, durante aquela noite, tentou abordar os garotos, para buscar alguma explicação. Alguns preferiram abster-se do tema, outros davam versões que a deixaram mais confusa ainda.

De qualquer forma, ela preferiu não conversar com os dois rebeldes, sem antes ouvir a versão de George, com mais calma.

Agnes, durante toda a manhã do outro dia, aguardou um telefonema de George, como ele havia dito. Quando deu meio dia, ela não aguentou esperar mais e resolveu, ela mesmo ligar. Do outro lado, a voz entediada de George, atendeu.

- Olá George, bom dia! Desculpe-me, é que você disse que me ligaria. Como não o fez, fiquei preocupada e te telefonei.

- Não se abale, irmã! Fique tranquila! Sei que você possui muitas preocupações e não queria levar mais. – Disse George.

- De jeito algum, George! Eu quero me envolver sim. Olhe, por telefone, pode ser muito difícil falarmos. Gostaria muito que pudéssemos conversar pessoalmente.

- E por que, irmã?

- Porque estou confusa e acho que mereço explicações, concorda?

George estava muito magoado, mas isso não lhe dava o direito de agir de forma evasiva com Irmã Agnes.

- É que estou muito abalado e por isso não gostaria de ir aí, pelo menos hoje. – Disse George.

- Escolha outro local, que eu vou até lá, falar contigo! – Insistiu Agnes.

- A irmã conhece o café em frente à rodoviária, do outro lado daquela avenida? – Perguntou George.

- Sim, eu não sei o nome, mas sei onde é. – Respondeu Agnes.

- Se a irmã puder comparecer lá por volta das 15h00, poderemos conversar. Ali é um lugar tranquilo e seguro.

- Claro, George. Me aguarde por gentileza! Estarei lá. – Falou a freira, ainda com a voz muito abalada.

George procurou chegar ao local, alguns minutos antes do que combinara com Agnes. Sentou-se à mesa e pediu uma garrafa de água à garçonete.

Não tardou muito para que Irmã Agnes adentrasse o local. Seu delicado rosto, não só demonstrava um ar de preocupação, mas também sinais de uma noite mal dormida.

George levantou-se para recebê-la, com um olhar não menos tristonho que o de Agnes.

- Sente-se irmã, por gentileza! – Convidou George.

Agnes também pediu uma garrafa de água, e, em seguida solicitaram um pouco de privacidade à garçonete, que gentilmente os concedeu.

- George, confesso que até agora, estou muito atordoada. – Disse Agnes, que continuou – Tentei falar com os garotos, mas piorou tudo. Por favor, me diga o que de fato aconteceu ontem.

A voz de George, chegou a falhar de emoção, ao iniciar as explicações.

- Primeiro, peço desculpas irmã. Queria conversar contigo, num momento de calma, por isso a evitei ontem. Entendo que errei.

- Não há de que, George.

Em seguida, George falou por mais de dez minutos. Contou sobre o estopim da confusão e até mesmo sobre o seu próprio desequilíbrio.

- Então, diante de tudo isso, - Continuou George. – A sensação que tenho, é a de que eu possa ter errado quando propus a você e madre, a implementação deste projeto. Refleti muito à noite, de modo que não vejo outra alternativa, a não ser deixarmos de lado esse programa.

- Jamais, George! – Disse Irmã Agnes, interrompendo-o.

- Por menos que pareça, aqueles garotos precisam muito de você, George. E é por esse motivo, que eu te peço que não os abandone, pelo menos neste momento! Se futuramente, você tiver que seguir seu caminho profissional, vamos encontrar uma forma menos dolorosa para que isso ocorra. – Falou Agnes.

- Talvez eu esteja magoando demais a sua pessoa. Me desculpe! – Disse George. - Mas entendo que os garotos, certamente conseguirão ficar sem mim.

- Eu te imploro, George, por favor fique por mais algum tempo! – Disse Agnes muito emocionada e acrescentou – Não sei se você se lembra do primeiro dia em que nos visitou.

- Sim, me lembro. Você estava cuidando do jardim naquela tarde. – Disse George, com um leve sorriso, como se buscasse reencontrar aquele momento em sua memória.

- Então, pode até parecer bobagem, mas desde aquele momento e por muitos outros depois, sempre acreditei que foi algum anjo que o enviou até nós. – Disse a freira, que continuou – Por favor, não vamos destruir algo construído com tanta dedicação, com tanto carinho e tanto amor.

À medida que irmã falava, o cérebro George parecia se confundir cada vez mais. Mas em seguida, ele falou.

- Irmã, percebo que será muito difícil para Chris me aceitar. Por outro lado, deixá-lo fora do programa, seria um pecado de minha parte.

- Deixe Chris comigo! Garanto que ele mudará seu comportamento. – Falou Agnes.

George parou por mais alguns instantes, focando aquele semblante tão meigo de Agnes. E esta também, olhando de forma dócil para George, falou.

- Olha, vou lhe contar algo que até pode me prejudicar junto à madre. Mas sinto que você tem o direito de saber, diante desses fatos. Você deve se lembrar que há alguns dias, andei um pouco abalada.

- Sim, eu me lembro. – Disse George.

- Pois bem, naquela ocasião, Chris procurou-me no intuito de pedir para ficar fora do seu projeto. Só que mais do que isso, surpreendentemente, contou-me uma das histórias mais tristes que já ouvi.

George permanecia ouvindo atentamente, o relato de Agnes.

- Muitos dos garotos que vão para o nosso orfanato, são deficientes de nascença. Cada qual possui sua história, e certamente não devem ser das mais agradáveis de se ouvir.

- No caso específico de Chris, ele não nasceu deficiente. Ficou paraplégico em virtude de um acidente automobilístico. Seu pai dirigia em alta velocidade, quando o veículo, onde além de Chris, estava sua mãe, saiu da estrada e capotou. Apesar de todos sobreviverem, Chris foi arremessado para fora do veículo, vindo em razão deste infortúnio, perder o movimento dos membros inferiores.

Atonitamente, George continuava ouvindo a freira narrar aquela tragédia.

- Esse fato, colocou a relação de seus pais em choque. Algum tempo mais tarde, após um mal súbito, sua mãe veio a falecer.

- Seu pai começou a se desfazer dos poucos bens que possuía para cuidar de Chris. Paralelamente, começou a abusar do álcool. Isso dificultava cada vez mais, que dedicasse sua atenção ao jovem filho. Até que em uma tarde.... - Irmã Agnes gaguejou por uns instantes, mordeu levemente os lábios, sendo que seus lindos e grandes olhos azuis, marejaram.

George, percebendo seu abalo emocional, tentou impedir que ela continuasse com o relato. Mas Agnes insistiu em prosseguir.

- Como eu dizia, numa tarde, seu pai o levou para passear pelo centro da cidade. Eles adentraram uma estação de trem. Enquanto seu pai iria comprar os bilhetes, ele pediu para que o pequeno Chris, o esperasse junto à uma banca de revistas. Acontece que ele simplesmente desapareceu na multidão, e não voltou mais. E esta foi a última vez que Chris o viu. Ele ficou ali sozinho, por horas, esperando por alguém, que jamais se soube de seu paradeiro. – Disse Agnes, suspirando e enxugando as lágrimas que corriam pelo seu rosto. Então concluiu – Pobre Chris! Abandonado! E pelo próprio pai.

George simplesmente emudeceu. Não esperava ouvir tão entristecedora história.

- E é isso, George! Isso que me abalou há alguns dias. Prometi à madre que manteria segredo, porém, entendo que precisava compartilhar isso contigo.

- Ela jamais saberá que me contou irmã! Fique tranquila.

Tentando amenizar o momento de dor da jovem freira, George chamou a garçonete e pediu que trouxesse uma xícara de chá de camomila para Agnes. Em seguida, ele perguntou – Há quanto tempo você exerce a missão de freira, Agnes?

Agnes, enxugando as lágrimas, respondeu – Aproximadamente seis anos. Só no Orfanato São Francisco, estou há quase dois.

- Poxa, não dever ser fácil para uma jovem! – Falou George.

- Jovem? Você é quem diz! – Respondeu Agnes desconcertada, com um acanhado sorriso, servindo-se tremulamente de um gole do delicioso chá, recém trazido pela garçonete.

- Posso te mostrar uma coisa? – Perguntou ela, como se mudasse de assunto repentinamente.

- Mostrar o que? – Perguntou George.

Ela apanhou uma carteira que estava dentro de sua sacola e em seguida, retirou uma foto, mostrando-a para George. Então, ela perguntou – Não é linda essa garotinha?

Na foto havia uma jovem mãe, com uma bebê em seu colo.

- Muito linda mesmo! Quem é? – Quis saber George.

- Minha sobrinha. Seu nome é Anna. Para nós é Anninha! Você acredita que já faz três meses que ela nasceu e até hoje não tive oportunidade de visitá-la?

- Verdade mesmo? E quando pretende fazer isso? – Perguntou George.

- Talvez no Natal ou no Réveillon, ou seja, terei que esperar por pelo menos mais dois meses. – Disse a freira.

- Passará rápido! – Disse George, aproveitando o ensejo para acalmá-la.

George percebeu que mostrar a foto da sobrinha, era uma forma de Agnes quebrar o clima. Mas também pôde observar, o quanto era difícil a vida da jovem missionária.

- Bom George, não quero constrangê-lo e nem o forçar a nada, mas espero que me entenda.

George olhou silenciosamente mais uma vez para Agnes e enfim disse. – Está bem irmã. Não é correto eu agir tão rudemente. Assim, prometo que estarei lá na sexta-feira.

- Deus seja louvado! – Disse Irmã Agnes.

- Mas antes, quero uma conversa em particular com aqueles dois encrenqueiros. Depois também falarei com o grupo todo.

- Combinado! – Disse Agnes, um pouco mais aliviada. E em seguida falou – Só que hoje, eu que quero conversar seriamente com eles.

- Tudo bem! – Disse George, com um sorriso, perguntando em seguida – Precisa de uma carona?

- Não obrigada! Vim com um motorista que nos presta serviços eventuais. – Respondeu Agnes.

- Então, está bem! Volte em paz irmã!

- Fique com Deus, George! Até sexta-feira, e mais uma vez obrigada!

George ficou observando Agnes, enquanto esta se dirigia para o veículo estacionado em frente ao estabelecimento. Embora seu olhar fixasse o movimento da jovem freira, seu pensamento estava um pouco distante. Ao mesmo tempo que admirava tanto empenho por parte de Agnes, tentava raciocinar se valeria mesmo apena, mais uma tentativa de apostar nos garotos.

Sua distração só foi interrompida, pela garçonete perguntando se precisava de algo mais. Agradecendo-a, pediu que encerrasse a conta e em seguida, partiu para casa. Sendo que aquela noite toda, ele ficou refletindo muito sobre o tema.

Refazendo as Pazes

Na sexta-feira, conforme combinou com Agnes, George chegou mais cedo para falar com os garotos. Mas respeitando a prioridade estabelecida junto com a irmã, os primeiros com quem conversaria seriam Chris e Fred.

E assim, George o fez. O primeiro com o qual se reuniu foi Fred.

- Olá Fred! - Cumprimentou George, calmamente.

- Olá professor, não via a hora de poder estar aqui com o senhor.

- E por que? – Perguntou George.

- Sei lá. Acho que me considero o estopim de toda essa confusão.

George olhou fixamente por alguns instantes para Fred e depois disse. – Você está arrependido, Fred?

- Muito! Muito mesmo, Professor George!

- Está Ok. É importante que reconheça seu erro. Mas não quero que se abale de tal forma.

Fred tentou esquivar-se de George.

- Olhe para mim! – Ordenou George.

- Sim! – Disse Fred, olhando para o professor.

- Vou lhe dizer uma coisa, com a maior sinceridade. – Falou George.

Fred continuou observando George que prosseguiu. – Quando cheguei por aqui, vi em você uma personalidade de liderança e eu espero que não me decepcione. Para mim, você tem espirito de um capitão de equipe.

Fred baixou a cabeça e lágrimas rolaram pelo seu rosto.

- Levante a cabeça, Fred! – Falou George.

Fred olhou para o seu professor que disse – Chorar faz parte de nossas vidas. Então, se precisar, chore quantas vezes quiser ou necessitar. Mas jamais deixe que emoções orgulhosas, tirem o seu controle, como naquele episódio.

- Irei me esforçar! Pode confiar em mim! – Disse o garoto.

- Está bem, confio em você! – Disse George. – Agora vou conversar com Chris e dependendo de como for a conversa, espero que os dois doravante, ajam com muito respeito um com o outro, e principalmente com o grupo todo.

- Repito que pode confiar em mim, professor!

George cumprimentou Fred, apertando fortemente sua mão. Em seguida, foi até onde Chris se encontrava.

Ao chegar lá, George notou que Chris estava muito cabisbaixo e quase não teve forças para olhá-lo, quando ele o cumprimentou.

- Boa tarde, Chris! – Disse o professor.

- Espero que seja uma boa tarde, não é professor? – Falou o garoto.

- Se não estiver sendo uma boa tarde e isso depender de nós, podemos fazê-la se tornar boa, o que acha? – Indagou George, em tom amigável.

- Na realidade, professor - Continuou Chris – Eu achei que tivesse jogado tudo por água abaixo.

- Verdade mesmo? – Perguntou o professor.

- Sim. Os outros colegas, praticamente nem conversaram mais comigo, depois daquela confusão. – Disse Chris.

- Nesse momento, não quero saber dos outros, mas sim como você está. – Disse George.

Chris permaneceu com sua cabeça baixa por alguns instantes e depois respondeu. – Sei lá professor, nem sei o que dizer ao senhor. Reconheço que o desrespeitei e inclusive, achei até que poderia nos abandonar, depois daquela minha conduta.

- E isso seria bom? – Perguntou George.

- Claro que não. Eu sei bem o quanto se empenhou para nos trazer algo novo. É que eu... – Chris parou por alguns instantes, enquanto George apenas o olhava. Em seguida o professor perguntou – Você o quê?

- Eu acho que só consigo ver as coisas do meu jeito. Encontro problemas em tudo. Às vezes acho que nem merecia estar aqui, com tantas pessoas cuidando de mim.

- Não se culpe por coisas causadas por outras pessoas, Chris! – Disse George.

- Para quem vê, parece fácil professor.

- Sei que não é fácil. – Disse George – Mas percebo que você é uma ótima pessoa. Certamente, deve ter seus problemas, que até podem ser muitos, mas não deve culpar as pessoas por erros que elas não cometeram, e evidentemente, nem a si próprio.

- O que o senhor quer dizer com isso, professor?

- Quero dizer que devemos ser mais humildes a ponto de buscar ajuda com as pessoas certas. Claro que devemos ser pacientes, pois todos têm seus problemas, e as vezes, nem todos poderão nos dar auxílio.

Chris ficou olhando para George, sem entender muito onde ele queria chegar com aquele sermão.

George continuou - Percebi desde que nos conhecemos, que você deve ter algo consigo e que provavelmente vem atrapalhando seu lado positivo. Pierre elogiou muito sua dedicação e esforço para se adaptar e condicionar-se. Irmã Agnes, sempre elogiou o grupo todo e isso inclui você. E confesso que quando procurou-me pedindo para ser inserido ao grupo, considerei aquilo como um ato de coragem incomparável. Enfim garoto, quero deixar claro que enquanto eu estiver por aqui, você pode contar com um amigo. Se precisar de algo, me procure, não guarde para si, traga o problema para mim. Se eu não tiver a solução, prometo ir em busca.

- Obrigado professor! – Disse o jovem.

George ainda acrescentou – Chris, quero que confie também em Irmã Agnes e Madre Tonya. Elas são, ao lado de seus colegas, a sua família. A diferença é que são as líderes desta família.

Chris refletia um pouco sobre o que ouvira de George. Talvez fossem as palavras que gostaria de o escutar de um pai. Um pai que fosse gentil, amoroso, participativo em sua vida. Não aquele que há alguns anos o abandonara.

- Eu prometo que vou me esforçar muito, professor!

O semblante de Chris, era firme, como de alguém que por dentro, ainda se cobrava muito.

- Me responda uma coisa. – Disse George – Você está mesmo disposto a voltar ao time de basquetebol?

- Se o senhor permitir. – Respondeu o jovem timidamente.

- Eu permito. Só que eu quero ouvir de você, se realmente o permite. Isso é muito mais importante para mim.

- Com certeza. – Disse Chris. – Eu quero continuar participando das atividades de basquetebol.

- Ótimo Chris! Foi muito bom ouvir isso de você. Então aguarde um pouco, pois quero primeiramente, reunir todo o grupo.

Só que antes de sair, George voltou e perguntou mais uma coisa a Chris.

- Lembrei-me de algo que conversamos rapidamente, em um de seus momentos de fúria e que mexeu muito comigo.

- O que professor? – Perguntou Chris, espantado.

- Lembro-me que em uma ocasião, na qual estava abatido, você ter mencionado que pelo fato de eu também ser negro, deveria entender de algum problema específico seu. Lembra-se disso?

- Ah, sim. Me lembro – respondeu Chris.

- Então me diga sinceramente e sem se preocupar, alguém aqui tem agido de forma preconceituosa contigo?

- Claro que não! – Disse Chris.

- Certeza mesmo, Chris?

- Sim, professor!

- E fora daqui, alguém? – Perguntou George.

- Também não, professor. Por que pergunta?

George olhou para Chris por instantes, garantindo-se de que ele estava sendo sincero.

- É que eu jamais aceitaria isso e estaria disposto a auxiliá-lo. – Disse George

- Fique tranquilo professor! Não tenho problemas com relação a isso, seja aqui dentro ou fora. Talvez no momento da raiva, eu possa ter apelado, pelo fato do senhor ser negro também.

- Ok, confio em você! – Falou George que acrescentou – Lembre-se, podemos até não ser superior a outros, mas também não podemos ser inferiorizados por questões raciais.

- Concordo com o senhor, professor!

- É isso! Então estamos juntos! – Disse George apertando a mão de Chris. Em seguida falou – Até daqui a pouco!

A conversa com os dois garotos, foi de suma importância para George.

Enquanto aguardava a chegada de todos os outros na quadra para a reunião geral do grupo, George, por dentro, continha sua emoção por perceber que as coisas poderiam voltar a dar certo. E assim, agradecia a Deus por tudo aquilo.

Quando os outros garotos chegaram, Irmã Agnes os acompanhava, e antes de deixá-los a sós com George, resolveu falar.

- Meus garotos, vou deixá-los com o professor George, mas antes quero dizer algo.

O silêncio pairou sobre o grupo até que Irmã Agnes continuou. – Nós chegamos até aqui com os esforços de todos e isso me deixa muito orgulhosa deste grupo. Por isso a única coisa que peço, é que continuem se esforçando. Que continuem dando o máximo para que o programa esportivo tenha êxito. E por favor, respeitem os professores, como respeitam a mim e a Madre Tonya. É só isso. – Disse a freira, pedindo licença em seguida, e depois retirando-se.

Após Irmã Agnes deixar o local, George iniciou a conversa com o grupo.

Primeiro, pediu para Chris e Fred se desculparem com todo o grupo. Depois permitiu que todos, de forma respeitosa, se pronunciassem sobre o ocorrido na quarta-feira. Após cada um ter falado, George concluiu – Gostaria que soubessem que quando idealizei a implementação dessas atividades, jamais imaginei que estaríamos aqui agora, discutindo um problema assim. Porém aconteceu, e por mim, a partir de hoje, não haveria mais esse tipo de recreação, pelo menos ministrada por minha pessoa. Quando elaborei o projeto, foi pensando em cada um de vocês. Porém na quarta-feira, refleti muito, e achei que tinha pensado errado. Sinceramente, quero dizer que se estou aqui de volta, não foi por Chris, não foi por Fred e nem por outro qualquer de vocês. Foi pelo respeito que devo à Irmã Agnes.

Todos ouviam atentamente, as palavras do professor.

- Irmã Agnes, foi a primeira pessoa com quem tive contato, quando aqui visitei pela primeira vez. Desde lá, o sentimento que tenho, só faz aumentar minha admiração por ela. Não me lembro em toda a minha vida, ter visto tanto amor fraterno em uma só pessoa. Foi por isso que refleti bastante e resolvi continuar com o projeto. Mas para isso, vou contar muito com todos vocês, indistintamente. Vou depositar minha confiança em cada um e espero não me desapontar novamente.

Mais um silêncio se observou.

- Alguém mais quer falar algo? – Perguntou George.

Chris levantou a mão.

- Diga, Chris! – Falou o professor.

- Professor, quero assumir diante de todo o grupo, que jamais verá algo semelhante partindo de mim.

- Muito bem! Vou confiar! – Disse George.

- E caso o senhor precise de algo mais e minha parte, me coloco à disposição.

- Obrigado! Alguém mais? – Perguntou George.

Ninguém mais quis falar.

- Bom neste caso, tenho só mais um pedido. – Disse George. Na próxima semana, teremos o retorno de Pierre. Quero que todos o deixem fora desta lamentável ocorrência. Eu me encarregarei de falar com ele, se eu achar necessário. Está entendido?

- Sim, entendido! – Todos responderam.

- Está ótimo! – Disse George. – Sendo assim, todos estão dispensados. Nossos treinos retornarão na segunda-feira, normalmente. Hoje com certeza, não teríamos condições. Tenham um ótimo final de semana!

Todos agradeceram, depois saíram silenciosamente.

George recolheu seus pertences e foi em direção à sala de Irmã Agnes.

Irmã Agnes que passou o tempo em sua sala, orando para que a paz voltasse a reinar entre os garotos, soltou um leve sorriso de esperança, ao ver George chegar à sua porta.

- E então? Indagou ansiosamente a freira.

- Melhor do que imagina! – Respondeu George, com um sorriso de alívio.

- Graças a Deus George! Graças a Deus! – Disse Agnes, imensamente agradecida.

- Sim, graças a Deus irmã! Pode ficar tranquila que a partir de segunda-feira, voltaremos todos ao batente, inclusive Pierre.

- Que bom! Ele voltará na segunda-feira também? – Perguntou Agnes

- Sim, voltará. A propósito, irmã.

- Pois não George!

- Pedi aos garotos que evitassem comentar sobre o incidente com Pierre. Seria muito, pedir isso a senhora também? – Perguntou George.

- Absolutamente! Pode contar comigo! Não tocarei no assunto.

- Ótimo! Assim eu mesmo posso conversar com ele, em momento oportuno.

- O senhor é quem decide! – Disse ela, com um gratificante sorriso.

- Obrigado irmã!

- Não há de que George! Eu é que tenho de agradecê-lo.

- Bom, de certa forma, se não fosse por sua intervenção, - Disse George hesitando por instantes.

- O que aconteceria? – Perguntou Agnes.

- Acho que me sentiria tão inútil, que ficaria um mês ou mais sem voltar aqui. – Respondeu ele.

- Jamais, George! Você sempre demonstrou personalidade forte e por isso, tem conseguido suplantar enormes barreiras.

- Obrigado pela força, irmã!

- Mas uma vez, não há de que professor!

Enfim, ambos de despediram e depois, George seguiu bem mais aliviado para o lar.

Um Novo Projeto

Na segunda-feira, como já era esperado, Pierre voltou. E como de costume, foi o primeiro a chegar, seguido por George, após alguns minutos.

- Vejo que voltou animado! – Disse George, entrando na quadra.

- Olá George, como vai?

Os dois cumprimentam-se e se abraçam.

- Tudo bem por aqui? – Perguntou Pierre.

- Sim. Graças a Deus! – Disse George. – E a viagem foi boa?

- Não poderia ser melhor, George.

- Que beleza, Pierre. Seja bem-vindo de volta!

- Obrigado George.

- Depois tenho algo para falar contigo, mas sem pressa! – Disse George.

Pierre olhou para George com ar de preocupação e perguntou – Algum problema?

- Não. Como disse, nada urgente. – Respondeu George, tentando manter a tranquilidade em seu amigo.

Nisso, os garotos começaram a chegar. Cada um que se aproximava, era recebido calorosamente por Pierre. Aliás ele sempre teve seu jeito entusiasta de cumprimentá-los, tocando seu punho cerrado, nos de seus alunos.

Após todos chegarem à quadra e terem se cumprimentado, Ale, muito curioso, foi logo perguntando a Pierre. – E aí professor, como foi lá na reunião? Conseguiu verificar como funciona o torneio regional?

O rosto de Pierre fechou-se um pouco, com ar de leve tristeza. Em seguida, respondeu para Ale. – Então, eu pensava que fosse algo prático, mas...

- Mas?.... – Indagou Ale, meio decepcionado.

De repente, o rosto de Pierre se encheu de alegria, e ele gritou – Mas se depender de nós, estaremos no torneio do ano que vem!

Ao ouvirem aquelas palavras, a alegria foi geral. Todos os garotos indistintamente, e George também, ficaram satisfeitíssimos com a notícia.

- Mas você heim! Sabe provocar as emoções! – Disse George.

- Eu tinha certeza de que ficariam felizes, por isso criei esse clima de falsa frustração.

- Obrigado pelo esforço e pela ótima notícia, Pierre!

- Não há de que George. Depois eu falo sobre todos os detalhes contigo.

- E quando começa o torneio? – Perguntou Martin.

- Bom Ruivo, existem alguns detalhes que conversarei com George e certamente com Irmã Agnes. No final, até o consentimento de Madre Tonya, será necessário.

- Será mesmo? – Perguntou Martin.

- Sim. Ela é a responsável pela instituição. – Disse Pierre.

- Tomara que ela não se oponha! – Disse Martin.

Nesse momento, George gritou – Bom pessoal, vamos aos treinos! Deixemos essa parte comigo e com Pierre. Inclusive, acho que ele merece nossos aplausos por ter usado seu tempo particular para buscar algo tão importante para nós.

Todos aplaudiram Pierre e em seguida, treinaram super animados. Alguém até poderia dizer que este treino, foi o mais animado de todos até então.

Após o encerramento do treino, George e Pierre sentaram-se ao lado da quadra para uma conversa.

- E então, acha mesmo que eles conseguirão reunir condições para enfrentar outras equipes em um torneio? – Perguntou George ao colega.

- Eu não tenho dúvidas que sim. – Disse Pierre. – Certamente os treinos precisarão ser mais intensos. Algumas técnicas especiais deverão ser adaptadas, mas sinceramente, não vejo problemas.

- Bom pelo menos vontade, não deve faltar. – Disse George.

- E isso de início, será fundamental. – Completou Pierre.

- E quanto aos tramites burocráticos? – Perguntou George.

- Neste caso, você precisaria agendar uma conversa com as freiras. Não que a burocracia seja complicada, mas se elas forem contra, não poderemos avançar. – Falou Pierre.

- Acho que elas não serão contra. Pelo menos Irmã Agnes, que está muito animada com as atividades. – Disse George.

- Mas quem decide é a madre, não é? – Perguntou Pierre.

- Ela comanda a instituição, mas delegou os temas para Irmã Agnes. – Falou George.

- De qualquer forma, precisarmos conversar com ambas. – Disse Pierre.

- Se quiser, podemos falar agora. – Sugeriu George.

- Não. Eu ia sugerir depois de amanhã antes do treino. Creio que seja melhor, para elas organizarem a agenda. Afinal, embora seja um encontro razoavelmente breve, gostaria que fosse agendado. – Disse Pierre.

- Façamos assim, eu agendarei o encontro para as 13h00, já que o treino é às 14h00. Poderíamos até almoçar juntos aqui perto, antes de virmos. O que acha? – Propôs George.

- Por mim, está combinado! – Respondeu Pierre.

- Então ficamos assim. – Concluiu George.

- Apenas um detalhe George, você disse que precisava conversar sobre algo comigo. Estou à disposição agora, se assim preferir.

George percebeu que em virtude do fato novo, onde os garotos participariam do torneio, e pelo clima de satisfação gerado, não seria bom adiar muito o compartilhamento com Pierre, sobre o incidente envolvendo Fred e Chris.

- Bom, se você tiver alguns minutos Pierre, poderemos conversar.

E George, então falou tudo sobre o ocorrido na semana anterior. Falou do desentendimento, da sua quase abdicação, do encontro com Irmã Agnes, das reuniões particulares, enfim procurou deixar Pierre ao par de todos os acontecimentos, exceto é claro, a história particular de Chris.

- Fico feliz por compartilhar comigo, George.

- Eu é que me sinto na obrigação, afinal você é uma grande parte de todo esse projeto. – Disse George

- Já que me permite, - Falou Pierre. - Eu sempre notei algo diferente em Chris. E, portanto, já imaginava que a qualquer momento, isso ou algo parecido, pudesse acontecer.

- Foi o que pensei Pierre, você é muito experiente.

- Você também é experiente George. Embora seja bem mais jovem do que eu, consegue perceber que os seres humanos, sejam os ditos mais perfeitos, também se desentendem.

- É! Mas acho que também fui traído pela emoção – Disse George.

- Justamente nesse ponto é que eu queria chegar. – Disse Pierre.

- Como assim? – Perguntou George.

- Você já vem trabalhando há algum tempo com diversas equipes. – Disse Pierre, que continuou – Primeiro foram as meninas, depois os rapazes de Ted. Hoje você escolheu estar aqui. E amanhã, certamente, estará em outras equipes. Pois gosta do que faz e reúne muita competência para isso.

George ficou quase paralisado, ouvindo as palavras de Pierre que continuou falando – O que eu quero dizer é que muitas vezes, somos testados por outras pessoas. Esse incidente, posso afirmar sem dúvidas, que foi uma grande experiência para você, embora muito triste.

- É que com eles, é diferente, Pierre.

- Exatamente! E é justamente aí que você foi pego. Deixou que a emoção conduzisse a razão, e quase perdeu a cabeça, jogando tudo por água abaixo. E por causa de um ou dois garotos, prejudicaria outros dez, sem falar que ainda, deixaria um problema enorme nas mãos das duas freiras.

George sorriu e em seguida falou – Daqui a pouco, vou achar que fui o responsável por toda a confusão.

- Não é isso. Pelo contrário. Você mostrou coragem, paciência, assertividade e acima de tudo, compreensão. Pois pelo que disse, não fosse pela intervenção de Irmã Agnes, teria abandonado tudo, não é? – Indagou Pierre.

- Sim. – Respondeu George.

- Não quero que se preocupe mais com esse caso, George. Acho até que não voltará acontecer. Porém se ocorrer, encare a situação com a mesma disciplina. Caso ocorra comigo, não se constranja, pois, saberei com enfrentar.

- Obrigado Pierre! Obrigado mesmo, pelas palavras!

- Bom, acho que já falei demais e se não houver mais assuntos, pretendo seguir – Falou Pierre.

- Não, não há mais nada além disso – Falou George. – Fique à vontade e mais uma vez, obrigado!

- Não há de que agradecer-me, George. – Disse Pierre.

Os dois se despediram e então, Pierre seguiu após confirmar o almoço com George na quarta-feira.

George permaneceu ainda por instantes, refletindo sobre as palavras de Pierre. A autenticidade do amigo foi de muita importância para tal reflexão e entendimento.

Na quarta-feira, após almoçarem juntos e discutirem mais alguns detalhes, George e Pierre seguiram para a reunião com Irmã Agnes e Madre Tonya.

Ao chegarem lá e serem muito bem recebidos, George abriu a conversa – Primeiramente quero agradecer a senhora por nos receber, Madre Tonya.

- Não há de que, George.

- Bom, como a senhora sabe, Pierre e eu temos trabalhado de forma adjunta, desde a implementação das aulas recreativas de basquetebol.

- Sim, eu me lembro. Inclusive, não sei se já o fiz, mas agradeço o senhor por nos apoiar, Professor Pierre. – Falou a madre.

- Não há de que, Madre Tonya – Disse Pierre.

- Mas o que tem para nós neste encontro, George? - Indagou Madre Tonya.

- Bem madre, é que surgiu uma oportunidade para incrementarmos as atividades com os nossos garotos. – Disse George.

- Poderia ser mais claro e dizer de qual oportunidade se trata? – Perguntou a madre.

- O que George quis dizer madre, é que surgiu uma oportunidade para inscrevermos nossos garotos em um torneio oficial. – Falou Pierre.

- Torneio? Você está por dentro deste assunto, irmã? – Perguntou Madre Tonya para Agnes.

Antes mesmo que a irmã pudesse responder algo, George interveio.

- Não. Ela não sabe, madre. Por isso tivemos o cuidado de primeiramente, marcar essa reunião com a senhora, antes de qualquer avanço, evidentemente.

- Então me esclareça sobre o tema, por gentileza! – Solicitou Madre Tonya.

- Nossos garotos, recentemente, nos trouxeram essa ideia, solicitando que verificássemos, se poderiam ser inscritos em algum campeonato. – Disse George.

- Sei. Continue, por gentileza! – Pediu a madre, olhando-os com leve espanto.

- Como Pierre possui experiência e conhecimento nesses assuntos, - Disse George. – Ele prontificou-se em buscar todas as informações.

- Sim madre, foi isso. – Disse Pierre que acrescentou – Pelo que levantei de informação sobre o torneio, havendo consentimento de v. parte, nós cuidaríamos do resto, junto aos organizadores.

- Cuidariam mesmo? – Perguntou a madre, com ar de desconfiança.

- Sim madre. – Completou Irmã Agnes. – Eles entendem muito desses assuntos.

- A é? Então quer dizer que nosso orfanato se tornaria sede de jogos? É isso o que está me dizendo, irmã? – Perguntou a superiora, demonstrando muita preocupação.

George intercedeu mais uma vez e falou – Nós ainda não passamos os detalhes para ela, madre.

- Então me responda por favor. Como lidaríamos com viagens, estadas, segurança externa de nossos garotos?

- Tudo isso seria muito bem detalhado para a senhora, em momento futuro madre. – Disse George.

- E quanto aos gastos, professor? Me desculpe abordá-lo! Reconheço seu esforço e contribuição desde que aqui chegou, mas de onde tiraríamos esses recursos?

- Como disse, tudo isso seria detalhado para que a senhora não se preocupe. – Falou George - De qualquer forma, não haveria acréscimos nas despesas do orfanato. Apenas teríamos que contar com seu aval.

- Bom, como não tenho condições para pensar e dar a resposta agora, eu pergunto, quando conseguirão trazer todas as informações detalhadas para que eu possa ver com atenção?

- Na segunda-feira. – Respondeu Pierre.

- Eu não estarei aqui. Mas peço a gentileza de deixarem o relatório com Irmã Agnes, na segunda-feira. Na terça pela manhã, poderei dar uma olhada com atenção e na parte da tarde, se puderem vir até aqui, eu os receberei para tomar uma decisão.

- Fechado, madre! – Disse George.

- Faremos isso! – Completou Pierre.

- Só mais um detalhe, Irmã Agnes. – Disse Madre Tonya.

- Sim, madre. – Respondeu Agnes.

- Não quero que esse assunto seja discutido com os garotos, até meu parecer final, irmã.

- Com certeza evitaremos, madre. – Disse Agnes.

- Espero contar com os senhores também. – Disse a madre para os professores.

- Pode contar conosco, madre. – Disse George.

Não havendo, mas assuntos, a reunião foi encerrada, sendo que George e Pierre foram para a quadra, enquanto Madre Tonya e Agnes, ficaram a sós por mais alguns instantes.

- Era só o que me faltava! – Exclamou Madre Tonya.

- O que? – Perguntou Agnes.

- Ora irmã, você não os ouviu? Pelo que entendi, querem transformar nossa instituição em uma agremiação esportiva. Meu Deus!

- Não há motivos para nos preocuparmos, madre. Sei da seriedade de ambos. – Disse Agnes.

- Sabe mesmo? – Perguntou a madre, desconfiada?

- Claro que sim, Madre Tonya!

- Está bem. Vou confiar e não quero tocar nesse assunto mais, até que me traga todo o detalhamento desse "projeto". Se é que posso dizer assim.

- Será feito como mandou, madre! – Disse Agnes.

Em seguida, as duas se despedem, e Agnes foi para sua sala.

Quando George e Pierre chegaram à quadra, os garotos estavam ansiosos, e perguntaram se Madre Tonya havia autorizado.

George respondeu – Na realidade, tivemos uma conversa preliminar. Na próxima semana detalharemos tudo para ela. Nossa expectativa é de que ela aprove.

- Só faltava essa! A madre não concordar! – Disse Martin.

- Pessoal, nada está decido. Então vamos torcer para que tudo dê certo! Por enquanto, vamos aos treinos. – Sugeriu George.

Todos na Expectativa

Na segunda-feira, conforme o trato, George trouxe o relatório e após o treino, o entregou para Irmã Agnes. Ali estavam descritos: o regulamento do torneio, participantes e sedes. Também mencionava auxilio por parte dos organizadores e até do governo, para viagens estadas, alimentação, etc. Também mencionava os parceiros patrocinadores de material esportivo e equipamentos. Enfim, George e Pierre preocuparam-se com cada detalhe, de forma minuciosa, tudo para facilitar a compreensão por parte de Madre Tonya.

Quando chegaram na terça-feira, foram recebidos novamente por Madre Tonya e Irmã Agnes.

- Boa tarde madre e irmã! – Disse Pierre.

- Boa tarde senhoras! – Também cumprimentou George.

- Olá senhores, tenham uma boa tarde! Fiquem à vontade, disse Madre Tonya, que acrescentou – Recebi o relatório que deixaram com a irmã, e notei que o mesmo está muito bem detalhado. Tive a liberdade de contatar um amigo contador e uma advogada. Fizeram suas análises, no âmbito de cada um, e disseram não haver qualquer motivo para receio. Um detalhe que me deixou curiosa, foi com relação a cobrança de ingressos, pois no relatório não há menção a esse assunto.

- Isso fica por conta dos organizadores. – Disse Pierre. – Não há necessidade de nos preocuparmos. Com base nessa comercialização é que levantam recursos para os auxílios e premiações.

- Entendi. Bom, sendo assim, não vejo motivo para o orfanato se opor.

- Verdade mesmo? – Perguntou George, curioso.

- Sim. – Respondeu a madre.

- Graças a Deus! Obrigado por sua compreensão, madre! – Disse George.

- Não há de que, professor. O início do torneio será no próximo ano, correto? – Quis saber a madre.

- Sim. Será no final de janeiro ou início de fevereiro. – Respondeu Pierre.

- OK. – Respondeu Madre Tonya, fechando a pasta e entregando-a para George. – Desta forma, acho que podem prosseguir.

- Perfeito, madre! – Respondeu George.

- Iniciarei todo o processo de inscrições. Se precisar de documentos e informações pessoais dos inscritos, devemos procurá-la? – Perguntou Pierre.

- Acho que podem procurar por Irmã Agnes. Ela possui essas informações e poderá lhes fornecer.

- Com certeza fornecerei, madre. – Disse Agnes.

- Mas haverá alguns documentos, nos quais precisaremos de sua assinatura, madre. – Disse Pierre.

- Deixem tudo com ela! E ela me trará.

- Combinados então! – Disse George.

- Agora eles já podem dar a notícia aos garotos, madre? – Perguntou Agnes.

- Claro! – Respondeu Madre Tonya.

Após se despedirem das freiras, George e Pierre, foram até os garotos para dar a boa notícia. Feito isso, todos comemoraram muito.

- Quando começaremos os treinos oficiais? – Quis saber, Ale.

- Amanhã mesmo. – Disse George. – Pois já seria dia de treinarmos normalmente.

- Um detalhe que quero frisar é que daqui em diante, até o início do torneio, intensificaremos os treinamentos – Disse Pierre.

- Por nós, treinaríamos todos os dias! – Disse Martin.

- Pode ser que isso venha ocorrer mais adiante. – Disse Pierre. – Inclusive para treinos táticos, de fundamentos, de posicionamentos, etc.

- São muitas equipes? – Perguntou Fred.

- Quantos jogos, serão? – Quis saber Yan.

Então Pierre começou a explicar.

- São dez equipes que jogam entre si, com jogos de ida e volta. Depois, são classificadas as quatro melhores, que também jogarão entre si com jogos de ida e volta. Na terceira etapa, que é a final, as melhores dentre as quatro, decidirão o título, também em duas partidas.

- Nossa! Que legal! – Gritou Yan.

- Já pensou o nosso time campeão? – Emendou Martin.

Pierre sorriu e falou – Não é momento para nos preocuparmos com isso.

- Os times são bons professor? Perguntou Chris.

- Por eu estar fora dos torneios há um bom tempo, não os conheço bem. Mas certamente devem ter muita experiência em disputas oficiais. – Respondeu Pierre.

Após o recado dado aos garotos, e treino confirmado para o dia seguinte, o encontro foi encerrado.

No dia seguinte, Pierre trouxe alguns equipamentos diferentes para o treino tático de posicionamento. Ele inclusive, já havia mencionado que os treinamentos a partir dali, seriam bem mais detalhados e intensos.

E assim se foram os dias, com George e Pierre trabalhando intensamente, e os garotos, por seu lado, assimilando os novos detalhes e novas técnicas.

Depois de poucos dias, já se notava uma evolução enorme, seja individual ou coletiva naquele grupo.

O mais curioso é que pelo fato de Pierre ter se dedicado tanto em buscar o aperfeiçoamento da equipe, isso fazia em muitos momentos, George acreditar que o verdadeiro técnico não era ele, mas sim seu auxiliar.

O tempo também foi importante para George e Pierre irem identificando aqueles que porventura, formariam o time-base, os chamados titulares. Também serviu para notar aqueles que apresentavam algum perfil de liderança. Isso os facilitaria no momento que se tivessem de se escolher um capitão, por exemplo.

Um dia após o treino, George pediu para que Martin e Ale aguardassem para conversarem, assim que os demais fossem dispensados do treinamento.

Sendo assim, os dois garotos seguiram o recomendado e permaneceram no aguardo de seu treinador.

George se aproximou dos dois e os agradeceu pela atenção. – Quero agradecer por terem esperado. Prometo que a conversa será rápida, embora importante.

Não há de que, professor! – Respondeu Martin.

Então George prosseguiu falando – Já estamos há vários dias trabalhando com o grupo, o que tem sido muito importante para observarmos a evolução de todos.

- Como estamos indo? – Perguntou Ale.

- Melhor do que eu pudesse imaginar. – Disse George. – Vocês estão de parabéns! E não sou somente eu quem está dizendo, Pierre também observou.

- Que bom ouvir isso professor! – Disse Ale.

- Mas meu intuito aqui, como disse é conversar sobre um tema muito importante. Notamos que vocês dois tem se destacado de todo o grupo, mostrando um perfil de liderança.

Os dois jovens agradeceram os elogios vindos do seu professor.

- Assim, - Continuou George – Como falta praticamente um mês para o ano se encerrar, precisamos definir alguns pontos e planejar outros detalhes.

- Correto, professor! – Falou Martin.

- Nossa intenção é deixar os dois como opções para capitanearem a equipe, o que acham? – Perguntou George.

Ao ouvirem tal proposta, era notória a expressão de alegria e gratidão nos rostos de ambos os garotos.

Com certeza é excelente para nós! – Disse Ale, sendo que Martin confirmou o que o amigo dissera, falando – Podem contar com a Gente!

- Ótimo! – Disse George. – Estava certo de que aceitariam, mas queria conversar com ambos antecipadamente, sem que fosse na frente do grupo. Certamente o faremos mais adiante, mas neste momento, ainda não.

- Entendemos! – Disse Martin.

- Só peço que uma vez, estando acertados, evitem tocar no tema com os demais, até que possamos reunir todos em um momento mais oportuno e comunicá-los.

- Sem problemas! – Disse Ale.

- Fiquem tranquilos quanto a isso! – Acrescentou Martin.

- Ótimo! – Disse George. – Era isso o que eu tinha para lhes falar. E sendo assim, estão dispensados.

Os dois agradeceram mais uma vez seu professor, e de fato, mostraram-se muito felizes com a recente notícia.

Depois de conversar com os garotos, George seguiu para o vestiário, sendo que lá, Pierre o aguardava.

- Ainda por aí, Pierre? – Perguntou George.

- Sim. – Respondeu Pierre. – Vi você conversando com os garotos, e resolvi esperar que encerrassem a conversa.

- Podia ter ido até lá. Estávamos falando sobre o capitanearem o time. – Disse George.

- Foi o que imaginei. – Disse Pierre. – Mas como você é o técnico, preferi deixá-lo à vontade.

George sorriu e perguntou – Me diga, o que tem a mais para falarmos?

- Estava tendo uma ideia, e gostaria de conversar contigo, George.

- Que ideia, Pierre?

- Pensava em realizar alguns jogos-treino para os garotos irem se acostumando com disputas, o que acha, George?

- E como seriam, Pierre?

- Traríamos algumas equipes ou as visitaríamos. – Disse Pierre.

- Que ótimo! – Disse George – Mas creio que precisaremos da autorização de madre, não acha?

- Sim. – Respondeu Pierre. Mas acredito que ela não será contra, ou seria?

- Bom, farei assim. – Disse George – Antes do próximo treino, levo o assunto para Irmã Agnes. Depois ela se entende com Madre Tonya, nos dando um retorno posteriormente, pode ser?

- Claro! – Disse Pierre.

- Então, combinado! – Falou George.

Dali dois dias, chegando um pouco mais cedo como havia previsto, George foi até à sala de Irmã Agnes. Ela encontrava-se entretida com suas anotações, e estando sua porta semiaberta, isto propiciou a George apenas bater de leve para chamar sua atenção.

- Posso entrar? – Perguntou George, com um sorriso.

- Olá George, boa tarde! Claro, por favor, entre!

- Será rápido, não quero atrapalhá-la.

- Com certeza não está me atrapalhando George, o que precisa de mim?

- Obrigado! – Agradeceu o professor. – Após o último treino, Pierre veio até mim com uma sugestão. Porém, para colocá-la em prática, dependemos de uma autorização sua e de Madre Tonya.

- E o que seria, George?

- Tendo em vista nossa iminente participação no torneio que se iniciará no próximo ano, ele sugeriu que fizéssemos alguns jogos treinos.

- Como assim, jogos treinos? O que são? – Indagou a freira.

- Seriam confrontos amistosos com outras equipes, no intuito de se buscar experiências. – Explicou George.

- Entendi. – Respondeu Agnes. – E esses jogos treinos, seriam aqui?

- Alguns aqui e outros nas sedes desses adversários. – Disse George.

- E quanto à movimentação externa de nossos garotos, professor?

- Nós cuidaremos disso irmã.

- Certo. Mas esses jogos não iriam trazer a presença de público, iriam?

- Não. Quando os visitantes viessem até aqui, viriam somente jogadores e treinadores.

- Bom, realmente terei que levar esse assunto até madre. Embora tenha me explicado o formato desses encontros, ela precisará nos dar consentimento. Mas acredito que não irá se opor. – Disse Agnes.

- Foi o que pensamos. – Falou George. – Que vocês duas conversariam sobre o tema, e nos dariam um parecer. Desta forma, assim que tiverem um retorno, peço a gentileza de nos informar.

- Ela está aqui hoje e eu tentarei conversar com ela. Façamos assim, quando o treino terminar, me procure por gentileza, George.

- Sem problemas. Eu te procurarei então, irmã.

- Ótimo! – Disse Agnes, que em seguida perguntou. – E os garotos, como está a evolução deles?

- A evolução está maravilhosa, irmã! Simplesmente espetacular a dedicação e envolvimento de todos.

- Que bênção, professor!

- Bom, deixe-me ir! Até mais irmã!

- Até mais tarde, professor!

George foi para a quadra e ao lado de Pierre, iniciou os trabalhos. Ele evitou tocar no tema dos jogos treinos, até porque Pierre sabia, que o assunto seria encaminhado, e depois teriam um retorno.

Agnes, também não quis saber de perda de tempo, e, portanto, foi ao encontro de Madre Tonya. Chegando à sala da superiora, expos o que foi apresentado por George, no intuito de que madre pudesse deliberar sobre o tema.

Depois de ouvir Agnes, madre falou – Eu entendi o que eles sugerem irmã. Porém a minha preocupação, e que desde o início, deixei clara, é uma possível transformação de nosso orfanato, numa espécie de arena esportiva.

- Não madre! Jamais fariam isso!

- E você garante isso, irmã? Eles não estão pensando em trazer público para cá, estão? Porque eu também deixei bem clara, a minha objeção quanto a isso.

- Não estão mesmo, madre. Eu falei com George sobre isso. Seriam apenas as equipes. Inclusive até na movimentação de nossos garotos, quando o treino for externo, eles já pensaram em como cuidar disso.

Madre tirou seus óculos, colocando-os sobre a mesa, passou uma das mãos sobre o rosto, tentando se aliviar das tensões. Depois ela fitou Agnes por alguns segundos, e falou – Bem, se de fato está segura quanto a essas atividades, diga a eles que não me oponho.

- Muito obrigada mais uma vez, madre! E se me der licença, era somente isso que precisaria falar.

Madre acenou liberando e despedindo-se de Agnes.

Agnes saiu muito satisfeita da sala de Madre Tonya. Para ela, era mais um ponto que avançava no projeto.

Um pouco mais tarde, ela nem esperou. Ao ver que o treino tinha encerrado, foi ao encontro de George e Pierre. Ela esperou que os garotos se afastassem e depois dirigiu-se até o ponto da quadra onde estavam os dois treinadores.

Ao verem a irmã, que vinha se aproximando, os dois ficaram imóveis, porém ansiosos.

- Olá professores, tudo bem? – Perguntou Agnes.

- Depende da sua resposta, irmã. – Disse George, com um leve sorriso.

- Então, ... – Disse ela pausadamente, tentando criar algum suspense. O problema é que pelo fato de ser muito emotiva, Agnes não levava muito jeito para esconder a resposta positiva que obtivera de Madre Tonya. E que era evidente naquela suave face, com a qual esforçava-se em vão, para criar um clima de expectativas.

- Como foi a conversa, irmã? – Perguntou Pierre.

- Então, nós conversamos e ao final, ela disse que precisará de uma semana para pensar melhor.

- O que? – Perguntou George, espantado.

- Brincadeira! Ela concordou. – Disse Agnes, com muita alegria.

- Poxa irmã, você não leva muito jeito para mentir, mas confesso que desta vez, enganou-me. – Disse George.

Todos vibraram, sorriram e cumprimentaram-se. As coisas de fato, caminhavam bem.

- Bom, essa era a minha notícia. – Disse Agnes, preparando-se para deixar o local.

- Que bom! Muito obrigado mais uma vez, irmã! – Disse George.

- Não há de que professor!

Irmã despediu-se e retornou para sua sala. Enquanto George e Pierre, agora mais aliviados, comemoravam o desfecho.

- Acho que agora, só depende de nós! – Disse George.

- Não restam dúvidas. – Disse Pierre. – Deixe comigo! Iniciarei alguns contatos para ver se consigo agendar um amistoso nos próximos dias.

Então os dois amigos partiram para seus lares, relaxados e satisfeitos pelo dia maravilhoso.

Os Amistosos

No próximo treino, ao se encontrarem com os garotos, Pierre e George abordaram sobre o plano de jogos treinos, sob forma amistosa. Pierre iniciou explicando.

- Nosso intuito, é que vocês possam aos poucos, sentir a diferença entre treino e jogo. Assim, daqui aproximadamente uma semana, nós visitaremos o time de Serra Azul. Dez dias depois, eles nos retribuirão a visita.

- Professor, eles são muito craques? – Perguntou Martin.

- Não os conheço, para dizer a verdade, mas sei que praticam basquete em competições, há muitos anos. – Falou Pierre.

- Se eles jogam basquete juntos todo esse tempo, devem estar afiados. – Disse Yan

- É que a formação do time, varia muito de um ano para outro. Alguns saem, outros chegam. – Disse Pierre.

- Entendi. – Falou Yan.

Os demais garotos, também fizeram diversas perguntas. As dúvidas eram infinitas. Ao final, George falou – Moçada, sei que as dúvidas são inúmeras e se ficarmos aqui falando, nós não treinaremos hoje e Pierre, por sua vez, ficará exausto só de responde-las.

- Por mim, tudo bem! – Disse Pierre.

- Eu sei amigo, mas teremos que treinar um pouco, não acha? – Perguntou George.

- Verdade George, você tem razão.

E assim os dois fizeram, deram início aos treinos e perceberam que a notícia do iminente encontro dali a alguns dias, despertou uma vontade maior nos garotos.

Desta forma, os dias foram passando e todos treinando com muita disposição e dentro da maior expectativa, até enfim chegar, a véspera do primeiro jogo treino.

Quando chegou à quadra, para o último treino antes do jogo, George foi logo provocando.

– E aí, preparados para amanhã?

- A gente não vê a hora, professor! Respondeu, Ale.

- Que ótimo! Eu e Pierre também estamos na expectativa.

- Verdade! – Disse Pierre. – Será uma experiência interessante para todos. Vocês vão ver.

- Após o treino que teremos agora, Pierre passará para vocês as orientações, para que no horário estabelecido amanhã, todos estejam preparados. – Disse George.

- Pode deixar com a gente! – Falou Martin.

- Já conversamos com Irmã Agnes, sobre os detalhes da excursão, pois acreditamos que vocês não estejam muito acostumados com saídas. – Disse George.

- O senhor quer dizer que nunca saímos daqui, não é? – Perguntou Chris.

- Verdade! Se não fossem os senhores, estaríamos eternamente internados aqui! – Disse Fred.

- Também não precisam exagerar! – Disse George.

No outro dia, os garotos almoçaram mais cedo e depois, ficaram aguardando em local, próximo ao estacionamento. No horário combinado, o ônibus, especialmente configurado para o transporte seguro de todos, chegou para apanhá-los.

Ao verem o veículo se aproximando, os meninos demonstraram um certo espanto, afinal tudo aquilo era novo para eles.

- Pena que eu não posso ir com vocês, pois adoraria. – Disse Irmã Agnes que ia despedindo-se de um por um, à medida que embarcavam.

- Não se preocupe irmã! – Disse Martin. – Vamos trazer uma vitória especialmente para a senhora.

Irmã Agnes, com um sorriso cordial, agradeceu a prévia homenagem, mas também acrescentou – Para mim, a vitória é secundária, só de vê-los alegres e dispostos, já é uma conquista especial.

Com todos a bordo, George e Pierre começaram a passar algumas instruções aos garotos, sobre a viagem.

Quando chegaram ao local do confronto, parte da grande expectativa, fora substituída por uma leve ansiedade na maioria dos meninos.

Durante às formalidades, na apresentação das equipes antes do jogo, era impossível não se notar, um ar provocativo por parte dos anfitriões. Alguns chegavam até, de forma disfarçada, comentar ironicamente sobre o fato da equipe do orfanato, estar trajando uniformes novinhos.

Por outro lado, os visitantes, mantiveram-se razoavelmente calmos durante aqueles momentos. De certa forma, já tinham sido orientados por Pierre e George, que esse tipo de provocação, poderia ocorrer.

Ao chegarem ao vestiário, não se contiveram tanto assim.

- Como deu vontade de dar um soco na cara de um sujeito lá fora! – Disse Yan.

- Hei, hei! – Interveio George. – Eu disse que isso poderia ocorrer. Então, não entrem nesse tipo de provocação. Concentrem-se apenas no jogo e deem o melhor de si! Boa sorte!

De fato, o jogo treino depois de iniciado, não causou tantos conflitos, embora tivesse sido bem disputado. Ao final, infelizmente o placar foi amplamente favorável à equipe da casa, de 65x40. Nesse momento sim, algumas provocações de leve, foram notadas, porém nada que colocasse em risco aquele encontro amistoso.

No vestiário, todos os meninos estavam cabisbaixos, quando foram repentinamente abordados por George – Gente, que tristeza é essa?

- Que lavada! Que vergonha! – Gritou Ale, entristecido.

- Nada disso! – Disse George. – Não quero que se abalem por isso. Ao contrário, quero que levantem a cabeça e agradeçam a Deus por esta experiência.

- Verdade, meninos! – Interveio Pierre. – O Professor George tem razão. Sugiro inclusive que durante a viagem de volta, evitem falar sobre o jogo. Conversem sobre outros assuntos que desejarem. Depois de amanhã, durante o treino, aí sim, poderemos falar, ok?

Todos concordaram, embora sem esconder a insatisfação pelo placar adverso.

O sol já havia se posto quando o ônibus estacionou em frente ao orfanato.

Como já era esperado, Irmã Agnes os aguardava junto à porta do veículo e os cumprimentava com carinho, à medida que desembarcavam.

- E aí meus queridos, como foi a experiência? – Perguntou Agnes.

- Infelizmente não trouxemos a vitória com prometido, irmã! – Falou Martin.

- Eu disse que não me importava, Martin! A minha vitória é vê-los descobrindo novas experiências.

Martin insistiu – Mas vamos dar-lhes o troco! Daqui alguns dias, eles virão aqui também.

- Nossa! Quanto revanchismo! – Disse a irmã sorrindo e carinhosamente abraçando o seu querido "ruivinho".

No treino seguinte, dois dias após o encontro amistoso com o time de Serra Azul, George chegou à quadra um pouco mais cedo e logo percebeu que os garotos ainda guardavam alguma mágoa referente ao jogo anterior.

- E aí meus jovens, boa tarde! – Disse George sorrindo e tentando amenizar o clima. – Vejo que ainda estão furiosos, não?

- Não era para estarmos, professor! – Perguntou Fred.

- Eu não vejo motivo para tanto, Fred! – Respondeu George, agora um pouco mais sério.

- O que me deixou mais magoado, foi o fato de serem muito orgulhosos e soberbos! – Disse Fred.

- Pois é, meus jovens! – Disse George, acrescentando – Isso faz parte do ambiente de confronto. Não que eu aprove, mas durante o torneio do ano que vem, pode ser que enfrentemos esse tipo de provocação.

- E temos que ficar quietos? – Perguntou Yan.

- Bom China, apenas sugiro que sejamos inteligentes e ajamos com paciência. – Respondeu George.

- Mas se eles nos desafiam, como devemos agir? – Perguntou Martin.

- Durante o tempo que ainda temos até o início do torneio, falaremos sobre situações adversas e alheias ao campo desportivo. – Disse George. - Quero ver se, ao lado de Pierre, possamos preparar algumas aulas expositivas e até alguns vídeos para assistirem.

- Tomara que isso nos ajude! – Disse Martin.

- Tenho a certeza de que essas aulas serão muito úteis! – Disse o professor que em seguida, percebendo que Pierre já estava chegando à quadra, falou – Agora, vamos ao treino!

Aquele treino foi muito importante para George e Pierre corrigirem alguns erros que até então, não eram percebidos, e só ficaram evidentes, em virtude daquele encontro amistoso.

Depois do treino, George Pierre reuniram-se, e fizeram algumas pontuações que achavam importantes, tanto no aspecto de evolução como de necessidades do grupo.

Mais tarde, já em casa, George foi surpreendido com uma ligação de Augustus.

- Olá Augustus! Quanto tempo! Tudo bem?

- Verdade, muito tempo! – Concordou Augustus, dizendo sorridente – Como você não me liga, eu te ligo!

- Desculpe a ausência! – Disse George. – Estivemos muito atribuídos todos esses dias e acabei me esquecendo de manter contato.

- Não há de que se desculpar-se! – Disse Augustus. – Como estão indo as coisas por lá com você e com os garotos?

- A sim, não sei se tem conversado com Pierre, ...- Disse George, interrompido por Augustus, que diz – Não! Aquele lá, também anda sumido!

- Isso se justifica Augustus – Disse George. – Aliás, ele foi a melhor coisa que me aconteceu por lá nos últimos dias. Me salvou de diversas situações, me apoia totalmente, eu até penso as vezes que ele é quem é o comandante.

A conversa se estendeu por horas entre os dois amigos. George falou muito com Augustus. Comentou sobre o fato lamentável ocorrido, que por pouco, o fez abandonar tudo. Falou também sobre a participação no torneio do próximo ano, e da preparação do time. Enfim, os dois colocaram toda a "pauta" em dia.

- Que ótimo que vão participar desse torneio, George. Faço questão de acompanhar e inclusive, comparecer em alguns jogos.

- Será uma honra tê-lo como nosso torcedor "especial", Augustus.

- Podem contar comigo! – Disse Augustus. – Estenda meus votos de apoio a Pierre. Preciso ligar para ele também.

- Darei seus cumprimentos a ele. A propósito Augustus.

- Sim, George.

- Por que não vai qualquer dia deste assistir um de nossos treinos por lá?

- E é permitido? Se for, faço questão de ir! – Disse Augustus.

- Posso pedir permissão, por questões protocolares, mas pode considerar aprovado, afinal você é um irmão para nós! – Falou George.

- Obrigado, George!

- Olha, daqui a uma semana, teremos um jogo treino contra Serra Azul. Seria uma grande oportunidade para você nos visitar.

- Com certeza George. Depois pegarei as informações mais detalhadas contigo, sobre o horário. Mas estou dentro!

- Vamos esperá-lo ansiosamente Augustus!

- Podem esperar, George!

E então, após mais algumas palavras, os dois despediram-se.

Uma semana passou rapidamente. E os garotos do São Francisco, a cada dia, trabalhavam ansiosos para o novo encontro com a equipe de Serra Azul.

Na véspera, George procurou Irmã Agnes para avisá-la sobre o convite que fizera a Augustus, para que assistisse esse treino, nas dependências do orfanato e que o mesmo aceitara.

- Ora George, por ser uma pessoa de sua total confiança e que certamente virá sozinho, não vejo problemas. Apenas ressalto sobre a preocupação de Madre Tonya no que diz respeito a vinda de torcida ou estranhos aqui, sem que ela tenha conhecimento.

- Eu posso falar com ela também, irmã!

- Melhor não! – Disse Agnes.

- Por que? – Perguntou George.

- O correto é que eu fale com ela.

Professor George

- Tem certeza? – Indagou George.

- Sim, - Respondeu ela.

- Está bem, irmã.

- Fique tranquilo George! Mas prometa uma coisa!

- O quê?

- Que será somente ele!

- Sim. Lógico! Somente ele!

- Correto! – Disse Agnes. – Se eu não o procurar ainda hoje, considere autorizado.

- Muito obrigado, irmã! Tenha uma ótima tarde!

- Igualmente professor!

Quando George comentou com Pierre sobre o convite feito a Augustus, ele ficou muito feliz, pois já fazia algum tempo que os dois não se viam. Inclusive, na noite em que George e Augustus se conversaram por telefone, onde Augustus mencionara que ligaria para Pierre, ele acabou não o fazendo.

No outro dia, Pierre, ao ver o velho amigo Augustus, chegando ao lado de George, gritou logo – Olhem só! Quem está vivo, aparece!

Logo os dois se abraçaram e trocaram algumas palavras rapidamente.

- Como está, Augustus? E como vai Dory? Tudo bem com ela? – Quis saber Pierre.

- Graças a Deus tudo bem conosco! – Respondeu Augustus que em seguida, perguntou – E Vitória, também está bem?

- Como sempre, ela está ótima! – Respondeu Pierre.

- Acho que vocês dois tiveram muita sorte com as esposas! – Disse George.

- Obrigado! Concordo contigo meu rapaz! – Disse Pierre. – Mas acredito que elas também tiveram muita sorte conosco!

Todos sorriram.

- Olha, eu não quero atrapalhar o treino. – Disse Augustus educadamente. – Estou aqui de "intrometido"!

- Fique à vontade, meu amigo! – Disse George.

Então ofereceram uma cadeira, em local onde Augustus pudesse ter uma ótima visão.

Os garotos foram chegando aos poucos e aguardavam pela presença dos visitantes que já estavam nas dependências do orfanato e seguiam para a quadra, acompanhados por Irmã Agnes.

Depois de algumas formalidades, o jogo-treino teve início, com talvez uns vinte minutos de atraso do que estava previsto, face as apresentações para Irmã Agnes.

Antes de voltar para sua sala, Agnes avistando Augustus, dirigiu-se até ele para cumprimentá-lo!

- Olá, boa tarde! Deve ser o Professor Augustus, amigo de George, correto?

- Ah, sim! – Disse Augustus, levantando-se. – Desculpe-me a ausência, por não ter ido me apresentar primeiramente à vossa pessoa.

- Imagina! Não há de que! Sou Irmã Agnes.

- Fico orgulhoso por ver uma jovem comandando tudo isso aqui! – Disse Augustus.

- Bom, na realidade, é Madre Tonya quem comanda. Eu só dou apoio a ela.

- Sim, claro. George me falou sobre ela também. Mas a parte esportiva, é com a senhora, estou certo? – Perguntou Augustus

- Nossa! Falando assim, até parece que sou alguma especialista no assunto esportivo. Mas de fato, é isso mesmo, ela delegou-me esta incumbência.

Eles falaram-se por mais alguns minutos e Augustus aproveitou para elogiar as dependências do orfanato. Agnes, rapidamente comentou sobre os recentes desafios, as reformas e a importante e porque não dizer "divina", contribuição de George.

- Bom, se o senhor me der licença, preciso retornar à minha sala. – Disse ela.

- Claro! Não quero atrapalhá-la! – Disse Augustus.

- Fique à vontade professor! – Disse Agnes, seguindo para sua sala.

Ficando só, Augustus, apaixonadíssimo por basquete, observava com toda atenção, o jogo-treino. Ele não acreditava no que via e perguntava a si mesmo, como era possível, em tão pouco tempo, observar na equipe do orfanato, aspectos importantíssimos. Era como se praticassem aquilo, há muitos anos.

Finalizado o treino, infelizmente foi de mais uma vitória de Serra Azul, só que desta vez, por um placar de bem menor diferença, de 58x52.

Após a equipe visitante sair, o time se reuniu no centro da quadra, onde Pierre e George passaram a elogiá-los muito. Minimizaram o placar, e destacaram o espirito de equipe, os aspectos emocionais que desta vez foram mais controlados, enfim, procuraram dentro do maior clima de sinceridade, demonstrar sua satisfação, com a evolução observada, não somente no jogo, mas durante os preparativos.

Os meninos, certamente não satisfeitos com o placar, desta vez não demonstraram tanto abatimento. Fizeram suas considerações e ao final, também avaliaram o encontro como positivo.

Depois de dispensarem os garotos, George e Pierre se aproximaram de Augustus.

- E aí, o que achou? – Perguntou George.

- De modo franco, posso afirmar que estou agradavelmente surpreso! – Disse Augustus.

- Não diga! Gostou mesmo? – Perguntou Pierre.

- Vocês estão simplesmente de parabéns! Eu estive aqui analisando, como conseguiram atingir tão alto nível, em pouco tempo.

- Que bom amigo! É muito gratificante ouvir isso de você! – Disse Pierre.

- Podem acreditar no que digo. Se permanecer esse grau de evolução, vocês têm tudo para fazer um grande campeonato no ano que vem.

E de fato, ouvir aquilo de um especialista em basquetebol, era como uma massagem no ego de Pierre e George. A experiência e conhecimento de Augustus na área do basquetebol era algo extremamente respeitável. Até mesmo Pierre, com toda a sua vivência, ficava longe, quando comparado a Augustus.

- Obrigado pelas palavras e pelo prestígio! – Disse George.

- Eu é que agradeço pelo momento maravilhoso! – Disse Augustus. – Inclusive, estendam meus agradecimentos à Irmã Agnes. Ela foi muito cordial, ao me receber aqui.

Os amigos despediram-se, prometendo se reencontrarem em breve, para um almoço ou jantar. Depois, cada qual seguiu para os seus lares.

O Final do Ano se Aproxima

O tempo foi passando e a evolução dos garotos era perceptível a cada treino. Isso fazia com que George e Pierre pouco se preocupassem com os placares adversos obtidos nos confrontos contra Serra Azul, recentemente. Eles apenas lamentavam o fato de o ano estar encerrando e não haver tempo hábil para marcarem outros confrontos, ainda no ano corrente.

Dias adiante, a grande notícia trazida por Pierre, foi que com mais de um mês de antecedência, a tabela do torneio, fora divulgada pelos organizadores.

Numa daquelas tardes, após o treino, George e Pierre se reuniram com os garotos para comentarem sobre a tabela, recentemente divulgada.

Pierre comentou – Nós estamos na chave B, sendo que o torneio contará com oito equipes divididas em duas chaves, e desta forma, cada chave com quatro equipes.

Todos ouviam atentos e Pierre continuou – Na primeira fase, a classificatória, os confrontos são de ida e volta, dentro das chaves A e B, sendo que os dois melhores classificados de cada chave, avançam. Depois, pelas semifinais, o primeiro da chave A enfrenta o segundo da B; consequentemente o primeiro da B, enfrenta o segundo da A. Esses jogos ocorrerão em uma disputa de até três partidas, conferindo ao vencedor de duas, uma vaga nas finais. As equipes de melhor campanha na fase classificatória, terão o direito de disputar o primeiro confronto em casa, e depois, se houver a terceira partida, esta também será em seus domínios. Os vencedores das semifinais, disputarão o título, também num *play-off* de três partidas.

- Então, uma equipe para ser campeã, jogará no mínimo dez partidas, e no máximo doze, não é professor? – Perguntou Martin.

- Sim ruivo! – Respondeu Pierre – Percebo que é muito bom em cálculos.

- Nossa! Já imaginaram a gente na final? – Perguntou Ale.

- Melhor seria se fossemos campeões! – Disse Fred.

- Calma garotos! O torneio ainda nem começou! – Ponderou Pierre.

- Precisamos ter pensamento positivo! – Falou Fred.

- Concordo. Mas agora é momento de focarmos na preparação. – Disse Pierre.

- Quando o jogo for de nosso mando, ele será aqui? – Perguntou Chris.

- Não Chris. Aqui não será possível. – Disse Pierre. – Mas a prefeitura disponibilizará o ginásio municipal.

- Se conseguíssemos o ginásio da universidade de Isla del Mar, seria uma maravilha! – Disse Martin.

Pierre disse ter comentado com Augustus sobre essa possibilidade, porém, dependia do calendário. Por ele, todos os jogos seriam na universidade.

E assim, seguiu a conversa, pois as dúvidas eram infinitas e, Pierre, com a paciência que lhe era peculiar, respondia a todas elas. Até que finalmente, sanadas todas as dúvidas, os garotos foram liberados, cerca de uns quarenta minutos além do normal.

Depois de liberarem os garotos, Pierre e George, conversaram sobre mais alguns detalhes, antes de seguirem para suas casas. George, porém, passou antes na sala de Irmã Agnes.

A irmã, como sempre, estava entretida com seus afazeres, quando George chegou e a cumprimentou ao pé da porta. Ao vê-lo, ela indagou – Olá George, já terminou o treino?

- Sim, irmã, terminamos. Inclusive, até um pouco mais tarde hoje.

- Nossa! Que horas são? – Perguntou Agnes, olhando para o relógio pendurado na parede à sua frente. – Já são18h30! – Exclamou a freira. – Acho que me entretive tanto com os assuntos que nem vi as horas se passarem. Entre professor!

- Se for te atrapalhar, passo outra hora. – Disse George.

- Jamais George, entre! Aceita um café?

- Acho que não vou recusar. – Respondeu ele, com um sorriso.

- Sirva-se por gentileza! Você já é da casa! – Disse ela apontando para uma garrafa, ali sobre um aparador.

Professor George

- Obrigado, irmã! Realmente está delicioso! – Disse George, servindo-se de mais um pouco.

- Alguma novidade, George?

- Sim. Hoje Pierre nos trouxe a tabela com os jogos do torneio. – Disse George, mostrando a Agnes, a referida lista.

- Verdade? Que bom! – Disse Agnes. – Quanta antecedência! Não imaginava que fossem tão organizados assim.

- Eu também me surpreendi, irmã!

- Comunicaram os garotos? – Quis saber Agnes.

- Sim. – Disse George. – Eles ficaram extremamente entusiasmados. Pierre, de forma muito atenciosa, respondeu todas as dúvidas que tinham e, de fato, o encontro foi muito positivo.

- Que bom respondeu irmã, olhando com muita atenção, a tabela entregue por George.

- Vejo que o início se dará bem ao final de janeiro, não é? – Perguntou ela.

- Isso mesmo, irmã.

- E onde serão realizados os jogos, quando o mando for do Orfanato São Francisco? – Perguntou Agnes

- O município já autorizou que utilizemos o ginásio municipal. Mas Pierre comentou que se o ginásio da universidade estiver disponível, Augustus poderá conseguir a liberação para nós. – Disse George.

- Poxa que bom! – Disse Agnes. – Vocês realmente pensam em tudo. Parabéns!

- Vamos fazendo o que é possível. – Disse George. – Afinal, um mês e poucos dias, passam rápido.

- Verdade. A propósito, professor!

- Sim, irmã!

- Pretendem estabelecer algum período de férias no final do ano? – Perguntou Agnes.

- Então, esse é um assunto que eu e Pierre pretendemos planejar, juntamente contigo. – Falou George.

- Correto. – E no que estão pensando? – Perguntou a freira.

- Possivelmente, interromperemos os treinos às vésperas do Natal, talvez por volta do dia 20 e retornaríamos entre 10 a 15 de janeiro, entendeu? – Disse George.

- Sim. Podem organizar este calendário! – Afirmou Agnes.

- Lembro-me irmã, de você ter comentado comigo, que durante o período das festas, você e Madre Tonya, costumam se revezar num breve período de descanso. Já decidiram como será neste ano?

- Sim. – Respondeu Agnes – Eu ficarei aqui para o Natal e depois, Madre Tonya passará o Réveillon com os meninos. Não temos como fechar o orfanato e tampouco, deixá-los, pois não têm para onde ir.

- Entendi irmã. Inclusive, estive pensando por esses dias, e me ocorreu uma ideia que talvez pudesse aprovar.

- Que ideia, George?

- Normalmente, costumo passar o Natal com meus pais. Pensei em convidá-los para virem para cá neste ano. Se aceitarem, quem sabe pudéssemos organizar uma ceia aqui com os garotos, o que acha?

Ao ouvir a sugestão, o rosto de Agnes se empalideceu e seus olhos, levemente lacrimejados, arregalaram-se. Contendo sua emoção, ela, intimamente pensava – De onde surgira tal criatura como a de George? Como podia haver alguém com tanta bondade assim?

- Irmã! Tudo bem? – Indagou George, interrompendo aquele momento de introspecção de Agnes.

- Desculpe-me professor! Acho que me emocionei, como sempre! – Disse ela, demonstrando uma alegria imensa, com a sugestão de George.

- O que achou da ideia? – Quis saber George.

- Simplesmente magnífica, professor! – Respondeu Agnes com um largo sorriso, entrelaçando os dedos de emoção.

- Que bom, irmã! E será que Madre Tonya aprovaria? – Perguntou George.

- Com certeza que sim. Ela ficará muito grata por isso. Acredite! – Disse Agnes.

- Que ótimo! Então, combinarei com meus pais. – Disse George.

- Eu pensei que já tivesse comentado com eles, ao menos. – Disse Agnes.

- Não. Preferi falar contigo primeiro, pois queria ter sua opinião. Mas certamente ficarão felizes com a ideia. – Falou George.

- Olhe bem professor! Não quero que se incomodem por nossa causa.

- Fique tranquila, irmã! Eles concordarão. Acredite! Depois de amanhã, eu te procuro e, certamente com a resposta afirmativa por parte deles.

- Ok. Se realmente está confiante George, também ficarei, obrigada!

- Não há de que. Até lá irmã!

- Até professor!

Depois de George sair, Agnes voltou para sua mesa e sentando-se, fechou seus olhos e por alguns minutos, orou muito e agradeceu a Deus por tantas coisas boas que vinham acontecendo por ali.

Ao chegar em casa e após tomar seu banho, George ligou para a casa de seus pais. Do outro lado, como sempre, sua mãezinha, de prontidão, atendeu a chamada do amado filho, com a alegria e ternura de costume.

Conversaram bastante sobre como caminhavam as coisas por aqui e acolá. Seu pai, não tão ansioso como a mãe, mas não menos alegre, conversou muito com o filho querido também.

Antes de encerrar, George comentou sobre a possibilidade de virem para a ceia no orfanato.

- E aí, o que acha da ideia, mamãe?

- Filho, estando ao seu lado, pode ser em qualquer lugar desse planeta. Inclusive, nem de ceia eu preciso. – Respondeu a carinhosa senhora, de forma sorridente.

- E o papai? A senhora quer que eu pergunte para ele se concorda também?

- Seu pai? Se ele concorda? – Disse Rosy, olhando para João. – Nem precisa perguntar, ele já está balançando a cabeça, concordando.

- Que ótimo! – Disse George. – Vocês são realmente maravilhosos!

- Você é que é maravilhoso e muito abençoado, meu filho. Aliás, não vejo a hora de conhecer o tão famoso orfanato.

Assim prosseguiram por mais de uma hora conversando, até perceberem que já era um pouco tarde da noite e resolveram se despedir.

Dois dias depois, logo após o treino, como combinado, George procurou Irmã Agnes, para dar a notícia sobre o acordo com seus pais, para passarem o Natal juntos.

Irmã Agnes que retornava de uma reunião, caminhava pelo corredor, quando George a interceptou. Então, seguiram para a sala da irmã e chegando lá, George falou – Conforme combinamos, fiquei de conversar com meus pais e depois procurá-la, por isso estou aqui.

- Claro. Foi isso mesmo, professor. E o que resolveram?

- Simplesmente adoraram a ideia, irmã!

- Que maravilha, George!

- Minha mãe disse que não vê a hora de poder um dia visitá-los aqui.

- Então não haverá hora melhor do que esta, George.

- Irmã, você já tinha comentado com Madre Tonya sobre essa ideia?

- Não. – Disse Agnes – E por dois motivos. O primeiro é de que não tínhamos a certeza ainda de que viriam. Segundo, por que ela não estará aqui no Natal. Mas agora, com a certeza, irei comunicá-la. Quer vir comigo?

- Sim. Mas está pensando em ir agora?

- Claro! – Respondeu Agnes. Vamos aproveitar que ela está em sua sala. Acabei de sair de lá, pois estávamos reunidas com algumas pessoas externas. Tanto é que quando você me encontrou, eu justamente retornava da reunião.

Então, os dois seguiram ao encontro de Madre Tonya. Chegando lá, ela estava assinando alguns papéis. Quando a madre, olhando por sobre seus óculos, percebeu a chegada dos dois, os convidou para adentrarem.

- Olá madre, com licença! – Disse Agnes.

- Olá! O que os trazem aqui? Espero que boas notícias, disse a madre, com um sorriso.

- Com certeza a notícia é ótima, madre! – Disse Irmã Agnes.

- Então digam logo! Estou ansiosa! – Afirmou a madre, mantendo o suave sorriso.

Irmã Agnes, iniciou a conversa. – Madre, nós a procuramos porque George teve uma ideia simplesmente divina e achamos que não só irá autorizar, como também ficará muito feliz.

- Nossa! Agora estou bem mais ansiosa! – Exclamou a madre.

- É que George nos deu a brilhante sugestão de passar a ceia de Natal conosco, e não só isso, irá trazer seus pais também.

Ao escutar tal notícia, Madre Tonya parou por alguns instantes fitando calmamente o rosto de George, que um pouco sorridente, porém ansioso pela autorização, balançava sua cabeça confirmando o que Agnes acabara de afirmar.

- Isso é verdade mesmo, professor? – Indagou a superiora.

- Sim, é verdade madre! – Respondeu George. – Foi uma mera sugestão, e tanto Irmã Agnes como meus pais, adoraram. Porém entendemos que sua autorização é que definirá se realmente executaremos o nosso plano.

Madre Tonya, mais uma vez ficou muda por alguns segundos. Depois, aproximando-se de George que estava sentado à direita, em frente sua mesa, ela depositou calmamente a mão sobre seus ombros. Em seguida, rompeu o silêncio.

- Meu bom professor, não sei se merecemos tanto carinho conosco. Principalmente o que vem destinando aos nossos jovens. O que tenho a lhe dizer é que ao longo desses anos em que estou a frente desta instituição, não me recordo de alguém tão filantropo, tão amigo e tão carinhoso. E realmente, não sei se um dia, teremos como retribuir tal esforço.

Emocionado por ouvir aquelas palavras, George disse – Obrigado pelo carinho madre. Sei que vocês merecem mais do que faço. De qualquer forma, estou entendendo que isso significa sua autorização, correto?

Madre retornou lentamente para sua cadeira, retirou seus óculos, revelando os olhos parcialmente marejados e depois soltou um suspiro, perguntando – Autorização? – Pausadamente, ela olhou para o teto, em reflexão, depois disse - Muitas vezes quando me vejo rodeada por vocês, eu me questiono, se realmente tenho tanta autoridade assim.

- Não fale assim, madre! – Disse Agnes, tentando confortar Madre Tonya.

- Falo sim, irmã! E digo mais, se não tivesse meus compromissos particulares, eu ficaria aqui com vocês para esta ocasião. Não queria perder um momento tão sublime. De qualquer forma, aproveitem por mim! Estarei orando para tenham um Natal maravilhoso por aqui.

- Quando viajará, madre? – Perguntou George.

- Saio no dia 21 à tarde e retorno no dia 27, para que Irmã Agnes também possa curtir sua família um pouco. – Respondeu a madre sorrindo.

- Eu percebo que ela não vê a hora de se encontrar com sua pequena sobrinha, madre! – Disse George.

- Tem razão. Não vejo mesmo, George! Estou ansiosa por segurá-la em meu colo! – Falou Agnes, toda emocionada.

- Bem, se não tiverem mais nada, vou voltar aos meus documentos. – Disse Madre Tonya.

- Não madre, não temos mais nada, seria somente isso. – Falou Agnes.

- É uma pena não poder conhecer seus pais, George. – Disse Madre Tonya.

- Que não seja por isso! – Disse George. – Eles estarão por aqui antes do dia 20, se a senhora quiser e estiver disponível, posso trazê-los aqui.

- Que bênção professor! – Falou Madre Tonya. - Então estarei ansiosamente esperando-os, para um café aqui em nosso orfanato.

- Pode esperar, madre! Farei de tudo para que estejam aqui com certeza. Desde já é um compromisso de minha parte.

Agnes e George despediram-se de Madre Tonya e seguiram pelo corredor vagarosamente e conversando. Enquanto em sua sala, a madre sozinha, ainda refletia sobre a bondade incomparável de George para com todos aqueles órfãos. Eram situações como esta, que reforçavam sua fé e sua dedicação vocacional.

- Pelo visto, madre deve ter gostado muito da ideia, não é irmã? – Perguntou George.

- Sim. Eu a conheço bem, George. Pude perceber que ela estava imensamente grata por sua atitude. Isso para ela, é muito mais que satisfação. – Respondeu Agnes.

- Que ótimo! Disse ele. – Fico feliz por vocês duas.

Agnes e George se despediram e este, seguiu para casa, eternamente agradecido por mais um dia de glória.

No outro dia, folheando o jornal local, George tomou conhecimento de uma apresentação musical que aconteceria na semana que antecedia o Natal. Tratava-se de um coral formado por crianças e adolescentes, muito famoso na região. E o que mais chamara a atenção de George, é que esses jovens eram todos cegos.

Rapidamente, George anotou o telefone para informações e em seguida ligou para o mesmo. Ele perguntou sobre disponibilidade e valores de ingressos, data e horário de todas as apresentações, enfim, buscou informar-se ao máximo.

À pessoa que o atendera, George disse que estava planejando levar um grupo de também adolescentes, que por sua vez eram cadeirantes. Portanto, precisava se informar sobre as acomodações do local, se eram realmente apropriadas para pessoas com mobilidade reduzida. Também usou de toda a sua habilidade persuasiva, para obter descontos especiais para um grupo fechado, etc.

Após a minuciosa consulta, certo de que poderia ilustrar ainda mais o Natal dos garotos, se esse evento fosse inserido na sua agenda, George solicitou ao atendente que reservasse por pelo menos vinte e quatro horas, os ingressos. Isso porque pretendia levar o tema ao conhecimento de Irmã Agnes.

Então, no outro dia, só que desta vez antes dos treinos, George procurou por Irmã Agnes para apresentar a esta, mais uma genial ideia.

- Magnífico, George! Simplesmente magnífico! – Disse Agnes ao ouvir o professor.

- Então posso confirmar? – Perguntou George. – Não precisará de autorização de Madre Tonya?

- Autorização, George! Mas que autorização, meu amigo?! – Ela vai é ter um infarto de alegria, quando souber de mais uma dessas suas ideias maravilhosas.

- Então darei prosseguimento. – Disse George. – Inclusive, vou adquirir um ingresso para ela também. Como ela disse que irá viajar no dia 21 e estes ingressos são para o dia 19, acredito que dará certo.

- Está vendo? – Não disse que você quer matá-la de emoção? – Falou Agnes, sorridente.

- Uma dúvida, irmã. – Disse George.

- Quanto a comunicarmos os garotos sobre esses eventos, como procederemos?

- Sugiro que deixemos para mais próximo ao encerramento do período de treinos, concorda professor?

- Claro, irmã. Afinal seria apenas um comunicado aos jovens, e não dependeria em nada, de suas ações especificamente.

- Então combinado, George!

George em seguida, foi para a quadra para o treino daquele dia. Antes de iniciar os trabalhos, desculpou-se com Pierre, pelo pequeno atraso, explicando o motivo.

Ao saber que o motivo era ter ido conversar com Agnes sobre a apresentação musical, Pierre imediatamente, interessou-se também, em poder assistir ao espetáculo.

- Rapaz! Que maravilhosa deve ser uma apresentação assim! – Disse Pierre. – Quero ir com Vitória e acredito que se Augustus e Dory souberem, não vão querer perder também.

- Que ótimo! Que bom que gostam! – Disse George. – Meus pais também estarão por aqui e certamente, vão querer assistir.

- Pelo visto, só nossa turma irá esgotar com os ingressos! – Disse Pierre, em tom de humor.

- É verdade! – Concordou George, sorridente. – Apenas um detalhe, Pierre.

- O que seria?

- Os garotos ainda não sabem. Faremos um comunicado de surpresa, no último dia de treino. – Disse George.

- E que surpresa! Eles vão adorar! – Disse Pierre.

- Também acredito! – Disse George. – Bom, vamos aos treinos, então!

- Vamos sim, George!

Como muitos costumam afirmar, o mês de dezembro "voa". E isso não foi diferente lá pelos lados do orfanato. O período de treinos, diga-se de passagem, muito produtivo, foi findando-se e logo, chegaram próximo ao período de recesso.

Na manhã do dia 17, George logo pela manhã, já estava a postos no aeroporto, aguardando um voo muito especial, que trazia dentre seus passageiros, o casal mais importante de sua vida.

Quando o portão de chegada se abriu, a expectativa de George aumentou deveras. E seu coração palpitou mais forte, quando avistou o tão simpático casal, muito feliz também, por vê-lo ali, à sua espera.

Abraços e beijos, em meio a lágrimas de alegria, misturaram-se.

George seguiu com seus pais para sua casa e ao chegarem lá, após um lanchinho rápido, os recém-chegados foram descansar um pouco. George foi até o comércio e retornou somente ao final da tarde, trazendo diversos pacotes com os ingredientes do jantar, que prepararia para os dois ilustres hóspedes.

Mas George acabou sendo pego de surpresa. Enquanto se distraiu na sala, conversando com seu pai, Rosy, ligeira e com mãos habilidosas para a culinária, o agraciou com o jantar preparado por ela. Não que isso fosse um problema, pelo contrário, George adorava o sabor dos pratos preparados por sua mãe, e aliás, já estava com saudades deles.

- Mas a senhora heim, dona Rosy! Eu é que iria preparar o jantar! – Disse George, brincando.

- Não seja por isso, meu amor! Esqueceu que ficaremos por aqui, por pelo menos uma semana? Comentou Rosy, também em tom de brincadeira.

Enquanto saboreava aquele delicioso jantar, George lembrou que no dia seguinte à tarde, teriam o café no orfanato, com Madre Tonya, para se apresentarem.

- Nossa! Ainda bem que você lembrou, meu filho! – Disse Rosy. – Não quero ir de mãos abanando. Trate de passar antes em uma floricultura. Quero levar algumas flores para Madre Tonya e Irmã Agnes.

- Fique tranquila, mamãe! A gente passa na floricultura. – Disse George, acrescentando – Tenho um outro lembrete.

- Qual, meu filho?

- Depois de amanhã à noite, será a apresentação do coral, que há alguns dias eu comentei com vocês. Já comprei os ingressos para dois.

- Nossa! Quanto compromisso! Por isso que vocês da cidade, vivem todos correndo. – Disse seu pai.

- Também acho! – Concordou a mãe.

- O que foi? Já estão arrependidos por terem deixado a tranquilidade do campo? Estão? Estão? – Disse George, dando leves beliscões e alguns beijos em sua mãe.

Em seguida, sentaram-se no sofá da sala, saboreando um delicioso chá. George, deitou-se e depositou a cabeça sobre o colo da mãe, que suavemente, corria as mãos entre aquela cabeleira crespa, porém farta.

Há quanto tempo George não sentia aquele contato? Acabou assim, adormecendo por alguns minutos e só despertou ao ouvir a voz rouca de seu pai. – Hei, dorminhoco! Não vai para a cama? Já não temos mais condições para carregá-lo.

- Deixa ele dormir quieto, meu velho! Acrescentou Rosy, dengosa e pensativa. Parecia que ela estava mesmo se lembrando, da época de infância de George.

Por fim, todos se recolheram. O casal, no quarto carinhosamente arrumado por George, e este, em seu não menos confortável dormitório.

O dia amanheceu, e seus pais, acostumados com o ritmo da roça, levantaram-se primeiro que George.

Dali a alguns instantes, sentindo aquele aroma de café delicioso, preparado por Rosy e que costumeiramente não se sentia por ali, George despertou.

- Por que o aroma do café preparado pelos outros, é mais gostoso que o nosso? – Perguntou George, espreguiçando-se e adentrando a pequena cozinha de seu apartamento.

- Já está de pé, filho? – Perguntou seu pai.

- Eu é que pergunto. Vocês não estão de férias, não?

- Pois é filho, não conseguimos perder o costume do campo. – Disse João.

Então os três sentaram-se e saborearam juntos, aquele delicioso desjejum.

No início da tarde, George recebeu a ligação de Irmã Agnes. Ela queria confirmar se de fato, ele levaria seus pais para o café, previamente agendado.

- Com certeza, irmã. Estaremos aí no horário combinado. Eles estão realmente ansiosos! – Disse George.

Quando o carro de George mal adentrou o estacionamento do orfanato, as duas religiosas que estavam postas à entrada principal do prédio, dirigiram-se até o local do desembarque. De fato, elas demonstravam uma alegria imensa ao desembarque daquele belo casal.

- Até que enfim, alguém da minha geração, por aqui! Manifestou Madre Tonya.

- Que isso? Tenho certeza de que é bem mais jovem do que nós, madre! – Disse Rosy, em tom de agradecimento pela cordial recepção.

George trazia nas mãos, dois belos vasos de flores, que carinhosamente, Rosy escolhera para as freiras, no caminho para o orfanato.

- Só assim, para George nos trazer flores, viu dona Rosy? – Brincou Agnes.

- Espero que gostem de orquídeas! – Disse Rosy.

- Irmã Agnes adora cuidar de flores, mamãe. Ela é quem cultiva esse belo jardim! – Disse George, apontando a redondeza.

- Que lindo! – Falou Rosy.

- Parabéns irmã! Realmente é belo jardim! – Disse o pai de George, concordando com sua esposa.

- A primeira vez que estive aqui, lembro-me que ela estava cuidando dele, papai. – Disse George.

Foi muito bom para Agnes, ouvir aquelas palavras de elogio, vindas de Rosy e João, e também as de lembranças, por parte de George. Isso realmente a fez recordar daquele momento, quando pela primeira vez, George surgiu por ali.

Todos foram adentrando o prédio e lentamente, o casal pôde conhecer, cada espaço dali. Passaram pelos corredores, salas, refeitório, até chegarem à quadra de basquete, idealizada pelo filho.

Também, embora de forma rápida e informal, puderam cumprimentar e conhecer cada um dos garotos, ali internados.

E então, após quase uma hora passeando pelas dependências do orfanato, foram saborear o tão esperado café da tarde, gentilmente preparado pelas freiras.

No encontro, que durou mais de duas horas, os pais de George, Madre Tonya e Irmã Agnes, puderam conversar muito e descobrirem diversas curiosidades entre si.

Depois do tão agradável encontro, despediram-se, não sem antes, se lembrarem do evento do outro dia, que seria a apresentação do coral.

- Verdade! Não podemos nos esquecer! – Disse Rosy.

- Até eu estarei por lá! Me convenceram! – Disse Madre Tonya.

- E os garotos, ficaram contentes em poder ir à apresentação? – Perguntou João.

- Muito, papai! – Disse George. – Quando demos a notícia e falamos que o coral era composto por jovens sem visão, isso despertou ainda mais o interesse de todos.

- Que bom! Então vamos aguardar! – Disse João.

E assim, Rosy e João, despediram-se das freiras e depois seguiram para o merecido descanso.

Chegou o dia da apresentação musical. George que não estava mais em período de treinos, por motivo do recesso, compareceu mesmo assim ao orfanato, durante o dia. Conversou com Irmã Agnes, sobre os detalhes do transporte dos garotos até o anfiteatro.

- Irmã, resolvi passar por aqui, para ver se há dúvidas sobre o evento de hoje à noite.

- Estamos tranquilas, George. Que horas será que o ônibus chegará? – Perguntou Agnes.

- Como o evento será às 20h30, pedi para o motorista chegar aqui, antes das 19h.

- Ótimo! Assim, iremos com tranquilidade. – Disse Agnes.

Depois de falar com Irmã Agnes, George foi até os garotos, para certificar-se de que estavam todos se preparando para o espetáculo.

- Olá professor! Veio treinar a gente hoje? – Perguntou Yan, em tom de brincadeira, ao ver George chegando onde eles se encontravam.

- Como vai China? Tudo bem? Eu passei aqui, para ver como estão. Quero que sigam as orientações de Irmã Agnes, e não se atrasem!

- Pode ficar tranquilo professor! – Disse Ale. – Ela já falou conosco.

- Que bom! – Disse George.

- Realmente é muito legal o que o senhor tem feito por nós, professor! – Disse Martin.

- Não há de que me agradecer. Vocês merecem, com certeza! Se eu pudesse, faria muito mais.

- Sabe de uma coisa, professor? – Perguntou Chris.

- O quê, Chris?

- Conversei com todos aqui, e nenhum de nós já esteve em um teatro antes.

- Verdade mesmo? Pois espero que gostem! – Disse George, sorridente.

- Todos esses jovens que fazem parte do coral, são realmente cegos, professor? – Perguntou Chris.

- Pelo que diz no anúncio, sim! – Respondeu George.

- Não é fácil! Nós temos os nossos problemas, mas pelo menos enxergamos. Veja eles! Não deve ser nada fácil, viver sem enxergar. – Disse Chris, de forma triste.

George refletiu um pouco sobre as observações de Chris, depois disse – Você tem razão, Chris. Eu nem imagino o que é viver sem a visão.

- Todos estamos muito ansiosos para ver esse show! – Disse Fred.

- Eu também estou muito ansioso, Frederico. – Disse George. – Bom se tudo está caminhando bem por aqui, eu é que tenho que ir para casa me aprontar.

- Vai sim, professor! Fique tranquilo com relação à nossa pontualidade! – Falou Martin.

- Vou esperar, heim! - Disse George, despedindo-se de todos e saindo.

Depois que George saiu, Bernardo, colega de quarto de Fred, falou brincando – Frederico? Ele te chamou de Frederico? – Rindo muito, Bernardo continuou - Eu nunca vi ninguém te chamar pelo nome inteiro, Fred.

- Ai, vai cuidar da sua vida, Bê! – Disse Fred, também brincando.

Todos riram e foram se preparar para o passeio de logo mais.

Antes das 19h30, George já estava no teatro. Localizou os assentos, acomodou seus pais e depois dirigiu-se até o estacionamento, especialmente reservado para o desembarque dos garotos do Orfanato São Francisco.

Por volta das 19h40, o ônibus proveniente do orfanato, estacionou. Os garotos, que guardadas as devidas proporções, estavam muito elegantes, iam desembarcando, cuidadosamente apoiados pela equipe de transporte, por Irmã Agnes e por George.

Alguns curiosos espectadores, aos verem os garotos cadeirantes se movimentando em direção à sala de espetáculos, perguntavam se ali se tratava de algum grupo musical, propenso a se apresentar. Tanto Irmã Agnes como Madre Tonya, respondiam negativamente, solucionando essas dúvidas.

Pierre e Vitória, acompanhados de Augustus e Dory, que também vieram prestigiar o espetáculo, ofereceram total apoio para que os jovens estivessem confortavelmente posicionados, na sala teatral.

Enfim, com a plateia totalmente tomada, a apresentação teve início, pontualmente.

A época do Natal, costuma mexer muito com o sentimento das pessoas. Talvez por esse motivo, o espetáculo emocionava muito o público presente, que a cada apresentação, aplaudia de forma entusiasmada, aqueles jovens cantores.

O ápice daquela noite se deu, quando uma garota de uns dez anos aproximadamente, em uma apresentação solo, conseguiu levar a plateia ao nível máximo de emoção, ao interpretar a belíssima canção *First of May*. Canção esta, composta na década de 1960, pelo magnífico Grupo BEE GEES[1] . Era quase impossível olhar para aquela plateia, de aproximadamente 500 pessoas, e não se notar lágrimas de emoção, rolando na face da maioria.

Enfim, a noite foi muito empolgante também, pois os apresentadores, talvez no intuito de quebrar o clima de emoção, interagiam com o público presente, tentando arrancar sorrisos também.

---

[1] **Os Bee Gees, trata-se de uma banda pop formada por três irmãos, o mais velho <u>Barry Gibb</u>, e os gêmeos <u>Robin</u> e <u>Maurice Gibb</u>. Nascidos na Ilha de Man e, tendo pais ingleses, moraram apenas alguns anos em Chorlton, Manchester, Inglaterra. Os irmãos mudaram-se ainda crianças para Brisbane, Queensland, Australia. Fazem sucesso desde 1966, estando entre artistas que mais venderam discos no mundo em todos os tempos.**

Já ultrapassava as 22h30, quando o espetáculo se encerrou, recebendo longos e merecidos aplausos da plateia. Enquanto o público deixava lentamente o local, George se reuniu com os garotos e as freiras, próximo ao veículo que os conduziria de volta ao orfanato.

- E então, o que acharam? – Perguntou George, sorridente.

Todos respondiam, que acharam simplesmente maravilhoso.

- Eu e Irmã Agnes, acho que inundamos a sala com nossas lágrimas, professor. – Disse Madre Tonya.

- De fato, foi muito emocionante! – Disse George, concordando.

- Foi muito divertido também, professor. – Disse Ale.

- Verdade, professor! Seremos eternamente gratos por essa noite inesquecível. - Acrescentou Martin.

- Não há de que me agradecer, meninos. – Disse George.

- E vocês acham que é só? Tenho outra surpresa! – Gritou Irmã Agnes.

- Qual surpresa? - Quis saber Fred, de antemão.

- Na noite de Natal, o Professor George estará presente em nossa ceia também! – Disse a irmã, quase gaguejando de emoção, ao dar a notícia.

- Verdade mesmo, professor? – Perguntou Chris.

- Eu e meus pais! Pode ser? – Indagou George, sorrindo.

Todos vibraram de alegria, com aquela confirmação.

- Quanto carinho conosco, professor! Muito obrigado! – Disse Martin.

- É uma pena que não estarei presente. Se pudesse, especialmente neste ano, eu ficaria com vocês. – Disse Madre Tonya.

- Fica sim, madre! – Insistiu Martin.

- Não posso, filho! Essa é a única época em que eu e Irmã Agnes, conseguimos passar uns dias com nossos familiares.

- Entendi, madre! – Falou Martin, entristecido, porém compreensivo.

- Eu quero dizer, minha "outra família", pois vocês também são uma família especial para mim! – Disse a madre, olhando carinhosamente para os seus garotos.

Todos sorriram e depois, se despediram do professor, antes de seguirem para um abençoado descanso. Durante o trajeto de volta, a alegria tomou conta do ambiente dentro do ônibus, fazendo alguns dos meninos, cantarolarem parte das canções que ouviram no teatro.

Na manhã do dia 21, madre logo cedo, já estava com as malas prontas e apenas conferia os últimos detalhes, para enfim seguir, afinal mais de oito horas de viagem, a aguardavam.

Um pouco antes da sete, ela sentava-se à mesa para o desjejum, acompanhada de Irmã Agnes.

- Não se esqueceu de nada, madre? – Perguntou a irmã.

- Espero que não, minha filha. Chega uma hora que a cabeça já não ajuda mais. Mas pelo que conferi, o mais importante, está aqui.

- Não vai precisar mesmo, que eu a acompanhe até a rodoviária? – Perguntou Agnes.

- Não será necessário, obrigada! Já agendei um carro que me apanhará por volta das 7h40. – Disse a madre.

- George se ofereceu se para levar a senhora, se precisasse. – Comentou Agnes.

- Sim. Ele falou comigo também. – Disse Madre Tonya. – Achei que seria um abuso de minha parte, se pedisse isso a ele, depois de tudo que tem feito por nós.

- Que nada, madre! Ele é tão gentil e ficaria feliz em levá-la.

- Isso é verdade! Mesmo assim, preferi não o incomodar. – Falou Madre Tonya.

- É uma pena mesmo, a senhora não poder estar conosco na ceia de Natal. Ainda mais, com George e seus pais nos prestigiando.

- Adoraria! Você sabe, irmã! Mas esta é a única época do ano em que podemos nos encontrar por alguns dias, com nossos familiares.

- Sim, madre, sei muito bem o que significa isso. Seus familiares devem adorar quando a senhora vai para lá, não?

- Sim! – Respondeu Madre Tonya, com um olhar distante. – Às vezes me recordo, quando meus pais ainda estavam vivos. Minha mãe, principalmente, ficava muito feliz ao me ver chegar. E quando eu partia de volta, ela tentava esconder a emoção naquele sorriso tão suave, e isso me cortava o coração.

Ainda absorta, madre contemplava o jardim, que era visível pela janela, ao lado da mesa de refeições, em que estavam. Era como se ela tentasse resgatar antigas imagens de sua memória. Nesse instante, seus negros olhos se inundaram.

Irmã Agnes, em solidariedade ao tão emocionante momento, depositou suas mãos sobre as de Madre Tonya. Ela docemente acariciava as mãos de pele negra e tão sedosa, daquela velha amiga, que tanto lhe auxiliou com seus conselhos.

Madre percebeu que já estava quase na hora de partir e lentamente foi se levantando da mesa.

- Vou ajudá-la com as malas! – Disse Agnes, levantando-se também.

E assim, elas e dirigiram até a recepção. Lá, já se encontrava o motorista que conduziria Madre Tonya até a rodoviária.

- Bom dia senhoras! – Saudou o motorista. – Já estou por aqui!

- Minhas malas estão logo ali, íamos buscá-las. – Disse Madre Tonya.

- Pode deixar que eu as apanho! Isso é trabalho meu! – Disse o gentil rapaz.

Depois de se despedirem, e Madre Tonya, enfim partir, Agnes permaneceu por alguns instantes "colada" ao pé da porta principal, contemplando o veículo no qual estava sua nobre superiora, sumir de vista ao longo da arborizada avenida.

Por um lado, a saudade começava a bater. Afinal nessa época, embora tão festiva, o orfanato parecia entristecer um pouco, quando ela o assumia, em razão da ausência de Madre Tonya.

Já por outro, seu coração parecia compensar a ausência da madre, face a tão esperada ceia natalina deste ano. Era como algo dissesse para ela, que não estaria tão só assim.

Nos dias 22 e 23, George aproveitou para levar seus pais a diversos passeios pela cidade. Inclusive no dia 23, saborearam um delicioso almoço na casa de Pierre, especialmente preparado pelas mãos habilidosas de Vitória.

Enfim, chegou o dia 24. Data em que o Orfanato São Francisco, excepcionalmente receberia visitantes muito especiais no jantar da Noite de Luz. Os meninos não conseguiam conter suas expectativas. Alguns constantemente procuravam Irmã Agnes para conferir o horário correto, em que os ilustres convidados chegariam.

Aqueles jovens, que por infortúnio, não tinham mobilidade em seus membros inferiores, compensavam tal deficiência, com a rara habilidade manual. Isso lhes permitia, que auxiliassem Irmã Agnes na elaboração de alguns enfeites, que ela alegremente, colocava no refeitório e também nos corredores.

Não eram 21h00 ainda, quando George e seus pais chegaram para a ceia especial. O aroma delicioso que se espalhava pelas dependências, provinha de uma mesa enfeitada, onde figurava um gigantesco peru assado. Ao redor deste, frutas, sucos e bebidas leves, completavam o banquete. Mas eram os garotos, que sentados ao redor da mesa, pareciam sim, ser os mais belos enfeites ali presentes, com emocionados e belos sorrisos em seus jovens rostos.

- Meu Deus! Que aroma delicioso! Que capricho! – Gritou George, com um alegre sorriso, ao adentrar o refeitório, acompanhado de seus pais. Ele ainda perguntou – Contrataram chefes franceses para preparar tudo isso?

Porém, antes de qualquer resposta, ouviu-se um grito, em coro, proveniente da cozinha. – Surpresa!!!

E para o real e surpreendente espanto dos recém-chegados, Pierre, Vitória e também Dory, saíram sorridentes da cozinha. Embora elegantemente trajados para o evento, eles estavam envoltos por aventais e dólmãs.

- Eu não acredito! – Disse George emocionadíssimo, levando suas mãos à cabeça.

- Não mesmo? – Provocou Pierre.

- Você sabia disso, irmã? – Perguntou George, olhando para Agnes.

- Bom, eu não posso cometer o pecado de mentir, não é? Então sabia sim, George.

- Vocês me matam de emoção! – Disse George, ainda fora de si.

Então Pierre explicou. – Se simplesmente disséssemos que viríamos para a ceia, figuraríamos como mais alguns visitantes apenas. Por isso fizemos a surpresa de preparar o jantar. Espero que tenha gostado, George. E isso, também foi uma forma de nós o homenagearmos, pela dedicação junto ao orfanato.

- É claro que adorei a surpresa! – Disse George, perguntando a seguir para Dory, – Onde está Augustus?

- Ele já deve estar chegando. – Respondeu Dory. – Ele virá com Susie e Rebeca, as nossas lindas e adoráveis filhas.

- Que ótimo! Terei a oportunidade de conhecê-las também. – Disse George, acrescentando – Vocês são realmente fantásticos!

Mal acabaram de se falar e um estridente som de buzina, foi ouvido. Era Augustus que chegava. Dali a alguns instantes, Augustus, acompanhado por Susie e Rebeca, entrava, trazendo algumas caixas, contendo presentes para os garotos do orfanato.

Eram simples mimos como camisetas e livros, que pudessem fazer com que aquela noite, se tornasse mais inesquecível ainda, não só para os meninos, mas também para Irmã Agnes.

A noite seguiu de forma alegre, aconchegante e farta. Era praticamente impossível descrever o sublime momento que aquelas horas se transformaram. Somente a imaginação era capaz de explicar. Alguns poderiam arriscar que aquele, pudesse ter sido na verdade, o melhor Natal na vida daqueles garotos.

Embora a idealização do evento tenha partido de George, este ao final da ceia, não se esqueceu de mais uma vez agradecer a Pierre, Augustus, Dory, Vitória, Susie e Rebeca, pela iniciativa tão gentil e humana. Eles que normalmente, deveriam estar juntos de seus familiares ou amigos de costume, preferiram ao lado de George, viverem um momento diferente, e também, proporcionar uma experiência inigualável aos meninos.

Passada a comemoração do Natal, no dia 27, data em que Madre Tonya retornara, os pais de George que voltariam para casa, resolveram passar antes pelo orfanato, para se despedirem de Madre Tonya, Irmã Agnes e dos garotos, desejando-lhes também, uma feliz passagem de ano.

Quando chegaram ao orfanato, foram recepcionados por Irmã Agnes, que por sua vez, também estava com suas malas prontas para o seu curto recesso, que iria até o dia 04 de janeiro.

- Quer dizer que já estão retornando? – Perguntou Agnes, sorridente, porém com pena.

- Acho que bateu a saudade do campo! – Respondeu João, também sorrindo.

- Só que antes, queríamos cumprimentar os garotos e as senhoras, desejando-lhes um Ano Novo de muita paz! – Disse Rosy.

Assim fizeram trocando emocionados abraços com os jovens e com as religiosas.

- Bom, agora precisamos seguir, pois a estrada é longa! – Falou George.

- Muito obrigada mais uma vez, professor! – Disse Madre Tonya. – Todos me relataram como foi emocionante a ceia de Natal.

- Não há de que, madre! – Disse George, que indagou – A senhora passou bem o Natal?

- Sim. Com muita paz, graças a Deus! – Respondeu a madre.

- Que ótimo! Agora é a vez de Irmã Agnes, não? – Perguntou George.

- Sim. Essa aí não vê a hora de conhecer sua sobrinha! – Disse Madre Tonya.

- Com certeza! Estou muitíssima ansiosa! – Disse Agnes, vibrantemente.

- Não se esqueça de tirar fotos de Anninha! Também estou curioso! – Disse George.

- Certamente trarei muitas fotos! – Disse Agnes.

Depois de mais alguns abraços e desejos de um Feliz Ano Novo, George e seus pais seguiram juntos, para onde George, passaria o restante de seu recesso, até o breve retorno em janeiro.

Ano Novo, Vida Nova!

Muitos costumam dizer que ano novo, é vida nova! Lá para os lados do orfanato, isso realmente se confirmava. Os garotos na companhia de Madre Tonya, tiveram um não tão glamoroso Réveillon, como fora o Natal, mas pelo menos, cheio de paz e harmonia. Irmã Agnes, também voltara ao batente no dia 04 de janeiro.

No dia 08, como previsto, George e Pierre retornariam para iniciarem, ao lado dos garotos, a preparação para o torneio, cuja estreia se avizinhava.

Um dia antes, porém, os professores se reuniram para discutir os detalhes da preparação. Verificaram cada ponto, datas, locais, e principalmente, cada equipe integrante do torneio. Pierre, por sua experiência, já conhecia alguns treinadores e atletas.

Quando chegaram à quadra para o primeiro treino do ano, os garotos que normalmente só se agrupavam, depois da chegada dos professores, desta vez já se encontravam por ali. Provavelmente pela ansiedade de reencontrar os treinadores e também pela expectativa de estrearem no torneio.

- Um Feliz Ano Novo, professores! – Gritaram eles.

- Feliz Ano Novo para todos! – Respondeu cada um dos treinadores.

- Já estamos aqui preparados! – Disse Ale.

- Será que estão mesmo, George? – Perguntou Pierre.

- Não acredito muito, Pierre! – Retrucou George.

- Bom, então vamos começar testando o preparo físico deles! – Gritou Pierre, segurando a cadeira de um deles e iniciando uma corrida pela quadra, empurrando-o.

Em seguida, George fez o mesmo com outro. E assim, revezando entre eles, puderam correr com todos.

Ao final, praticamente esgotados pela correria, porém sorridentes, os dois professores sentaram-se na quadra para relaxar um pouco.

Realmente, esta forma adotada por Pierre e George, como modelo de "aquecimento" para os seus jogadores, virou um modo divertido para quebrarem a rotina.

- Acho que somos nós que precisamos melhorar o condicionamento físico! – Disse George.

- Não restam dúvidas! – Concordou Pierre.

Depois de se recomporem, levantaram-se e cumprimentaram melhor cada um dos meninos, iniciando a seguir, os preparativos.

O dia foi totalmente tomado por discussões e orientações sobre o torneio, não havendo, portanto, treino técnico.

Um detalhe importantíssimo qual Pierre fez questão de abordar, a respeito das regras do basquete em cadeira de rodas, foi quanto à pontuação por equipes, denominada "Classificação Funcional", que considera o grau de deficiência de cada competidor. Esse tipo de classificação, visa garantir igualdade de condições a todos. Assim, um atleta que tiver um maior grau de deficiência, obterá uma pontuação maior para sua equipe.

Considerando o tempo até a estreia, os garotos tinham praticamente, duas semanas para treinarem.

Nesses quase quinze dias, que antecediam o torneio, os treinos foram intensos, porém animados. Infelizmente não foi possível, dado ao exíguo espaço no calendário, de se realizar algum jogo-treino.

A dedicação e o empenho de todos, facilitaram para George e Pierre, definirem a equipe-base titular. Essa definição, que em muitas circunstancias, poderia gerar ciúmes, insinuando predileções por parte dos treinadores, não se evidenciou naquele grupo. Pelo contrário, os que ficaram como opção na reserva, garantiram torcer pelo sucesso dos demais e estariam preparados para eventuais substituições.

Nos treinos, a equipe titular, formada por Alê, Du, Fred, Martin e Yan; era comandada por George. A dos suplentes, era orientada por Pierre. As disputas até que eram bem equilibradas.

Enfim chegou a semana da grande estreia no torneio. Apenas um treino, separava os garotos do jogo inicial. A equipe do Orfanato São Francisco, tendo que escolher um nome para o time, com estabelecia o regulamento, adotou o nome de Raio de Luz, que foi carinhosamente sugerido por Irmã Agnes, e logicamente aceito por todos. O time Raio de Luz, estava no Grupo 1, ao lado de outras três equipes que eram: Moicanos, Gigantes e Piratas.

Antes desse último treino, George chamou seus comandados para o centro da quadra e falou – Viemos nos preparando muito bem durante todos esses dias. Amanhã será nossa estreia contra a equipe dos Moicanos. Para nossa satisfação, esse primeiro jogo, será em nossa casa. Isso ao meu ver, poderá ser bastante positivo. Primeiro, pelo fato de ser a primeira vez que disputarão uma partida oficial. Segundo, que se vencermos, teremos uma vantagem inicial, quando formos para segunda rodada, que ocorrerá fora de casa.

Pierre também falou. – George e eu, achamos interessante nesse último treino, mesclarmos as equipes. Assim, tiraremos dois atletas dos suplentes e os colocaremos juntos com os titulares. Consequentemente, os dois titulares excluídos, se juntarão aos suplentes.

- Sem problemas, professores! – Disse Martin, escolhido por todos para ser o líder do grupo.

- Muito bem! Essa mescla será fundamental para que tenhamos alternativas de formação, bem entrosadas, já nesse primeiro confronto. – Falou George.

E assim procederam, de modo que isso proporcionou mais um treino muito produtivo, que ao seu final, mereceu elogios de ambos os treinadores.

Depois do treino, George passou na sala de Irmã Agnes, para lembrá-la sobre o início do torneio.

- Olá, professor! – Disse Agnes. – Estava mesmo aguardando sua vinda.

- Sim, irmã. Eu realmente passaria para comunicá-la sobre a abertura do torneio, nesta próxima quarta-feira.

- Então, era justamente sobre isso, professor. Madre Tonya perguntou-me se ela, por ser a representante oficial da instituição, precisará comparecer à abertura.

- Absolutamente que não, irmã. Não existe essa exigência.

- Que bom, professor! Ela anda muito atarefada, como sempre. Mas eu estarei ao dispor, se necessário.

- Na realidade, minha presença e de Pierre seriam suficientes para representar o orfanato, desportivamente. Porém, em se tratando de uma solenidade de abertura, caso você possa comparecer, isso nos deixará muito orgulhosos.

- Então podem contar comigo! – Disse Agnes. – Estarei lá!

- Obrigado pelo apoio, irmã!

- Não há de que, professor!

E assim, não havendo mais nada para que pudessem discutir a respeito do torneio, eles se despediram.

No dia da abertura oficial, o ginásio estava todo enfeitado, exclusivamente para a abertura do torneio. Embora não houvesse um público tão grande, como em algumas outras modalidades, podia se afirmar que a presença da plateia era muito boa.

Contando com a presença de algumas autoridades como o prefeito e outros "figurões" importantes da sociedade local, a solenidade teve início.

O presidente da associação organizadora do torneio, se encarregou da abertura. Em dado momento, fez menção à presença da equipe estreante no torneio daquele ano, que era o Orfanato São Francisco.

- Não poderíamos deixar de mencionar a presença de um novo integrante, no torneio deste ano, que é o Orfanato São Francisco, representado pela equipe Raio de Luz. Embora, sua participação se dará em virtude da desistência da equipe dos Moscas Verdes, sabemos defenderão com muita garra, essa nobre instituição, aqui representada pela Irmã Agnes Hernandez. Inclusive, peço vossos aplausos a mesma, a quem deixo livre, caso queira dirigir algumas palavras ao público.

Agnes, levantou-se, acenando para o público em agradecimento aos aplausos, porém, educadamente, dispensou a sugestão para discursar.

Depois do pronunciamento oficial, foi executado o hino nacional e finalmente a bola foi solta.

Os estreantes, embora empurrados pela torcida local, sentiram um pouco a ansiedade da estreia, o que os levou a fecharem o primeiro quarto, em desvantagem com um placar de

14 x 12. Porém, passada a leve ansiedade e também contando com a intervenção de George, o time reagiu nos outros três tempos seguintes, encerrando a partida com uma belíssima apresentação, aplaudido por todos os presentes. O placar final registrou 52 para o Raio de Luz e 47 para os Moicanos.

Aquele desempenho maravilhoso na estreia, surtiu efeito positivo de duas maneiras para o time. A primeira foi que isso transmitiu uma autoconfiança bem maior aos competidores. A segunda foi que ao ganhar destaque na imprensa local, isso chamou a atenção de parte da comunidade, o que poderia proporcionar maior interesse e curiosidade, podendo assim, elevar a presença de público no próximo confronto que ocorresse em casa.

Acontece que pela tabela, cuja primeira fase estabelecia seis jogos, os dois confrontos seguintes, seriam fora de casa. Consequentemente, no segundo turno, a quarta partida seria em casa, a quinta fora e o último confronto, em casa.

George e Pierre, trabalharam intensamente, tanto dentro como fora da quadra. Utilizando toda sua habilidade motivacional e porque não dizer, experiência em torneios, George buscou fazer com que os jogadores atingissem o máximo de foco e de concentração.

Tudo isso acabou sendo compensado, pois os corajosos garotos reuniram forças descomunais e obtiveram uma vitória espetacular no segundo confronto diante dos Piratas, dentro da casa do adversário, pelo placar de 62 a 51.

Já no terceiro jogo, também fora de casa, diante dos Gigantes, o resultado não foi tão bom, e pelo escore de 58 a 55, o Raio de Luz, acabou derrotado.

Apesar da derrota, George e Pierre, mostraram para seus rapazes que o desempenho não era ruim, pelo contrário, até estava dentro dos objetivos, pois como no returno, a equipe teria dois jogos em casa, as chances de avançarem aos *play-offs*, ainda eram enormes.

No quarto jogo, que na realidade seria a segunda exibição em seus domínios, a equipe de George, contou com a presença de uma plateia bem maior do que na estreia. Os garotos deram um show e ao vencerem os quatro tempos, fecharam a partida com um placar de 65 a 57, diante dos Piratas.

Quando foram para o quinto jogo, fora de casa, contra os Moicanos, os meninos do orfanato, poderiam voltar para casa classificados, se vencessem o confronto. Sabedores dessa possibilidade, os Moicanos, que também ainda tinham alguma chance, provocaram demasiadamente o time do Raio de Luz. Parecia que a estratégia daria certo, pois os Moicanos, fecharam o primeiro quarto, vencendo.

Porém, o jogo foi se equilibrando e aos poucos, no ponto a ponto, Raio de Luz chegou à vitória. Com um placar apertado, é claro, de 64 a 62, mas que garantiu a classificação antecipada para os *play-offs*, mesmo antes da última partida, desta primeira fase.

A cada boa notícia, que George levava para Irmã Agnes, sobre a evolução da equipe no torneio, esta sentia-se cada dia mais emocionada e intensificava suas orações pelo sucesso de seus meninos.

Um novo clima começou a tomar conta aos poucos, daqueles que acompanhavam pessoalmente ou pela imprensa, o sucesso da equipe Raio de Luz. Inclusive George, dado sua fama obtida anteriormente, nas vitoriosas passagens por outras equipes, começou a ser citado pelos cronistas esportivos, que davam ênfase a esse seu novo momento.

Sempre humilde e de poucas badalações, George evitava entrevistas e quando o fazia, limitava-se a dizer que "simplesmente", estava vivendo em um outro projeto.

O último confronto da primeira fase chegou, e seria diante dos Gigantes, a única equipe que derrotara o Raio de Luz, na terceira rodada. Inclusive, a equipe dos Gigantes, era a única invicta do grupo, e já classificada também, figurava como favorita. A disputa agora, seria para se saber, quem fecharia a primeira fase como líder.

E num embate muito difícil e bem disputado, a equipe Raio de Luz, conseguiu fechar o jogo com mais um magnífico resultado, vencendo por 60 a 58, para a alegria e delírio do público presente.

A alegria, a confiança, a gratidão, eram notórias nos competidores, em George, em Pierre e é claro, nas adoráveis religiosas, que apesar acompanharem à distância, não perdiam a confiança, de que seus garotos, poderiam chegar muito longe.

Uma nova fase surgiu para os pequenos heróis. Eram os três jogos que os separavam de uma possível final. E isso já no primeiro ano em um torneio.

A imprensa, cumprindo seu papel, buscava fazer a cobertura, com reportagens que ocorriam, de maneira mais constante. George, por sua vivência, tentava conter euforias demasiadas. As vezes até, precisava recorrer ao apoio de Agnes e Madre Tonya, no intuito de evitar que alguns exageros, tirassem o foco da equipe.

No primeiro treino que antecedia o primeiro confronto da melhor de três, de onde sairia um dos finalistas, George e Pierre deram muita ênfase aos aspectos que envolvem a euforia em excesso. Muitas vezes, esse comportamento pode levar ao insucesso. E assim, reunidos no centro da quadra, iniciaram as discussões sobre a nova etapa no torneio.

- Vocês devem, e inclusive merecem, estar satisfeitos com os resultados até aqui, correto? – Questionou George.

- Com certeza, professor! – Disse Martin.

- Só que precisamos evitar certas euforias que podem nos tirar a concentração e o foco – Falou George.

- Isso que George está dizendo, é muito verdadeiro. Muitos times apontados como favoritos, já ficaram pelo caminho, por excesso de vaidades. – Completou Pierre.

- Professor! – Gritou Ale.

- Pois não, Ale!

- Por termos feito a melhor campanha dentro de nosso grupo, teremos o direito de decidir em casa, na hipótese de uma terceira partida, correto?

- Sim, você está correto, Ale.

- E quanto ao nosso oponente? É muito forte? – Quis saber Fred.

- Trata-se da equipe dos Guerreiros. Embora tenham ficado em segundo lugar no Grupo 2, perdendo apenas para a equipe dos Leões, que invicta, ficou em primeiro, sei que é uma equipe muito bem treinada. De qualquer forma, acredito que com muita dedicação, poderemos chegar à final.

- Quem das quatro equipes, o senhor acha que é a favorita para conquistar o título, Professor George? – Perguntou Yan.

Antes que George respondesse, Pierre tomou a palavra dizendo – Esse é um dos assuntos que tiram a nossa concentração. Nosso foco agora é exclusivamente o próximo adversário. Primeiramente, temos que nos preparar para suplantá-lo. Se pretendemos ser campeões, primeiramente, precisaremos avançar essa etapa.

- O professor Pierre tem razão! – Completou George. Esse é um assunto que se tivesse de ser discutido, seria entre mim e ele no máximo. Mas isso não é nossa prioridade. Agora a preparação para o próximo confronto, isso sim é prioritário.

- Correto, professor! – Disse Pierre. – Agora vamos aos treinos!

Todos treinaram intensamente, como acontecera durante os últimos preparos. A dedicação de todos, reforçava a segurança dos treinadores de que a equipe poderia avançar com sucesso na competição. Sem falar que a autoconfiança dos meninos, também crescia.

Depois do treino encerrado, George e Pierre sentaram-se para uma reidratação. George puxou a conversa com o colega, dizendo – Não gosto quando o tema favoritismo, invade nosso ambiente. Faço de tudo para evitar isso.

- Tem razão George. Sou solidário a você, porém não sei se tem acompanhado o noticiário local.

- Por que? Estão nos colocando como favoritos? Perguntou George.

- Não como favoritos, George. Mas ao meu ver, estão gerando muita expectativa no público. Dão muita ênfase ao time e o tratam como fenômeno. Até você começou a ocupar espaços nos noticiários esportivos. Seu histórico de sucesso em equipes anteriores, tem contribuído muito. Apesar que neste ponto, acho importante darem destaque a você.

- Quero conversar com os garotos para que evitem acompanhar esse tipo de noticiário. – Disse George.

- Se quiser, posso ir lá chamá-los de volta para conversarmos. – Sugeriu Pierre.

- Obrigado, Pierre! Mas não vejo necessidade. Antes do próximo treino, faremos isso. Até lá, pedirei apoio à Irmã Agnes, para que os oriente a não dar atenção a esses comentários.

Depois de uma semana de treinos e muita concentração, seguindo as orientações de George, a equipe chega ao dia do primeiro confronto da semifinal.

Como já se esperava, o ginásio municipal estava totalmente tomado pelo público. A equipe do Raio de Luz entrou de forma muito concentrada, e quase sem dar chances ao adversário, obteve uma vitória arrasadora, com placar bem avantajado. No final, Raio de Luz, 62 e Guerreiros, 43.

A derrota parece ter feito com que a equipe dos Guerreiros se desequilibrasse. Tanto é que dali três dias, no segundo confronto, mesmo jogando em casa, não conseguiram segurar a força dos meninos do orfanato, que vieram para conquistar mais uma vitória. Apesar de desta vez, não ser por um placar tão elástico, os dois pontos de vantagem para o time Raio de Luz, na vitória por 56 a 54, o classificou para a final, sem a necessidade do terceiro jogo.

Embora George não aceitasse o apelido, muitos afirmavam que os garotos eram merecedores, com todos os méritos, de serem chamados de "fenômeno". Chegar à final, justo no ano de sua estreia, era algo realmente fenomenal para o time do Orfanato São Francisco.

O silêncio tomou conta do ginásio dos anfitriões, porém durante longos minutos, foi rompido pela comemoração vinda do vestiário do Raio de Luz. Merecidamente, os garotos do orfanato comemoravam muito, e com todo o direito, a classificação antecipada para a final.

Quando todos os rapazes do time Raio de Luz já tinham embarcado no veículo estacionado ao fundo do ginásio, George, como costumeiramente fazia, olhava cada parte do vestiário, para verificar se não havia algo para recolher.

Repentinamente, o silencioso espaço foi ocupado por uma voz peculiar, acompanhada de um lento bater de palmas, dizendo – Parabéns Professor George! Seu time está na final! Belo trabalho!

Não apenas a voz era peculiar. O cheiro de perfume francês somado ao nauseabundo aroma de charuto, surpreendeu o brilhante treinador, que ao virar-se, se certificou da *non grata* presença de alguém, a quem jamais esperava reencontrar na vida. Pelo menos em um momento especial e de tanta alegria, como estava sendo aquela noite.

- Theodore! – Disse George, espantando.

- Olá George! O que foi? Parece que viu o bicho-papão! Está assustado? – Perguntou Ted, sorrindo, porém de forma provocativa.

- Não Ted. Não estou assustado. Apenas um pouco surpreso por vê-lo aqui.

- Ora, mas o evento era público, não era? – Acrescentou Ted.

- Estou dizendo que me sinto surpreso por vê-lo aqui em nosso vestiário. – Respondeu George, de forma aguda e muito séria.

- Vestiário? Verdade! Estou no vestiário e me esqueci que aqui é proibido fumar! – Disse Ted ironicamente, e que de forma estúpida e nojenta, apagou o charuto na bancada do lavatório, jogando a ponta em um cesto de papéis, que estava ali próximo.

O resto de brasa queimou parte dos papéis, contribuindo para que o cheiro de tabaco invadisse ainda mais aquele espaço.

George aproximou-se do cesto, jogando um pouco da água contida na garrafa que tinha em mão, evitando não somente que o cheiro se alastrasse, mas eliminando aquele possível foco de incêndio. Depois olhando fixamente para Ted, perguntou – O que o traz aqui?

- Primeiramente, cumprimentá-lo pelo sucesso e depois, quem sabe, falarmos sobre o futuro. – Disse Ted, sentando-se em uma cadeira que estava à frente de George, e cruzando as pernas.

- O meu futuro está me esperando, há alguns minutos, dentro do ônibus e eu só me atrasei, porque estou aqui dando atenção a você, sem saber o motivo. – Disse George.

- Para que tanto orgulho, George? Onde está aquele jovem tão humilde?

- Você cobrando humildade de mim, Ted? Acho que devo estar ficando louco mesmo!

- Deixe-me ir direto ao ponto, George! – Disse Ted. – Sei que está magoado pelo que aconteceu na temporada passada. Reconheço meu erro, e também reconheço o brilhante trabalho social, no qual está envolvido no momento. Mas fico imaginando, até quando seguirá com esse tipo de trabalho…. – Ted dá uma pausa, fazendo gestos de menosprezo.

- Continue! – Disse George.

- O que eu estava tentando dizer é que um homem precisa se alimentar. Será que não percebe que um dia terá de voltar à sua profissão?

- Obrigado por se preocupar comigo, Ted! Mas sinceramente ainda não entendi onde pretende chegar com esse discurso.

- Ora, sejamos adultos George! Estou aqui na expectativa de que pudéssemos conversar, sobre a hipótese de voltarmos a trabalhar juntos em um novo projeto.

Por alguns instantes, George parou perplexo, observando Ted. Depois perguntou – Trabalharmos juntos, novamente?

- Sim. Por que não? – Respondeu Ted, abrindo os braços, como se aquela proposta, fosse algo simples.

- Olha Ted, você realmente me surpreende. Sabe que isso é algo praticamente impossível.

- Impossível? Essa palavra não existe no meu vocabulário, George.

- Entendo, Ted. Inclusive, relembrando as palavras me disse na última vez que nos vimos, tenho muito a te agradecer.

- Agradecer-me? Por que, George?

Na mente de George, imediatamente, veio a imagem de Ted, dizendo na época, que ele não servia nem para treinar aleijados. Então ele disse.

- Quero te agradecer, por hoje me fazer entender que realmente não possuo capacidade para trabalhar com pessoas normais, ou pelo menos, para algumas que se acham normais!

O semblante de Ted, empalideceu. E ao sentir seu orgulho ferido e desafiado, mordeu levemente os lábios, dizendo – Mas como você é mesmo orgulhoso, George!

- Eu, orgulhoso? Será mesmo? – Perguntou George, fixando o rosto de Ted. Depois ele acrescentou – Se realmente era isso que tínhamos que conversar Ted, acho que terminamos por aqui. Preciso ir, os garotos me aguardam.

Olhando para George com ares de fúria, Ted preparou-se para sair. Mas não antes sem dizer algo. – Não gosto de pessoas que me desafiam ou que ofendam, George! Pode continuar aí com suas "ações sociais"! Só lhe digo uma coisa, no que depender de mim, será um profissional fracassado!

George não respondeu mais nada. Simplesmente, em silêncio, aguardou que Ted se retirasse dali.

Depois que Ted se retirou, o silêncio foi novamente quebrado.

- Se ele ficasse mais um minuto aqui, juro que eu pessoalmente, quebraria a cara dele! – Disse Pierre, que estava a todo tempo, em uma das partes reservadas do vestiário, sem que fosse notado.

- Poxa, você ainda estava aí, Pierre?

- Sim, George. E me segurei ao máximo. Você está de parabéns por manter a serenidade e educação, diante de um cafajeste daquele!

- Devo isso ao meu pai, Pierre. Ele sempre me ensinou a enfrentar pessoas assim, com serenidade.

- Esse tal de Theodore, não vale o que come! – Disse Pierre.

- Você o conhece? Perguntou George.

- E quem não conhece essa figura indesejável? – Perguntou Pierre.

- Bom, não podemos deixar que isso atrapalhe nossa jornada de alegria e de conquista! – Disse George, colocando as mãos sobre os ombros de Pierre, convidando-o para que se dirigissem ao ônibus.

- Por que demoraram tanto? Quem era aquele grã-fino que saiu do vestiário? – Perguntou Fred.

Antes de George, Pierre respondeu – Era apenas um visitante que estava perdido. Mas George o ajudou a encontrar o seu caminho.

Se a resposta de Pierre explicou, não se sabe. Porém, George soltou um leve sorriso e a euforia voltou a tomar conta de todo o grupo, inclusive dos dois professores que caíram na folia, junto dos vitoriosos garotos, durante todo o trajeto de volta.

É Realmente Maravilhoso Estar na Final.

Era bem tarde da noite, ou melhor, alta madrugada, quando George, já em casa, encostou a cabeça em seu travesseiro, na tentativa de cair no sono. A adrenalina estava alta pela conquista de uma vaga na final do torneio. Por outro lado, mesmo que tentasse evitar, ainda vinha a imagem de Ted à sua mente. Sendo que passavam das 3h00, quando enfim, ele conseguiu dormir.

Mas logo pela manhã, por volta das 9h30, foi despertado pelo som do telefone, tocando. Ao atender, teve uma agradável surpresa, pois era Augustus ligando para cumprimentá-lo, pelo feito da equipe Raio de Luz, na noite anterior.

- Olá amigo! Bom dia! Parabéns! Espero não o ter acordado! – Disse Augustus.

- Pela minha voz, você já deve ter percebido que acabei de despertar. – Disse George, sorrindo. – A noite realmente foi agitada, meu amigo!

- Me desculpe George! Mas não via a hora de te ligar para cumprimentá-lo. Você realmente merece chegar amais uma final, meu rapaz!

- Obrigado Augustus! Mas tenho que reconhecer que sem você e Pierre nos apoiando, não teríamos chegado até aqui.

- Que nada! O que eu fiz? – Perguntou Augustus. – Aliás Pierre, sim! Ele também merece meus cumprimentos. Inclusive, foi ele há pouco que me ligou, dando a notícia da classificação.

- Ele te ligou, Augustus? E ele comentou sobre o fato lamentável, também?

- Fato lamentável? Não! O que houve? – Quis saber Augustus.

- Nem te conto! Adivinhe quem resolveu aparecer por lá? _ perguntou George.

- Quem? – Indagou Augustus, curioso e preocupado.

- Theodore! E sabe, Augustus? Isso mexeu muito comigo, ele quase estragou a minha noite.

- Que imbecil! O que ele queria? – Perguntou Augustus.

George contou ao amigo, como foi o fatídico encontro com Ted. Falou como se posicionou e inclusive, que por pouco, Pierre não o teria agredido, na ocasião.

- Tem alguém rindo ao seu lado, Augustus? – Perguntou George.

- Sim. É Dory. Ela está aqui ao meu lado, ouvindo nossa conversa e está se divertindo muito, por saber que você disse umas boas para aquele sujeito.

- É uma pena eu não estar lá também, para ajudar quebrar a cara dele! – Gritou Dory.

Agora foi a vez de George sorrir um bocado, ao ouvir Dory, com seu jeito bem-humorado.

- Agradeço muito por ter ligado, Augustus. Como lhe disse, o surpreendente encontro com Ted, me alterou muito. As vezes penso comigo mesmo, se não fui estúpido ou arrogante demais, comportando-me daquela maneira.

- Arrogante? Você? Ora meu amigo, você sim, é que foi provocado por um arrogante, em seu ambiente de trabalho. Não se aflija por isso! – Disse Augustus.

- Acho que realmente tem razão, Augustus. Obrigado!

- Tenho muita razão, George. E vou dizer algo que talvez não saiba.

- O que é, Augustus?

- Tenho informações de que Ted vem passando por sérias dificuldades.

- Verdade mesmo? – Perguntou George.

- Sim, é verdade. Não apenas nos negócios, mas também pelo lado pessoal, pois ouvi dizer que seu casamento se desfez.

- Não diga, Augustus!

- É por isso que eu te falo amigo, esqueça Ted e foque apenas na final importantíssima que terá pela frente! A propósito, George, já sabe quem será seu adversário? – Perguntou Augustus, tentando mudar o assunto.

- Não. Saímos tão tarde que eu acabei nem me informando. Logo mais, ligarei para Pierre, para saber. Ele com certeza deve ter essa informação. – Disse George.

- Bom, independentemente, desejo desde já, muito sucesso a você e quero assistir a finalíssima *in loco,* meu amigo! – Disse Augustus, muito feliz.

- Obrigado pelo apoio de sempre, Augustus! Esperarei vocês por lá!

- Pode nos aguardar, George!

- Antes que eu me esqueça, dê um beijo em Dory. Somente ela mesmo, para me trazer algum humor!

- Será dado, pode deixar! – Disse Augustus, encerrando a conversa.

Após se cumprimentarem e desligarem, George parou por alguns segundos, refletindo. A realidade é que sempre era um alívio para ele, ouvir os conselhos de Augustus. Que era como um verdadeiro pai para George.

George tomou um banho, fez o desjejum e em seguida, ligou para seus pais. Além de dar a notícia sobre a classificação para a grande final, o que os deixou satisfeitíssimos, conversou sobre muitos outros assuntos, que o fizeram entreter-se bastante.

A conversa com Augustus, o telefonema para seus pais, tudo isso ia contribuindo para George se recompor e focar somente nos jogos da final. Isso o fez lembrar de ligar para Pierre e saber quem enfrentariam na grande final.

- Olá Pierre, tudo bem? Como passou de ontem para cá? – Perguntou George.

- Não podia ter sido melhor! – Respondeu Pierre. – Estou muito feliz pelos garotos e por nós, George.

- Que bom, Pierre!

- E você, como passou George?

- Passei bem. Isso é, tirando aquele infeliz momento de ontem.

- Ora, esqueça isso, amigo! Vamos focar no que nos interessa, George!

- Verdade, tem razão! Falei com Augustus há pouco e ele me disse o mesmo.

- Você ligou para ele, George? Eu também liguei!

- Na realidade, foi ele quem me ligou, para cumprimentar-me e então falamos muito, inclusive, como de costume, me deu muitos conselhos.

- Que ótimo! Se existe alguém para nos aconselhar, ninguém melhor do que ele. – Disse Pierre.

- Mas eu te liguei mesmo, Pierre, foi para saber se tem informações de quem enfrentaremos na final. Pois eu até agora ainda não sei. Que vergonha!

- A, sim, George. Eu também só tive a informação, há poucos minutos. Enfrentaremos a equipe dos Leões, que conseguiu eliminar os Gigantes.

- Verdade? E o que sabe sobre eles, Pierre?

- Como você sabe, George, vieram da chave A invictos e assim se mantiveram, ao eliminarem os Gigantes. O que posso afirmar é que, dado a isso, levarão vantagem sobre nós, de fazerem uma eventual terceira partida, em seus domínios. Mas levantarei mais informações e amanhã, durante o treino, conversaremos mais, a respeito deles.

- Combinado, Pierre! Aproveitarei a tarde para visitar Irmã Agnes e Madre Tonya. Em razão do horário ontem, não tivemos oportunidade de nos falarmos.

- Que ótimo! Cumprimente-as por mim, pois não poderei comparecer hoje. De qualquer forma, amanhã, as cumprimentarei pessoalmente.

- Pode deixar, Pierre. Eu transmitirei os seus cumprimentos.

Ao chegar ao orfanato, não podia ser diferente para George. As duas religiosas, certamente informadas pelos garotos a respeito do avanço às finais, receberam George com muita alegria. Irmã Agnes, para variar, não conseguia conter as lágrimas de emoção.

- Sabe, George, todo dia me pergunto, até quando meu coração suportará tanta emoção! Estamos muito felizes por vocês, professor! – Disse Agnes.

- Faço minhas, as palavras de Irmã Agnes. – Disse Madre Tonya. – De fato, somos gratas por tudo que nos tem feito.

- Muito obrigado! – Disse George. – E os garotos, como passaram?

- Nossa! Estão muito eufóricos, George. Quer que nós os chamemos para conversar? – Perguntou Madre Tonya.

- Não. Não há necessidade, madre. Vamos deixá-los curtir um pouco, a classificação. Amanhã teremos treino e nos encontraremos. Passei apenas para cumprimentá-las, inclusive Pierre também enviou seus cumprimentos.

- Obrigada! Disse Agnes, que acrescentou – Durante o dia de hoje, recebemos muitas ligações da imprensa, tentando agendar um encontro. Acredito que em algum momento, teremos que recebê-los, não acha George?

- Claro. Tem razão, irmã!

- Encontrarei um horário para atendê-los aqui. Se puder e quiser participar, seria bom professor! – Disse Agnes.

George, sabia que era necessário dar atenção à imprensa, pois além de veículo de divulgação, ela serve como formadora de opinião, e também canaliza investimentos, através dos anunciantes. Enfim, é importante que se dê abertura a esses profissionais.

- Façamos assim, Irmã, se por gentileza puder avisá-los, amanhã, logo após o encerramento dos treinos, poderíamos atendê-los.

- Claro, George. Anotei os telefones de todos que pediram. Avisarei para que estejam aqui amanhã, por volta das 17h00, pode ser?

- Sim. Fechado! – Disse George.

- Pode ser na sala de reuniões, ou prefere na quadra, George?

- Na sala, irmã. Por gentileza!

- Sim. Deixarei tudo pronto. – Disse Agnes.

Na tarde seguinte, ao chegarem para o treino, George e Pierre se depararam com todos os garotos já reunidos na quadra.

- E aí, professores, tudo bem? – Gritou Martin. – Quer dizer que vamos enfrentar os Leões, certo?

- Sim, isso mesmo, Ruivo. – Respondeu George.

- Estamos muito confiantes, heim! – Disse Fred.

- Que bom! – Disse George. – Dizem que são muito difíceis de encarar.

- Assim, que é bom, professor! – Disse Yan. – Então vamos encará-los de igual para igual.

- Noto que está realmente confiante, China! – Disse George, sorrindo. Depois acrescentou – O professor Pierre iria levantar informações sobre eles. Conseguiu, Pierre?

- Sim, George, estão aqui comigo.

- Por favor, Pierre. Nos passe as informações, então!

Os garotos pararam para ouvir atentamente Pierre, que começou a falar – Então meninos, eles estão invictos e os resultados que vêm alcançando, tem impressionado a todos. Desta forma, são apontados como favoritos, até porque possuem a vantagem de maior experiência em torneios e no caso de um eventual terceiro jogo, decidirem em sua casa.

- A gente ganha deles, professor! – Disse Fred.

- Vamos deixar a soberba de lado! - Disse George.

- Falando em soberba, - Disse Pierre. – Descobri que o treinador deles é Thomaz Blanco. Embora seja muito competente, tem fama de provocador e estimula muito esse comportamento, em seus atletas.

- Ele tinha que ser meu xará? – Gritou Thomas.

Todos riram.

- Deve ser seu tio, Tó! – Disse Yan.

- Deve ser um arrogante! – Falou Martin.

- É! Mais ou menos isso, Ruivo. Você entendeu bem! – Disse Pierre, que continuou – Temos que nos preparar muito, pois o primeiro jogo será na casa dos Leões. Se conseguirmos uma vitória, e sei que não será fácil, o segundo jogo em nossa casa, se transformará em uma finalíssima.

- Bem observado, Pierre! – Disse George.

- Foi bom tocarmos nesse assunto, George, pois tenho duas notícias a respeito do segundo jogo. – Falou Pierre.

- Então, manda! – Disse George.

- A primeira é que fomos autorizados para jogar no ginásio da universidade. – Disse Pierre.

- Que ótimo! Lá, é bem maior que o municipal e a estrutura também é melhor. E qual a outra notícia, Pierre?

- A segunda, é que para mim será uma pena, pois nesta data não estarei aqui.

- Como, Pierre? Por que não estará?

- Eu e Vitória, fomos convidados para ser padrinhos de casamento de uma sobrinha, e a viagem é muito longa. Sendo assim, não dará para eu chegar em tempo de participar do jogo.

- Que pena, Pierre! Quer dizer que vou ficar sem o meu grande e fiel parceiro, bem no dia em jogaremos em casa e em uma final?

- Do jeito que o time está jogando, você nem vai precisar de auxiliar, meu amigo – Disse Pierre.

- Se realmente é um compromisso tão importante assim, vamos te liberar. – Disse George com um sorriso.

- Muito importante para nós, George. É uma sobrinha que amamos muito, inclusive já estávamos convidados, há mais de um ano.

- Não se aflija, amigo! Vamos nos virar! Mas por enquanto já que está por aqui, vou aproveitar o máximo de você. – Disse George que em seguida falou – Bem meninos, vamos aos treinos! Não podemos perder tempo.

Após o treino, como ficara combinado, George e Pierre seguiram até à sala onde ocorreria a coletiva com a imprensa. Chegando lá, ficaram surpresos, pois havia bem mais repórteres do que imaginaram.

Os dois treinadores cumprimentaram os entrevistadores e em seguida, foram bombardeados por uma série de perguntas.

Falaram sobre as expectativas e os preparos para os jogos finais. Também sobre o fato de serem considerados um fenômeno. Também sobre o fato de os Leões estarem sendo apontados como favoritos ao título.

Irmã Agnes, também esclareceu todas as dúvidas sobre a existência e funcionamento da instituição e como foi o papel de George desde que chegou, da sua ideia de formar a equipe de basquetebol, da vinda de Pierre e também de sua felicidade pelos resultados alcançados.

Madre Tonya, mais acompanhou a entrevista, do que participou. Preferiu deixar Agnes responder as questões, tendo em vista que esta tinha muito mais detalhes sobre o tema.

Ao final da entrevista, uma repórter fez duas perguntas. A primeira, se referia intenção de George voltar em breve, a comandar uma equipe profissional, inclusive de rumores de ele trabalhar com Ted novamente. A outra, era por que os repórteres não podiam ter contato com os garotos.

- Vamos por partes! – Disse George. – Quanto a trabalhar com Ted, isso jamais acontecerá novamente. Quanto a treinar outras equipes, é algo que não planejei, portanto, enquanto eu estiver envolvido com esse projeto aqui, não irei pensar a respeito. Já com relação aos garotos, além da questão das particularidades de cada um, temos que respeitar o fato de tudo estar acontecendo de forma muito rápida. E isso nos sugere que os poupemos, por enquanto.

Após liberarem todos os repórteres, George e Pierre, exaustos, se despediram de Irmã Agnes e Madre Tonya. Depois seguiram para seus lares.

O tempo passou depressa e então chegou o dia do primeiro confronto da grande final. Logo pela manhã, George chegou ao orfanato para fortalecer o clima de concentração junto aos atletas.

- Olá garotos! – Disse George. – Sei que viajaremos somente no meio da tarde. Porém, quis vir para cá para nos concentrarmos. Pretendo me certificar de que independentemente de jogarmos na casa de nosso adversário, quero que estejam muito seguros.

- Nós estamos muito confiantes, professor! – Disse Martin. – Nem mesmo possíveis provocações, irão nos desconcentrar.

- Isso é muito importante, Ruivo! – Falou George, que continuou – Vocês ouviram o que Pierre nos disse a respeito do treinador deles. Assim, qualquer provocação, se ocorrer, é claro, quero que mantenham a calma. Nosso intuito é dar a resposta dentro das quatro linhas.

- Será que teremos torcida por lá, professor? Já que agora estamos numa final. – Perguntou Ale.

- Pela informação que tive, cem pessoas confirmaram a compra de ingressos para o setor da torcida visitante. Sei que é pouco para um ginásio com capacidade para quatro mil pessoas. De qualquer forma, sabemos que estarão lá, e torcendo por nós. – Disse George.

No início da noite, quando os garotos do Raio de Luz, chegaram ao local do jogo, perceberam, mesmo da parte externa, que a pressão da torcida adversária, seria enorme. Com certeza, era o maior público contra que enfrentariam, desde que o torneio se iniciou.

Em quadra, com a partida, quase prestes a começar, puderam de fato constatar o que perceberam do lado externo do ginásio. A gritaria e cantoria apoiando os anfitriões, era constante, principalmente no momento que o time dos Leões entrou na quadra.

A equipe Raio de Luz, do seu lado, foi discretamente até o local onde se posicionava a pequena torcida visitante, para a saudar. Até que guardadas as devidas proporções, a torcida da Raio de Luz, não tinha nada a perder, no quesito euforia.

Quando as equipes se cumprimentavam antes do embate, confirmou-se o que se esperava de Thomas Blanco, o técnico dos Leões.

Os garotos da Raio de Luz, mesmo mantendo a concentração solicitada por George, não deixaram de perceber a forma irônica com que Blanco tratou George, ao dizer – Vocês realmente me surpreenderam George. Por mais otimista que eu fosse no início do certame, jamais imaginaria que seriam vocês que estariam na final conosco.

Não se deixando dominar pela provocação, George respondeu – Já que tinham tanta certeza de que estariam na final, Blanco, esperamos não os decepcionar e comportarmos a altura desta superioridade que nos transmite.

Thomas cumprimentou George e depois seguiu para o seu banco, mantendo um sorriso irônico.

O jogo teve seu início. E, dotados de uma bravura inexplicável, os meninos da Raio de Luz, não se intimidaram diante dos Leões e, portanto, corresponderam as orientações de George.

Após um leve domínio dos Leões durante todos os três tempos iniciais, a equipe de George, reagiu no final. Foi com essa dedicação intensa, que conseguiu ultrapassar a equipe anfitriã, nos minutos finais da partida. Não deu outra. De uma maneira quase que improvável, a Raio de Luz conseguiu surpreender as expectativas de todos ali presentes, exceto é claro, de sua pequena, mas vibrante torcida. O placar estava definido, marcando 55 para Raio de Luz e 52 para o time dos Leões.

A torcida anfitriã, embora com a derrota de seu time, não permitiu que o silêncio tomasse conta da arena. Por isso, aplaudiram elegantemente o desempenho de seus atletas, apesar da surpreendente vitória da Raio de Luz.

Thomas, ainda sentado em seu banco, parecia de forma perplexa, não acreditar que seu time perdera a invencibilidade no torneio, justo na partida final e dentro de seus domínios. Isso sem falar que a derrota ocorrera, para uma equipe que na sua concepção, era uma finalista improvável.

George, não perdeu a oportunidade de passar por ali para cumprimentá-lo, dizendo – Eu disse que faríamos de tudo para jogar à altura da qualidade de seu time, Blanco.

Thomas, respondeu ao gesto, apertando a mão de George e falou – Nos espere, George! Estejam bem preparados, pois faremos questão de retomar a vantagem, dentro de sua casa!

- Será um prazer recebê-los, Blanco! Com certeza estaremos nos preparando.

Agora foi George que sorriu de forma irônica e depois seguiu para os vestiários.

Quando George entrou no eufórico ambiente em que se encontravam seus comandados, foi recebido com festa e com um belo banho de água, arremessada por alguns dos garotos.

- Parabéns meninos! Vocês realmente foram incríveis. – Disse George.

- Dá para imaginar, professor? – Perguntou Ale. – Vencemos os invictos e favoritos, na casa deles. E agora, se vencermos na nossa, seremos os campeões!

- Francamente, eu não imaginava, Fred. Só sei que agora posso afirmar que compramos uma briga enorme. Espero que possam sustentar! Ou será que estão com medo do jogo da volta?

- Medo? Que isso, professor? Está nos estranhando? – Gritou Martin.

A euforia permaneceu e se estendeu desde o vestiário, até o ônibus. E deste, até chegarem, altas horas, ao silencioso orfanato. O lar daqueles pequenos heróis.

Na manhã seguinte, quem caiu na alegria foram Irmã Agnes e Madre Tonya, com a notícia da grande vitória de seus pupilos.

Um Fato Surpreendente

Os dias que antecederam ao jogo que se tornou uma finalíssima, foram de expectativa total. Isso porque, se o Raio de Luz voltasse a vencer, consequentemente, levantaria a taça de campeã, dentro de casa, ao lado de sua torcida.

O tempo correu demais até que faltasse apenas um dia para o jogo final. E como anunciado, Pierre não participou desse último treino, em virtude de sua viagem.

Isso de qualquer forma, não foi problema para George e seus garotos. Eles realizaram o treino tão intensamente quanto já o fizeram, em ocasiões que antecederam outros duelos importantes. A única diferença é que esse poderia ser o treino que os levaria ao título.

Após o treino, George recomendou que seus jogadores, se mantivessem concentrados, porém relaxados, pois se o jogo anterior, fora de provocações, o próximo não seria diferente.

Depois de liberar os garotos, George dirigiu-se até a sala de Irmã Agnes.

- E então, irmã, como está o coração? – Perguntou George. – Vai nos assistir amanhã?

- Com certeza, George! Nesse jogo, eu faço questão de estar presente.

- E Madre Tonya, irá também? – Perguntou ele.

- Ela me disse que adoraria assistir, George. Mas até agora, não confirmou sua presença.

- Tomara que ela consiga, irmã. Creio que será importante para nós e também para ela.

- Bom, sei lá sobre a madre. Mas eu irei de qualquer forma, George.

Ao notar que uma chuva se aproximava, George agilizou sua despedida.

- Deixe-me ir! Pois vem uma chuvinha, por aí. – Disse ele.

- Vem não, George. Já começou a chuviscar. Você quer um guarda-chuvas?

Professor George

- Não há necessidade, irmã. Dou uma corrida até o carro.

- Nada como ser atleta! – Disse Agnes.

- Então, até amanhã, irmã!

- Vá com Deus, professor! E até amanhã!

Enquanto seguia para o lar, George se descontraía, ouvindo um relaxante som de jazz no rádio de seu carro. Parecia até que os pingos de chuva, harmonizavam com o ritmo musical.

George estava muito feliz. Parecia não acreditar que seus esforços estavam a poucas horas de serem coroados, se de fato, os garotos conquistassem o título, no dia seguinte.

A alguns poucos metros de onde George transitava, um veículo deslocava-se em alta velocidade, fugindo da polícia, após seus ocupantes realizarem um assalto.

Chegando ao semáforo, mesmo em velocidade controlada e tendo o sinal aberto a seu favor, George foi surpreendido pelo veículo conduzido pelos assaltantes, que avançou o sinal vermelho.

Numa fração de segundos, mesmo freando e tentando se desviar, o veículo de George foi atingido. A forma com que o veículo irregular resvalou no carro de George, fez com que esse fosse colidir contra um poste e depois capotasse em meio a avenida.

Enquanto os responsáveis pelo acidente, se mantiveram em fuga, o professor, ficara ali, combalido, preso em seu veículo, que tinha virado as rodas para o ar.

Quase perdendo os sentidos, George ouvia as vozes daqueles que curiosamente, aglomeravam-se ao redor do veículo acidentado. Em alguns minutos, uma dor intensa tomou o corpo de George, cujas pernas ficaram presas em parte das ferragens.

A dor só não era suficientemente capaz, de evitar que George ouvisse, em meio a chuva que ainda caía, o barulho da sirene da viatura de resgate, que há pouco estacionara para socorrê-lo.

De repente, um dos agentes de resgate, mencionou em tom de alerta – Nossa! Vocês viram? É o Professor George!

- Quem? Perguntou um colega.

- O Professor George! O famoso treinador de basquete, que treina o time do Orfanato São Francisco.

- Meu Deus! – Gritou um dos agentes. – O time dele não está disputando os *play-offs*?

Realmente, não deve ser fácil a vida de quem é agente de resgate. Além de tantas circunstâncias que enfrentam, muitas delas fatais, as vezes o fato torna-se mais surpreendente ainda, como naquele momento.

Dotados de uma habilidade indescritível, os agentes conseguiram remover com vida, o professor acidentado. Depois, dirigiram-se com a maior brevidade possível, até o hospital central.

Que tristeza! Que fatalidade com o jovem treinador! Justo às vésperas da grande final.

Porém, quiseram as forças divinas, que a vida de George, não fosse destruída pela imprudência. Assim, embora inconsciente, o respeitável professor, chegara ao centro hospitalar, salvo.

Lá para os lados do orfanato, não tardou para que a notícia chegasse, para o desespero das duas nobres freiras. Embora não faltasse preocupação em Madre Tonya, era notório que Irmã Agnes era a mais abalada.

- Madre de Deus! Eu nem sei o que dizer, como agir. Será que ele corre risco de vida? – Perguntava Agnes, desesperadamente.

Abraçando a jovem religiosa, Madre Tonya, que embora também estivesse com os nervos abalados, fazia de tudo para acalmá-la.

- Tente-se acalmar Irmã! Antes de mais nada, precisamos nos informar sobre o estado dele. Isso só será feito, com a presença de uma de nós. Providenciarei para que um carro a leve até o hospital!

- Mas, e os pais dele? E os garotos, madre?

- Irmã, vamos manter a fé em Deus! Primeiro, precisamos nos assegurar da situação. Seus pais, no momento adequado, serão informados. Quanto aos garotos, sugiro não levarmos o assunto ainda, para não os abalar, sem a real certeza da situação.

- Tudo bem, madre! – Respondeu a chorosa freira.

O caminho para o hospital, parecia eterno. Irmã Agnes, agarrada ao terço, entrelaçado em seus dedos, orava em silêncio e praticamente nada falava com o motorista, que com muito profissionalismo, respeitou silenciosamente a dor da freira.

Após a obrigatória identificação e registro junto à recepção do hospital, Irmã Agnes foi conduzida até uma sala de espera, onde ao lado de inúmeras pessoas, aguardou, olhando cada minuto que passava no enorme relógio, pendurado em uma parede à sua frente. Depois de aproximadamente uma hora, uma voz suave e feminina, a chamou junto à porta. Era uma senhora da equipe de apoio do hospital.

- Irmã Agnes!

- Sim!

- Boa noite! Poderia acompanhar-me, por gentileza? – Disse a atendente, que conduziu Irmã Agnes, até uma pequena sala de atendimento, onde esta esperou por mais alguns minutos, até que uma enfermeira, adentrou ali para conversarem.

- Boa noite, irmã! Sou Lilian. Faço parte da equipe médica que está atendendo o Sr. George...

Mal a enfermeira se apresentou, Agnes levantou-se da cadeira perguntando – Como ele está? Está bem?

- Sim, acalme-se por gentileza! Ele está em boas mãos! – Disse Lilian, abraçando docemente, porém de forma firme, a abalada freira.

Aqueles poucos segundos nos braços de Lilian, fez com que Irmã Agnes se sentisse carregada no colo, por alguém tão gentil.

- Sente-se por favor, irmã! Aceita um copo de água? – Perguntou Lilian.

- Obrigada, aceito! – Disse Agnes, que depois sentou-se em frente à escrivaninha, ocupada por Lilian.

- Irmã Agnes, primeiro quero que fique tranquila, pois o quadro de George, encontra-se estável, embora seja delicado.

- Ele corre risco, Lilian?

- Na realidade, ele sofreu duas fraturas nos membros inferiores – Disse Lilian. - Em uma das pernas e em um dos pés. No mais, pelo menos os exames, não apontaram nada mais grave.

- Ele vai ficar bom, não vai, Lilian?

Antes que Lilian pudesse responder, uma funcionária veio até a porta e a chamou – Lilian, o Dr. Richard acabou de chegar e quer conversar contigo.

- Sim. Já estou indo! – Disse Lilian, pedindo licença para se retirar. – Com licença por uns instantes, irmã. Preciso falar com o Dr. Richard. Ele quem se encarregará da cirurgia de George.

- Eu posso falar com ele? – Perguntou Agnes.

- Sugiro que aguarde aqui, por gentileza. – Respondeu Lilian.

Obedecendo ao pedido de Lilian, Irmã Agnes permaneceu ali, muito abatida, rezando para que tudo estivesse bem.

Passados alguns instantes, Lilian retornou, só que agora, acompanhada do Dr. Richard, que educadamente, cumprimentou Irmã Agnes.

- Olá, irmã! Boa noite! – Disse o médico.

Ao olhar para o semblante calmo de Richard, um jovem de cabelos levemente grisalhos, de barba bem aparada, Agnes pareceu sentir-se levemente mais calma. Richard, gentilmente, pediu a ela que permanecesse sentada e depois, sentou-se à mesa, também, juntamente com Lilian.

Richard, começou a falar – Irmã, precisarei ser breve, pois nosso tempo é exíguo e precisamos entrar para a cirurgia. Lilian, certamente já deve ter lhe passado o quadro momentâneo do paciente. Porém, tudo dependerá de como as coisas ocorrerão daqui para frente.

- Por favor doutor, não deixe que nada grave aconteça com George. Será que ele corre risco? – Disse Agnes, segurando as mãos de Richard, como alguém que implorasse.

Sentindo o desespero de Irmã Agnes, porém mantendo-se muito calmo, Richard, respondeu. – Risco? Está aí irmã, algo que muitas vezes me questiono. Eu particularmente, acredito que os "riscos", começam a existir desde o momento em que nascemos.

Não entendendo muito se o manifesto de Richard, era irônico ou de humor, Agnes continuou ouvindo o que o jovem, porém experiente cirurgião dizia.

- O que lhe posso garantir, é que George está sob ótimas mãos. Não somente de minha parte e de Lilian, mas de toda equipe.

- Entendo, doutor! – Disse Agnes, calmamente.

Richard continuou – Saiba que tudo que estiver ao nosso alcance, será feito nesta intervenção. Aliás, posso afirmar que se conheço bem minha equipe, daremos o melhor de nós para que haja sucesso nesse procedimento.

- Obrigada, doutor! – Falou a freira, confiante.

- Agora, o que recomendo, é que volte para o seu convento....

- Orfanato! – Corrigiu Agnes, sorridente e educada.

- Desculpe-me! Não sabia! – Disse o médico, que continuou – Então, que volte ao seu orfanato, tentando manter-se o mais calma possível.

- Eu posso passar a noite aqui, se necessário, doutor!

O procedimento será demorado e não temos como acomodá-la aqui. Somente teremos um novo quadro, daqui muitas horas. Seria muito bom para senhora, se pudesse descansar um pouco.

- Eu fico aqui na recepção mesmo. – Disse Agnes, de forma insistente.

- Seria um estresse desnecessário, irmã. Recomendo que procure o hospital amanhã, ao final da tarde. Quem sabe não obterá boas notícias? – Disse Richard.

- Nesse horário, ele já poderá receber visitas? – Perguntou Agnes.

- Amanhã, creio que ainda não. – Respondeu o médico.

- Mas é que eu queria vê-lo! – Insistiu Agnes.

Lilian, então deu uma sugestão – Façamos assim irmã, amanhã ao final da tarde, eu não estarei aqui. O que posso tentar é falar com uma colega, para que dependendo do quadro de George, você possa pelo menos vê-lo de longe.

- Como você é boa, Lilian! – Obrigada! – Disse Agnes.

- Tem certeza que você fará isso? – Perguntou Richard, sorrindo. – Se você perder o emprego, eu não tenho nada com isso!

- Se eu perder meu emprego, vou trabalhar no orfanato com Irmã Agnes. – Disse Lilian, brincando e olhando para a freira.

- Pode ir! O que mais temos por lá, é trabalho. Só não temos como pagar o seu salário. – Disse Agnes, soltando um discreto sorriso, algo que por horas, não fazia. Depois ela complementou – Tenham uma boa noite e que Deus lhes dê muita força durante o procedimento!

- Então, boa noite, irmã! Vamos Lilian! – Disse o doutor, puxando Lilian pelo braço. Só que antes de deixar a sala, ele dirigiu-se a Agnes novamente e disse – Irmã, antes que eu me esqueça....

- Sim, doutor! – Disse Agnes.

- Orações funcionam e nos ajudam muito nesses momentos! – Disse Richard.

- Não faltarão, doutor! – Disse Agnes. – Que Deus os acompanhe nesta jornada!

Despedindo-se dos dois, Agnes calmamente caminhou na direção da saída, como alguém que relutasse deixar aquele local. Chegando ao estacionamento, bateu de leve no vidro do carro, onde o motorista, que a esperava por praticamente duas horas, cochilava, e ela o despertou.

Ao vê-la, o motorista falou – Irmã! Desculpe-me! Acabei cochilando.

- Eu é que peço desculpas ao senhor, por fazê-lo esperar tanto.

- Como está o professor? – Quis saber o motorista.

- Ele fraturou uma perna e um pé e terá que passar por uma cirurgia. – Disse Agnes.

- Fique tranquila! Se Deus quiser, tudo dará certo!

- O senhor tem razão. Com Deus no comando, tudo dá certo! – Disse a irmã, soltando um suspiro e depois retornando ao silêncio, até que o carro a deixasse novamente no orfanato.

Quando Agnes adentrou o orfanato, Madre Tonya, ansiosamente a aguardava. Augustus, que tinha tomado conhecimento do acidente, pela madre, que também dissera a ele, que Agnes estava no hospital, dirigiu-se até o orfanato, para aguardar as notícias, que porventura, a irmã lhes trouxesse.

E então, como ele está? – Perguntou a madre, muito aflita.

Irmã Agnes, agora um pouco mais calma, falou com Madre Tonya e com Augustus, sobre o quadro e as informações que recebera do Dr. Richard e Lilian.

- Você falou com Pierre, Augustus? – Perguntou Agnes.

- Não. Não quis incomodá-lo, irmã. Está fora do país para o casamento da sobrinha. E de qualquer forma, ele nada poderia fazer, não é?

- Tem razão! – Disse Agnes, que acrescentou – Nós também só falaremos com os garotos, pela manhã.

- A nossa dúvida é quanto aos pais dele. – Disse Madre Tonya.

- Posso falar com eles, assim que passar pela cirurgia e tivermos maiores informações. – Disse Augustus. – Ligar para eles agora, seria deixá-los muito preocupados.

- Concordo com o senhor, professor! – Disse Agnes.

- E quanto ao jogo de amanhã? – Quis saber Augustus.

- Por mim, se não der para o time ir, vamos fazer o quê? – Disse a madre, abrindo os braços.

- Se eles não forem, perdem por W.O.[2]. – Disse Augustus.

- O que é isso? – Perguntou Agnes.

- Um avanço técnico, pelo não comparecimento de uma das equipes. É como se o time tivesse perdido o jogo. – Respondeu Augustus.

- O senhor não poderia acompanhá-los, professor? – Perguntou Madre Tonya.

- Se fosse permitido, faria isso com o maior prazer. Mas não estou inscrito.

- Com Pierre viajando, quem poderá ir? – Perguntou Agnes.

---

[2] W.O. É a sigla para a palavra em inglês *walkover*, que traduzido para a língua portuguesa, significa algo como "avançar".

Os três permaneceram em silêncio, até que Madre Tonya, repentinamente, falou – E por que não eu?

- A senhora?! – Perguntou Agnes, espantada.

- Sim. Eu respondo pela instituição! Então posso representá-la!

- Creio que a madre tenha razão, irmã. – Disse Augustus, pensativo e apoiando o queixo sobre uma das mãos.

- Então deixe que eu vá, madre! – Falou Agnes. - A senhora designou-me para cuidar dos assuntos relacionados ao time.

- Não, irmã! Eu cuidarei disso! Você está acompanhando George e ninguém melhor que você para continuar fazendo isso.

- Eu sei madre, mas é que o ambiente desportivo, costuma algumas vezes ser hostil. Tenho medo que isso possa constrangê-la. – Disse Agnes, preocupada.

- Constranger-me? Está me estranhando, irmã? – Perguntou Madre Tonya, muito segura de si e que em seguida, acrescentou – Pense bem, irmã! George, nesse momento, tem somente nós duas, como representantes de sua família. Da mesma forma com que ele nos apoiou, agora é a nossa vez! Como só uma poderá acompanhá-lo, que esta pessoa seja você!

- Está bem, madre! – Disse Agnes, respeitosamente.

Não havendo mais o que fazer por ali, Augustus despediu-se, dizendo – Assim, que confirmarem que haverá o jogo, por gentileza, me avisem! Prometi a George que compareceria à partida. Já que não posso como treinador, que eu possa fazê-lo como torcedor. Tenham uma boa noite!

- Pode deixar que o avisaremos, Professor Augustus. Tenha uma boa noite também! – Disse Agnes.

Depois, as duas freiras, recolheram-se em seus dormitórios, para com muito esforço, tentarem dormir, mesmo que por poucas horas.

Juntando Esforços

Depois de uma noite mal dormida e de muita preocupação, Madre Tonya e Agnes, foram logo pela manhã, reunir-se com os garotos, para lhes dar a tão triste notícia.

Elas fizeram um desjejum muito mais leve que o de costume. Pareciam de fato, terem perdido seus apetites. Pelo fato de os garotos estarem ansiosos pelo jogo que aconteceria naquela noite, encontravam-se muito felizes, brincando uns com os outros, de forma bem descontraída.

Percebendo que os meninos já estavam todos muito bem alimentados, Irmã Agnes e Madre Tonya, aproximaram-se e pediram gentilmente, que se agrupassem, pois tinham um recado para lhes passar.

Os garotos, a princípio, demonstraram ar de preocupação, pois afinal o que levaria aquelas duas, logo pela manhã, solicitarem uma reunião.

Quando estavam todos a postos, Madre Tonya iniciou a conversa – Obrigado pela atenção de todos. Pedimos que nos reuníssemos, pois temos uma notícia nada agradável.

Agora, ao ouvirem Madre Tonya falando daquela maneira, todos ficaram ainda mais apreensivos. Assim, calmamente, madre e irmã falaram sobre o ocorrido na noite anterior com o professor George. Também comentaram sobre seu estado, com base nas informações trazidas por Agnes, do hospital.

Muito abalados pela tão triste notícia, os meninos ficavam atônitos, quase sem saber o que dizer. Foi quando Martin, resolveu perguntar – Ele corre risco de vida, irmã?

- Pelo que conversei com o médico, não corre, Martin. Mas é muito delicada sua situação

- E o jogo de hoje à noite, foi cancelado? – Indagou Martin, muito preocupado também.

- Acreditamos que não, Ruivo! Mas ainda temos que conversar com os organizadores para comunicá-los do acidente. Isso se eles já não estiverem informados. – Disse Madre Tonya.

- Mas se não formos, perderemos por W.O., madre! – Disse Ale, espantadíssimo.

- Acalme-se Alex! – Disse Agnes. – Estamos trabalhando para evitarmos isso. Porém, estamos diante de uma situação muito delicada!

- Desculpe-me! Eu sei, irmã! Mas quem irá com a gente? O professor Pierre está em viagem! – Disse Ale.

- Se não encontrarmos uma alternativa, eu mesma os acompanharei! – Falou Madre Tonya, de forma segura.

- A senhora, madre? Desculpe, mas o que a senhora entende de treinar basquete? – Gritou China.

- Eu não disse que os treinaria, Yan, disse que os acompanharia! Além do mais, posso não entender de basquete, mas do orfanato, ninguém entende mais do que eu! – Disse a superiora, muito seriamente.

- Está certo! Mas será que permitem, madre? – Perguntou o Ruivo.

- Realmente não sei, Martin! E se eu não perguntar, jamais saberei!

Madre Tonya, por mais que tentasse demonstrar calma, sentia-se preocupada com tudo aquilo.

- Acho que eu estou sonhando! – Resmungou Fred.

- Calma meninos! – Disse Agnes. – Nesse momento, o que temos que nos preocupar, é com a recuperação do Professor George. E orarmos muito por ele, inclusive!

- Eu acho que não haveria problemas se Madre Tonya e Irmã Agnes, nos acompanhassem! – Disse Chris.

- Pronto, falou o entendido! – Gritou Fred.

- Não disse nós duas, Christian. Seria somente eu, pois Irmã Agnes se encarregará de acompanhar nosso querido professor, no hospital.

- Meninos, o recado está dado! – Disse Agnes. Mais tarde, após Madre Tonya falar com os organizadores, ela poderá lhes dar uma posição melhor sobre sua presença, representando o professor George.

Após liberarem os garotos, irmã e madre voltaram para o escritório, de onde entrariam em contato com a organização do torneio.

De fato, a notícia sobre o acidente com George, já era de conhecimento dos organizadores. Assim, os responsáveis, gentilmente atenderam Madre Tonya pelo telefone e lamentaram muito o ocorrido. Apenas, de forma sincera, esclareceram que infelizmente, não seria possível o cancelamento ou o adiamento da partida. Madre deixou claro sobre a também ausência do Professor Pierre, auxiliar de George, pois encontrava-se no exterior.

Assim, a religiosa solicitou que pudesse representar a equipe técnica, tendo em vista ser ela de fato, a representante oficial do orfanato. Os organizadores pediram alguns minutos para consultarem o regulamento, dizendo que em breve retornariam. E realmente, em seguida, o fizeram. No retorno, afirmaram que dado as circunstâncias e também respeitando o regulamento, não havia nada que impedisse a madre, que representasse o time de seu orfanato.

Com essa resposta, as irmãs, agradecidas, comentaram entre si, que era um problema a menos para se preocuparem. E assim resolveram que depois do almoço, levariam a notícia sobre a substituição autorizada, ao time dos meninos.

Um pouco antes do almoço, porém, uma visita não agendada, revolveu dar as caras lá no orfanato, com o intuito de falar com Madre Tonya.

Tratava-se de Thomaz Blanco, o treinador dos adversários daquela noite. Ele desembarcou, elegantemente trajando um uniforme com as cores de seu time, como alguém que deixasse a concentração, exclusivamente para aquela visita. Do seu lado, Madre Tonya, solícita como sempre, atendeu o inesperado visitante, apesar do não agendamento prévio.

- Boa tarde, Madre Tonya! Muito prazer! Sou Thomaz Blanco, treinador do time dos Leões! – Disse ele, ao entrar.

- Boa tarde, Professor Thomaz! – Seja bem-vindo!

- Obrigado! Desculpe-me por não ter agendado antes madre, mas prometo que não tomarei muito seu tempo.

- Não há de que, professor! O que o traz aqui?

- Primeiro, meus sentimentos pelo ocorrido, desejando que George tenha um rápido restabelecimento. Segundo, é que fui informado sobre um fato que me deixou preocupado.

- Qual fato, professor?

- O de que a ilustre senhora, irá representar o Professor George, dentro das quatro linhas, como treinadora.

- Realmente é verdade que representarei George, dentro da quadra, esta noite, porém não como treinadora, mas como acompanhante de nossa equipe.

- Que seja como acompanhante. Mas foi justamente isso o que muito intrigou-me.

- E o porquê da intriga, professor?

- É que eu acho que não haveria essa necessidade de se constranger tanto, madre.

- Constranger-me? Como assim, Sr. Thomaz? – Perguntou a madre, espantada.

- Ora madre, tenho mais de quinze anos de profissão e por isso posso lhe assegurar que jamais vi uma freira como treinadora de basquete. Ainda mais, como minha adversária!

- Eu já lhe disse, não sei se recorda, que não sou treinadora. Estarei ao lado dos meninos, como representante da instituição, os acompanhando. E posso lhe garantir que isso nada me constrange, professor!

- E os garotos, sabem e concordam com isso? – Perguntou Thomaz.

- Sabem! Se não soubessem, os avisaria em tempo, de qualquer forma.

- Entendo sua coragem, madre. De qualquer modo, pretendo propor algo mais prático.

- O quê? – Perguntou a madre, sendo direta.

Falando minuciosamente e com a voz baixíssima, Thomas continuou - Bem, considerando o infortúnio ocorrido com George, o constrangimento que já citei e o possível fato de seus garotos entrarem em quadra abalados, tenho algo a lhes propor!

- Então diga, professor! Estou te ouvindo! – Disse Madre Tonya, muito atenta.

- Minha sugestão, seria avançarmos essa partida, sem a vossa presença e daqui alguns dias, possivelmente com George recuperado, jogaríamos a terceira e decisiva partida.

- Deixe-me ver se entendi, professor! Esse avanço que propõe é aquilo que vocês chamam de W.O.?

- Sim, mais ou menos isso! – Respondeu ele acanhadamente, e com um leve cinismo no olhar.

- Quer dizer que depois, faríamos a decisiva partida, e que será justamente em seus domínios? – Perguntou Madre Tonya, sentindo-se indignada.

- Bom, aí é o regulamento que estabelece, e.....

Antes que Thomas concluísse, o semblante de Madre Tonya, ganhou um ar de seriedade total.

Em seguida, ela disse – Para ser educada professor, agradeço sua intenção de querer evitar constrangimentos, apesar de que essa sua visita, é que está me proporcionando justamente o contrário. E se seu intuito era o de nos ajudar, sugiro que essa conversa se interrompa por aqui!

Pego de surpresa pela reação de Madre Tonya, Thomaz permaneceu imóvel, ouvindo-a atentamente.

- E digo mais, se nunca enfrentou um time representado por uma feira, esta será a grande oportunidade de incrementar o seu currículo. Se o senhor tem quinze anos de profissão, eu tenho duas décadas, somente à frente deste orfanato. Posso até não entender de esportes, mas sobre esses garotos, entendo e sei sobre a vida de cada um deles.

- Mas madre…. – Disse Thomaz, tentando interrompê-la!

- Por favor, professor, apenas ouça! Se aceitasse sua proposta, isso ofenderia os garotos, nossa instituição, os Professores George e Pierre, Irmã Agnes, os organizadores e principalmente ofenderia a minha consciência e os meus princípios.

- Confesso que minha intenção, não era de abalá-la! – Disse Thomaz.

- Está bem. Então façamos o seguinte, o senhor volta lá para o lugar de onde veio, e busque preparar muito sua equipe! Pois os meus garotos, eu lhe garanto, que vencendo ou não, honrarão muito o que aprenderam com o Professor George.

Percebendo que Madre Tonya ficara profundamente ofendida, Thomaz simplesmente balançou a cabeça acatando, depois estendeu sua mão para se despedir dela, dizendo – Está OK, irmã!

- Madre! – Respondeu ela, muito séria, corrigindo-o.

- Está OK, madre! Nos vemos mais tarde!

- Até mais, professor! Respondeu Madre Tonya, apertando a mão de Thomaz, com uma firmeza bem acima do que costumava, e do que ele esperasse de uma freira.

Antes de sair, Thomaz, olhando para o prédio, disse em tom de desdém – Gostei! Bonito seu orfanato!

Evitando a provocação, Madre agiu como se não o ouvisse. E enquanto ele se dirigia para o estacionamento, ela o observava, com ar de reprovação. De forma repentina, foi abordada sutilmente por Irmã Agnes, que chegava por ali.

- Quem era aquele, madre?

- Nem te conto minha filha! É cada um que as vezes me aparece! – Disse a madre, muito entediada.

Percebendo que a visita tinha aborrecido sua superiora, e evitando desagradá-la ainda mais, Agnes falou – Passei aqui com o intuito de convidá-la para o almoço. Já está na hora!

No caminho até o refeitório, Madre Tonya comentou com Agnes sobre a não grata visita de Thomaz, e a sua indecente proposta.

- Acho que ele está é com medo de nosso time, madre!

- Sabe que em alguns momentos, eu também pensei isso, irmã? – Disse madre, tentando sorrir.

- A senhora não irá comentar sobre esse encontro com os meninos, irá? – Perguntou Agnes.

- Jamais! – Disse a madre que em seguida, continuou – Só que agora, eu faço questão de dar uma preleção a eles, de modo que esse time vai entrar em quadra, muito focado. Se irão vencer, não sei, mas sei que garra, não faltará!

- Tomara que eles vençam! – Disse Agnes. – Estarei de longe, rezando e torcendo muito por isso. A senhora tem certeza de que não precisará de mim, não é?

- Tenho sim, irmã! Principalmente pelo que George fez por todos nós do orfanato, temos que oferecer o maior apoio para sua recuperação. E você, irmã, como já disse, é a pessoa mais indicada para acompanhá-lo. A propósito, que horas pretende ir para o hospital?

- Depois das 17h00, madre. Talvez às 18h00 seja o melhor horário, pelo que me disseram ontem.

- Ótimo, irmã!

As duas terminaram a refeição e depois, cada qual voltou para sua sala.

No final da tarde, Madre Tonya foi até os garotos para informá-los sobre a autorização que lhe fora concedida, para estar naquela noite, dentro da quadra, ao lado da equipe. Enquanto, por outro lado, Irmã Agnes, seguia em direção ao hospital.

Logicamente, Madre Tonya, não comentara nada sobre a visita de Thomaz. Algo que talvez, alguns treinadores aproveitariam, para utilizar como exemplo motivacional, para os seus comandados.

- Olá meninos, tudo bem? Como havia comentado, vim aqui para lhes dar um retorno, sobre eu estar com vocês no jogo de logo mais.

- E como foi, madre? – Perguntou Martin.

- Fui autorizada e estarei lá com vocês!

Os garotos se alegraram com a notícia e não apenas pelo fato inédito, mas por Madre Tonya ser muito querida e respeitada por todos.

- Que "massa"! Vai ser muito bom ter na senhora com a gente na quadra, madre! – Disse Chris.

- Mas a senhora terá que usar uniforme esportivo, madre? – Indagou Yan, não se sabe se por ignorância ou até por brincadeira.

A pergunta, ao invés de resposta, provocou apenas um olhar sério de madre, desaprovando tal questionamento. Já os colegas, não deixaram por menos, e em tom divertido, vaiaram Yan por sua abordagem indevida, desrespeitando Madre Tonya.

- Mas é um "cabeçudo"! Claro que não! – Gritou Fred.

- Bem garotos, era esse o recado. Espero que estejam muito confiantes. Eu particularmente, acredito na vontade e disposição de todos vocês.

- A Irmã Agnes realmente não poderá nos assistir, não é madre? – Perguntou Martin.

- Não filho! Ela infelizmente não poderá. Por outro lado, estará no hospital em nome de todos nós, acompanhando o nosso querido Professor George.

- Já pensou se a gente ganha? O coitado nem vai saber o resultado do jogo! – Disse Ale.

- Muito triste mesmo! Pois seríamos campeões e ele nem poderia estar junto, depois de tantos treinos! – Lamentou Martin.

- Não quero que se preocupem com isso agora! – Disse Madre Tonya. – Concentrem-se para a partida! Até daqui a pouco!

Assim, Madre Tonya seguiu para sua sala, onde se prepararia também, para a inédita missão daquela noite.

Irmã Agnes, que chegara ao hospital por volta das 19h00, aguardava ansiosa, na recepção, que alguém viesse até ela, trazendo notícias de George.

Depois de meia hora de aguardo, uma enfermeira aproximou-se e calmamente a chamou – Irmã Agnes!

- Sim! – Respondeu Agnes com os olhos cheios de expectativa.

- Me acompanhe, por gentileza! – Pediu a enfermeira.

- Sim! Claro! – Disse Agnes, seguindo-a.

Adentrando uma sala, elas se sentaram e a enfermeira falou – Deixe-me apresentar-me! Sou Izabel, trabalho junto com Lilian e ela me adiantou sobre sua visita aqui hoje, neste horário, para obter informações sobre o estado de George.

- Sim! – Disse Agnes. – Ela inclusive, me disse que eu poderia vê-lo.

- Pois bem. Sendo a senhora, uma freira, deve compreender sobre protocolos e regras as quais precisamos respeitar. – Disse Izabel, que complementou - Assim, houve uma autorização para que pudesse vê-lo de longe, por alguns minutos.

- Mas por que? Ele ainda não se recuperou? – Perguntou Agnes, preocupada.

- Posso lhe dizer que ele teve muita sorte! – Disse Izabel que continuou – A equipe do Dr. Richard é muito competente e conseguiu realizar um brilhante trabalho. Ele continua em repouso e observação, levemente sedado.

A cordial enfermeira, seguiu por longos minutos, explicando como tinha sido realizado, todos os procedimentos da cirurgia.

- Acreditamos que dado ao porte atlético e saúde impecável de George, e com trabalhos adequados de fisioterapia, em poucos meses, ninguém dirá que ele sofreu algum acidente.

Ao ouvir isso, Irmã Agnes levantou as mãos para o céu, agradecendo.

- Bom, agora peço licença, pois preciso retornar ao trabalho. Dentro de meia hora aproximadamente, ele será levado até uma sala de observação próxima daqui. Então, nós a chamaremos para que possa vê-lo, através do vidro, por alguns minutos.

- Tem certeza de que eu não poderei mesmo falar com ele?

- Tenho! – Respondeu Izabel, seguramente. Depois ela seguiu para as dependências internas do hospital, deixando Agnes no aguardo.

Enquanto isso, a equipe do orfanato, desembarcava no ginásio universitário, local da grande partida que poderia lhe conferir o título de campeã.

No ginásio, totalmente tomado, a torcida anfitriã estava extremamente animada. Cornetas e muitas bandeirolas com as cores da Raio de Luz, enfeitavam as arquibancadas. Parece que o infortuno acontecimento que tirara o Professor George daquele confronto, mais despertou ânimo do que preocupações no público.

Madre Tonya, procurou não ser tão longa em sua preleção. Reforçou apenas para que tivessem o mesmo empenho que teriam, caso o Professor George estivesse ali. Ela, sabendo da equipe-base utilizada por George, a manteve para iniciar a partida. Ainda lembrou seus garotos sobre possíveis provocações do adversário, e como deveriam agir diante delas, seguindo os conselhos de George e Pierre. Enfim, ela depositou total confiança em seus meninos, desejando-lhes uma boa sorte.

O jogo estava prestes a começar. As duas equipes perfiladas, aguardavam a execução do hino nacional. Madre Tonya, trajando seu hábito de religiosa, elegantemente destoava, ao lado de seus garotos, demonstrando uma calma exemplar. Mas talvez internamente, seus ânimos não estivessem tão calmos assim. Ainda mais com a torcida gritando – Madre! Madre! Madre! – De forma incessante.

Em resposta àquela inesperada manifestação, ela de forma respeitosa e muito discreta, acenou para o público.

No hospital, Irmã Agnes, finalmente fora chamada por Izabel. Ela, mais do que depressa, seguiu a enfermeira pelos corredores, até chegarem em frente à janela da sala de observações.

- Vou deixá-la aqui, irmã. – Disse Izabel. – Porém, volto a insistir que não o verá pessoalmente, hoje.

Incansavelmente, Irmã Agnes, permaneceu ali, olhando à distância, aquele vigoroso atleta, porém imóvel e combalido, sob os cuidados hospitalares.

Às vezes, ela se sentava um pouco, porém logo já estava de pé. A cada vez que se levantava, torcia para que George, embora sedado, pudesse abrir seus olhos, e enxergá-la ali, acenando para ele. Quem observasse irmã naquele momento, poderia compará-la a um pai, que através daquela janela, observasse um filho recém-nascido, ainda no berço da maternidade.

E o jogo, no ginásio da universidade, corria intensamente. A equipe da casa, ou seja, a Raio de Luz, apoiada pela maior parte da torcida, seguia pontuando muito bem.

Thomaz, como já era esperado, não apenas orientava sua equipe, mas também, discretamente, sem que a arbitragem percebesse, provocava algum atleta adversário que se aproximasse dele, na tentativa de distraí-lo.

Madre Tonya, sem conhecimentos técnicos, parecia uma torcedora, animando mais seus atletas do que os orientando-os taticamente. Até mesmo nas eventuais substituições, a sugestão para os suplentes, vinha da própria equipe e ela respeitava.

De tanto esbravejar com sua equipe, Thomaz fez com que os Leões começassem a encostar no placar, que durante os três primeiros quartos, esteve sob o domínio da Raio de Luz, que desta forma, garantiria a conquista do título, em sua casa. E conforme a Raio de Luz mantinha o domínio do placar, sua torcida cantava cada vez mais.

No quarto tempo, aproveitando-se de uma inesperada contusão de Ale, os visitantes reagiram e passaram à frente do placar. Faltavam pouco minutos. A torcida da casa, ficou um pouco assustada com aquela reação, porém permaneceu empurrando os garotos da Raio de Luz.

Olhando para os seus suplentes, Madre Tonya notou que o único que ainda não havia sido utilizado, era Chris. Talvez porque todas as substituições, eram sugeridas pela equipe e nenhuma delas, sugeriu Chris.

Madre chegou mais próxima de Chris e falou – Percebo que nossa equipe está se cansando e você até agora não jogou. O que acha de entrar?

Ouvir aquilo, era mais do que receber um convite, era na verdade uma missão dada para Chris.

- Madre, eu não via a hora de jogar. Garanto que se eu entrar, eu não a decepcionarei.

Desta vez, Madre Tonya, não quis ouvir ninguém. Seus instintos a levaram a sacar Tó, substituindo-o por Chris.

Faltavam menos de três minutos quando Chris adentrou a quadra. A distância no placar não era grande, porém a Raio de Luz permanecia atrás. Repentinamente, a equipe de Madre Tonya, pareceu ficar reforçada com a entrada de Chris e começou a pontuar, equilibrando a partida.

Já nos últimos segundos, os visitantes ainda estavam à frente do placar e tudo indicava que venceriam, levando o *play-off* para a terceira partida.

Mas algo espetacular, ainda estava para acontecer. E em um dos últimos lances, a bola sobrou para Chris que numa fantástica corrida, aproximou-se ao máximo da tabela adversária e arremessou com confiança. Enquanto aquela bola "viajava" até o cesto, os olhares de todos os presentes, pareciam ficar congelados. De um lado, a equipe da Raio de Luz e sua imensa torcida, confiavam na conversão. Do outro, os visitantes, querendo o contrário.

Mas quis o destino que Chris fosse recompensado, e sua cesta convertida, garantindo à Raio de Luz, a retomada de vantagem no placar, por apenas um ponto. O ginásio, de forma ensurdecedora, foi à loucura. O grande público, nem mesmo percebeu a última tentativa, em vão, da equipe adversária, em um derradeiro arremesso, antes que o placar zerasse, conferindo a Raio de Luz, não apenas a vitória, mas a conquista daquele título inédito.

Enfim, com a vitória confirmada, os garotos do orfanato, puderam correr com suas cadeiras pela quadra, saudando a grande massa torcedora, que correspondia cantando e vibrando.

Desolado, Thomaz, imóvel e incrédulo, olhava para o placar final que apontava 61 a 60, a favor da Raio de Luz. Em um ímpeto, ele arremessou seu boné em direção à quadra, que para sua infelicidade, foi cair justo no colo de Chris.

Chris, calmamente, aproximou-se daquele grande provocador, e entregou o boné. Após a entrega, ele disse bem alto para Thomaz – Engula-o!

Após dizer isso ao arrogante técnico, Chris voltou alegremente para o meio da quadra, junto de seus companheiros.

E Madre Tonya, onde estaria?

Era impossível descrevê-la, mas a tão calma e séria religiosa, parecia ter rejuvenescido uns quinze anos ou mais. Ela saltitava pela quadra, mesmo incomodada pelo hábito, que prendia seu corpo. Se ela soubesse e pudesse, talvez soltaria até palavrões para se extravasar. Mas não. Adotando seu vocabulário, ela limitava-se a gritar – Meu Deus! Eu não acredito! Deus seja louvado! – E assim por diante.

E todos que ali compareceram naquela noite espetacular, vibravam muito com a vitória do Raio de Luz. Os meninos do orfanato! O fenômeno! Os campeões!

Enfim, daquele dia em diante, não faltariam apelidos para aquele épico grupo de órfãos, que de um simples estreante e desacreditado time, se superou, derrubando favoritos, até chegar à conquista do troféu, com todos os méritos.

A algazarra que se formou na quadra, com parte da torcida invadindo esse espaço, só terminou, quando foi solicitado, a sua dispersão, para que os campeões, pudessem receber suas medalhas, as faixas de campeão e principalmente, para que o capitão Martin, tão carinhosamente apelidado de Ruivo, pudesse levantar o troféu, em nome do Orfanato São Francisco.

Vestindo as camisas da Raio de Luz, Augustus e Dory, esta última, com o rosto todo pintado com as cores do time campeão, também festejaram muito dentro da quadra e por pouco, não saíram na foto oficial. Naquela histórica foto, o lugar em que estaria posicionado George, ou quem sabe Pierre, circunstancialmente quis o destino, que estivesse merecido e honrosamente ocupado, pela querida Madre Tonya.

Mais tarde, após a solenidade para a entrega das medalhas e troféus, todos reuniram-se ao centro da quadra, sob o comando de Madre Tonya, fazendo juntos uma bela oração, não somente em agradecimento pela conquista, mas pedindo a pronta recuperação de George.

Irmã Agnes, no hospital, do outro lado da cidade, nem imaginava a festa, pela grande conquista, que ocorria a alguns quilômetros dali.

Izabel, a enfermeira, foi até Irmã Agnes e disse educadamente – Olá irmã, desculpe-me! Mas agora, a senhora precisa ir.

- Que pena! – Disse Agnes. – É que eu fico numa ansiedade enorme! Quando eu poderei falar com ele?

- Tenho uma boa notícia para a senhora. – Disse Izabel.

- Qual? – Perguntou Agnes, muito curiosa.

- Se tudo evoluir como esperamos, depois de amanhã, ele já poderá receber visitas e quem sabe até obter alta.

O rosto de Agnes, se encheu de alegria.

- Eu não acredito! Verdade mesmo, Izabel?

- Tomara que sim, irmã! Vamos torcer por isso!

- Vou rezar muito para que isso aconteça, Izabel. Obrigada!

- Não há de que agradecer! Agora vamos, por gentileza! – Disse a enfermeira, conduzindo sutilmente Irmã Agnes, apoiando a mão, em seu ombro.

O motorista que conduziria Irmã Agnes, de volta ao orfanato, ficara ouvindo uma rádio local e por isso, já sabia que os garotos do São Francisco, tinham conquistado o torneio. Porém, ele não abordou o assunto, entendendo que talvez, melhor seria, se a notícia fosse dada pelo próprio time campeão.

E de fato, o motorista acertou. Quando Agnes adentrou o orfanato e recebeu a notícia sobre a grande vitória, sua emoção foi a mil. Lágrimas de alegria rolaram, juntando-se à euforia dos meninos. Euforia que só ficou melhor, quando irmã comentou que em dois dias, George poderia receber visitas e quem sabe até ter alta.

Reencontrando o Querido Professor

Dois dias passaram rápido. No hospital, George era despertado por Lilian. Aliás, aquele era o dia, em que George melhor acordara, após o acidente. No anterior, mal conseguia falar.

- Bom dia, professor! Meu nome é Lilian. Sou eu quem estará encarregada pelos seus cuidados. Está preparado? Hoje é dia de receber visitas!

- Bom, se vocês deixarem, estou preparado! – Disse George, quase se esforçando para sorrir.

- Sim. Você foi liberado! – Disse Lilian. – Vou te levar até o pátio externo, para tomar um pouco de sol. Mais tarde, seus amigos estarão aqui para visitá-lo.

- Você diz, o pessoal do orfanato? – Perguntou George.

- Sim. – Respondeu Lilian.

- Eles jogaram na quarta-feira. Saberia me dizer qual foi o placar do jogo? Se eles venceram?

- Ai, meu amigo! Está perguntando para a pessoa errada. Não acompanho e nem entendo de esportes.

- Espero que eles tenham conseguido a vitória! – Disse George, pensativo.

- Ora, não se aflija pensando nisso, George! – Disse a gentil enfermeira.

Enquanto caminhava, empurrando a cadeira de rodas, onde estava George, Lilian procurava entreter o seu paciente.

De repente, Lilian falou – Você não se lembra de mim, mas eu me lembro de você!

Ao ouvir isso, George, olhando fixamente para Lilian, tentando buscar em suas lembranças, alguém que se parecesse com ela, ninguém vinha à sua mente.

Ele encarou novamente o rosto de Lilian, uma loira com idade entre trinta e quarenta anos, de traços italianos, dotada de belos e enormes olhos esverdeados. Mesmo assim, George não reconheceu ninguém que lhe fosse familiar.

Foi então que ela disse – Há algum tempo atrás, eu era uma policial e cuidava do trânsito, em frente a um colégio, próximo de um parque, onde você costumava correr.

Nesse momento, George pareceu vagamente, lembrar-se de quem era, a sua então cuidadora. Só que se lembrou dela, usando farda.

- Espere um pouco! – Disse George, levemente espantado. – Era você, aquela policial?

- Sim! Era eu! – Disse Lilian, sorridentemente.

- Mas aquela pessoa não tinha nada a ver contigo! Aliás, ela tinha um olhar fulminante que até me assustava! – Disse George, ainda espantado.

Soltando uma deliciosa gargalhada, ao ouvir George falando daquela forma, Lilian disse – Até você, dizendo isso! Todos falam a mesma coisa. Acho que realmente não nasci para a carreira militar. E hoje, me sinto outra pessoa. Fazendo algo, que embora envolva pessoas adoentadas e até muito feridas, me satisfaz muito mais!

- Que bom! – Disse George. – Tomara que não desista, já que se reencontrou nesta nova carreira.

- Jamais irei desistir, George! Entendo que muitas vezes, precisamos descobrir e fazer algo novo. Deixando de fazer as mesmas coisas, principalmente quando estas não nos satisfazem.

George parecia refletir muito as palavras de Lilian. Inclusive comparando-se, pelo fato de nos últimos meses, ter se dedicado ao orfanato, apesar possuir uma brilhante e promissora carreira.

- É verdade, você tem razão, minha amiga! – Disse George. Muitas vezes, precisamos deixar de fazer as mesmas coisas!

A conversa com Lilian, foi se aprofundando e tornando muito agradável para George. Principalmente, por estarem em frente ao belo e arborizado gramado, que situava nos fundos da unidade hospitalar.

A deliciosa conversa, só foi interrompida quando o portão externo se abriu e por ele, adentraram um automóvel de passeio e um ônibus, certamente trazendo seus ilustres visitantes.

O coração de George, subitamente palpitava mais forte e parecia que ia saltar pela boca. Alguns metros dali, desciam do automóvel: Augustus, Dory e para a alegria e emoção particular de George, os seus amados pais. Até isso, seus amigos lhe proporcionaram, trazendo-os consigo.

Depois, foi o ônibus que abriu as portas. A emoção de George aumentava a cada desembarque que via. Pierre, Vitória, Madre Tonya e Agnes, foram os que desembarcaram primeiro.

As lágrimas de George, iam rolando por aquele negro rosto, de semblante forte.

Mas o grande momento, que fez George se afogar em lágrimas, foi quando seus maravilhosos garotos, começaram a descer do veículo. O último a desembarcar foi Chris, o herói da última quarta-feira. Por sugestão de Irmã Agnes, ele, substituindo a vez do capitão Martin, trazia nos braços, o reluzente troféu, símbolo da conquista de dois dias atrás.

À medida que os meninos se aproximavam, orgulhosamente iam colocando as medalhas em seus pescoços e eram carinhosamente, aplaudidos por George. E quando todos chegaram, Madre Tonya, aproximou-se de George, dizendo – Deixem-me entregar essa medalha aqui, a quem realmente faz jus.

E assim, cuidadosamente, a nobre freira, colocou a medalha de campeão, no pescoço de George para o aplauso de todos.

Respondendo aquele gesto tão carinhoso, George respeitosamente beijou as mãos de Madre Tonya, agradecendo-a.

E a partir daí, foram só novidades que todos davam a George. Os meninos falaram sobre o grande jogo que foi a decisão. Também relataram sobre os pontos fundamentais, convertidos por Martin, o cestinha da noite. Falaram sobre o desespero de Thomaz. E como não poderiam deixar de mencionar, destacaram a grande substituição efetuada por Madre Tonya, ao colocar Chris nos últimos minutos, onde este, converteria os pontos decisivos, que garantiriam o título para o orfanato.

A emoção de George aumentava a cada palavra mencionada pelos garotos, sobre a merecida conquista. – Foi quando ele resolveu se manifestar também. – Que pena eu não estar lá com vocês, em um momento tão importante em suas vidas.

- Não se aflija por isso, George! – Disse Pierre, com um sorriso. – Eu também dei um "furo" com eles!

Sorrindo também, George continuou – Com todo o respeito, meninos, embora desejasse que vocês atingissem o máximo, digo que jamais imaginava no início do torneio, que chegassem a tanto. E por isso, tenho que confessar que vocês conseguiram conquistar para mim, o título mais importante de minha carreira.

Todos permaneciam atentos, ouvindo George, que acrescentou – Nada disso teria ocorrido, sem o esforço e dedicação de cada um, dando o máximo de si. Não teria acontecido sem a participação de Pierre, sem a coragem e força de Madre Tonya e sem o apoio incondicional, desde o início, desta figura incrível que é Irmã Agnes.

A cada palavra de gratidão que era proferida por George, todos se emocionavam. Principalmente Irmã Agnes, onde lágrimas rolavam, em meio a um sorriso de gratidão, naquela face tão meiga.

- Concluindo, - Disse George. – Embora minha situação seja temporária, diferentemente de vocês, percebo não ser fácil, estar aqui sentado em uma cadeira de rodas. Tanto é que se pudesse, sairia correndo daqui para abraçar cada um.

Ao ouvir isso, Pierre falou – Gente, ele disse que quer sair correndo. Então, vamos lá!

E tomando a cadeira ocupada por George, Pierre começou a empurrá-la, correndo pelo gramado, para o desespero de Lilian, que em vão, tentou impedi-lo.

Augustus e alguns enfermeiros, também entraram na brincadeira, empurrando outros garotos, seguindo Pierre e George, pelo gramado.

E de fato, era muito difícil descrever a alegria e a emoção daquele momento. Tão mágico, tão gratificante e tão divertido, proporcionado por aqueles merecidamente campeões.

Epílogo

E essa é a história de George, ou melhor, parte dela. Algo que orgulhosamente, consegui trazer a público, graças ao protagonista, quem autorizou-me, e graças a relatos de pessoas próximas a ele. Pessoas maravilhosas, algumas que inclusive, fizeram parte dessa história.

Muitos certamente, devem estar perguntando, porque George, depois de tanto tempo longe de repórteres, acabou concedendo essa abertura, e por que seria eu, a sortuda.

Na ocasião em que nos encontramos para a entrevista, um pouco antes de terminarmos, eu fiz essa pergunta a George. Perguntei o porquê de eu ter essa sorte. E ele assim me respondeu - Seu sobrenome, chamou a minha atenção, pois era o mesmo de Irmã Agnes. Acreditei que pudessem ser parentes. Será que eu me equivoquei?

Olhei para George e seu rosto demonstrava alguém, que me perguntava algo, que possivelmente soubesse a resposta, ou pelo menos torcia para que estivesse certo. Então lhe falei – Não professor! O senhor não se equivocou. Ela realmente é minha tia. Só espero que esse fato, não o tenha pressionado para que me concedesse essa oportunidade.

- Isso não me forçou a nada, minha jovem, acredite!

Nesse instante, um celular tocou.

- Não é o meu! – Respondi a ele. - Você pediu que eu não o trouxesse para a reunião.

Era o celular de George que tocava. Ele discretamente o desligou.

- Para você ver, naquela época, nem isso eu tinha. E sei lá se existia! – Disse George, que após ignorar a chamada, pediu-me licença por alguns instantes.

Ele foi até uma pasta de documentos, que trouxera consigo, onde havia um envelope. De dentro deste, ele retirou um retrato e mostrou-me.

- Você a reconhece? – Perguntou ele.

- Sim, claro! É tia Agnes. – Respondi emocionada.

- E a criança, conhece também? – Indagou George.

- Sim, sou eu em seu colo. – Respondi lentamente e muito mais emocionada, tentando lembrar dos poucos momentos em que Tia Agnes, conseguia, sob esforços tremendos, participar de minha infância. Então perguntei a George – Como foi que conseguiu essa foto? Creio que eu mesma, não tenho uma igual.

Ele respondeu-me – Irmã Agnes a trouxe de presente, quando foi te visitar naquele final de ano que eu mencionei. Se estiver correto, deve ter sido a primeira vez que ela te conheceu pessoalmente.

Olhando ainda emocionada para aquela linda recordação, eu disse - Que bela surpresa, professor! Obrigada por tê-la conservado tão bem por todos esses anos! Como percebe, nem eu mesma sabia da existência desta foto. Possivelmente deve ter sido uma das primeiras vezes que eu estive nos braços de Tia Agnes.

- Quer levá-la? – Perguntou ele.

- Não! Jamais! – Respondi. – Se ela lhe deu e você a conservou com tanto carinho e respeito, não serei eu quem lhe tirará, tal recordação.

- Obrigado, então! – Disse George, guardando cuidadosamente, a foto em sua pasta.

- Quanto à tia Agnes, vocês continuaram a ter contato? – Perguntei a George.

- Por algum tempo, mantivemos. – Disse ele. – Depois que vim para cá para cuidar de meus pais, acabamos perdendo esse contato. Saberia me dizer por onde ela anda?

- Sim. Ela está em um convento, no norte do país. – Respondi.

- Seria demais, pedir que forneça seu endereço ou telefone? – Perguntou George.

- De forma alguma! – Respondi. - Acredito até que ela ficará muito feliz, se você puder contatá-la.

- Agradeço sua gentileza! – Disse ele. – Eu também não vejo a hora de poder contatá-la novamente. A propósito, sabe algo a respeito de Madre Tonya?

- Infelizmente não sei dizer. – Respondi. – Mas talvez Tia Agnes saiba.

- Entendi! – Respondeu George, olhando para o teto, como se ficasse desapontado, por eu não ter notícias da querida madre.

Assim, caminhando para o encerramento daquela inesquecível entrevista, tomei coragem e perguntei – Posso lhe pedir uma coisa, George?

- Sim. O que seria? – Disse ele.

- Achei sua história tão maravilhosa, que eu acredito que dará não apenas uma reportagem, mas também um livro. Você me autorizaria escrevê-lo?

Surpreso com minha indagação, ele olhou-me por alguns segundos e depois disse – Sim. Mas com uma condição!

- Qual seria? – Perguntei.

- Garanta que só irá escrever verdades!

- Com certeza! – Respondi com um sorriso.

E assim, terminamos aquela tão especial entrevista e com base nela, acredito que consegui trazer a todos, parte da história, desse querido, magnífico e talentoso professor. Certamente um campeão com todos os méritos!

Considerações Finais e Agradecimentos

Primeiramente, do fundo do meu coração e Graças a Deus, quero agradecer a ti leitor (a), que me concedeu a honra, prestigiando meu trabalho, ao ler a história do Professor George. Espero ter lhe proporcionado um bom entretenimento.

Já por outro lado, também me sinto na obrigação de agradecer, algumas pessoas importantíssimas em minha vida, as quais de forma singela, procurei homenagear, através da criteriosa escolha dos nomes de alguns personagens.

Começando pelo protagonista, a escolha de "George", foi para homenagear meu querido filho primogênito, cujo nome é Yuri, o que equivale a George. Anna, por exemplo, foi a homenagem à minha não menos querida filha caçula, Ana Clara, sem falar que Ana, também é o nome de minha saudosa sogra, mãe de minha amada esposa Inês. E minha esposa, por sua vez, foi homenageada com nome da querida Irmã Agnes, que corresponde ao nome Inês.

Já Tonya, o nome da madre, é uma forma diminutiva que encontrei para Antônia, o nome de minha querida mãe. *In memoriam*, agradeço também ao meu pai, que apesar de não ter um personagem específico para homenageá-lo, espero que esta homenagem se dê, pelo seu próprio nome, qual orgulhosamente, carrego no meu, acrescido pela palavra "Júnior".

Enfim, muito mais pessoas mereceriam esta forma de homenagem e possivelmente, algumas até foram, embora não citadas nestas minhas considerações finais.

De qualquer forma, aproveitaria para citar dois personagens, que tiveram inspiração em pessoas não tão próximas, mas que de alguma maneira, em algum momento de minha vida, estiveram presentes, de forma especial.

Para esclarecer melhor, em 2014 foi o ano em que tive a iniciativa de escrever este livro, cujo título, ainda nem tinha escolhido. Porém, na época, acabei rascunhando algumas palavras e depois, o deixei para sequencia futura.

No ano de 2017, prestes a me aposentar, após trabalhar em uma empresa, da qual tenho imensa honra, de ter vivido ali por mais de três décadas, inclusive também, carinhosamente a homenageei, através de um dos personagens; fui agraciado por esta, com um treinamento muito especial e inesquecível, ocorrido na cidade de Paraguaçu Paulista - SP.

Durante aquele encontro, diga-se de passagem, maravilhoso, assumi o compromisso comigo mesmo, de levar adiante a conclusão do livro, que eu iniciara três anos antes, com o intuito de publicá-lo.

Assim, o treinamento inspirou-me a homenagear dois de seus talentosos facilitadores, que foram Ricardo e Lilian.

A segunda, o fiz através da enfermeira de mesmo nome, e o primeiro, através do Dr. Richard.

Finalizando, gostaria ainda de destacar, um episódio que muito me chamou a atenção, ocorrido em 2010, na cidade de São Paulo, Brasil.

Na ocasião, não me recordo exatamente o mês, eu saía de um treinamento em um hotel localizado na Alameda Santos, e tinha como destino, a estação da Barra funda, onde tomaria um ônibus para a cidade de Marília, minha terra natal.

O episódio que me chamou a atenção, foi quando ao adentrar a estação Consolação do metrô, notei que em meio àquela multidão, um rapaz com muletas, tentava embarcar, com muita dificuldade, devido: ao pouco espaço que lhe concediam, à falta de atenção dos outros usuários e também, o perigoso vão entre a plataforma e o trem.

Tentando ajudá-lo, apoiei meu braço ao lado externo da porta, formando uma espécie de proteção, de modo que ele pudesse acessar o vagão. O curioso é que eu, com 1,60 metros de altura, oferecendo suporte a ele, em meio a brutamontes, pareceu um ato de coragem. Mas deu certo, sendo que ele, já dentro do vagão lotado, virou-se para trás e me enviou um olhar de agradecimento, apesar que ao meu ver, esse auxílio, não foi nada mais que minha obrigação.

Não posso afirmar que tal episódio, foi o que me estimulou inserir personagens como os garotos do orfanato, mas ele de qualquer maneira, serve de reflexão sobre como necessitamos evoluir cada vez mais, no quesito acessibilidade.

Professor George

Por fim, dirijo meus sinceros agradecimentos, do fundo de meu coração, a todos que me proporcionaram publicar essa gostosa experiência!

Marília, julho/2020

Sobre o Autor

LAIR BORGES DA SILVA JUNIOR Nascido no ano de 1964 na cidade de Marília, estado de São Paulo, Brasil.

Licenciado em Ciências com Habilitação em Matemática (Faculdades Integradas de Marília (UNIMAR) - Marília-SP); Bacharelado em Pedagogia (Universidade Estadual Paulista – UNESP-Marília-SP); Pós-graduado em Administração e Gerenciamento de Marketing (UNIVEM – Marília-SP) e também MBA em Gestão de Produção e Operações (UNIVEM – Marília – SP).

Consolidou carreira como industriário, entre 1982 e 2017, trabalhando em empresas do setor de Alimentos, desde a função de escriturário, até aposentar-se como Gerente de Suprimentos. Também, lecionou eventualmente, em escolas da rede pública estadual, nas décadas 1980 e 1990.

Durante esse tempo, teve como um dos seus hobbies, escrever alguns textos para peças teatrais amadoras.

Atualmente exerce atividades autônomas, de assessoria e consultoria empresarial, nas áreas de Negócios.